U0506400

　　本书是北京高校中国特色社会主义理论研究协同创新中心（北京师范大学）和教育部高校思想政治理论课教师研究专项“新时代高校思政课学生评价体系研究”（项目批准号：21JDSZK090）的研究成果，得到北京师范大学马克思主义理论学科研究基金和中央高校基本科研业务费专项资金资助。

新时代中国学生
核心素养评价研究

石 芳 / 著

人民出版社

目　录

绪　论

中国特色社会主义进入新时代，当今世界正经历百年未有之大变局，面对新形势新挑战，我国正在加快建设教育强国，落实立德树人根本任务，为实现第二个百年奋斗目标，在培养担当民族复兴大任时代新人的目标下，探索建立一个富有时代特征、彰显中国特色、体现世界水平的教育评价体系，对于全面贯彻党的教育方针、推进教育改革、提升教育质量、促进学生全面发展、培养德智体美劳全面发展的社会主义建设者和接班人，具有重要的理论和现实意义。

自20世纪末以来，关于核心素养及其评价的研究，成为世界范围内教育改革的热点与潮流。在知识经济、信息化和全球化时代，究竟需要"培养什么样的人"，各国都不约而同地将教育发展的目标和教育改革的重心指向了核心素养。知识经济与传统的农业社会和工业社会不同，不是依靠一家一户的生产、社会经验的积累，或是机器大工业机械化、标准化、统一化的制造而获得发展，这是一个知识爆炸、信息膨胀、技术迭代更新、复杂协作的时代，是一个人工智能替代重复性和常规性技能劳动、充满了不确定性和偶然性的时代，创新成为现代社会主要的生产要素。固定性、常规性、线性思维的人，已经不能满足社会发展的需要。面对复杂、多变、开放、流动的现实生活，人们需要在具体情境下，完成生活中各种挑战性任务，需要与他人良好的沟通合作，具有极强的社会适应性和面对具体情形的灵活性，能够创造性地解决实际问题。核心素养从其内涵来讲，是指学生通过学科学习逐步形成的正确价值观念、必备品格和关键能力，是人面对复杂问题情境分析和解决问题时表现出来的综合性品质。因此，培养学生的"核心素养"自然成为 21 世纪人才发展的必然要求，因而其也被称为"21 世纪素养（21St century competences）"或"21 世纪技能（21st century skills）"。

面对时代发展的需要，世界各国和地区开启了关于核心素养理论和实践方面的研究。联合国教科文组织、经济合作与发展组织（以下简称"经合组织"或 OECD）、欧盟、美国、法国、澳大利亚、芬兰、日本、韩国等均深入探索了核心素养的内涵，通过科学组织和有序推进，创造性地提出符合本国、本地区实际情况的素养框架模型，比如经合组织的交叉互动三角结构、美国的彩虹结构、日本的同心圆学力模型、我国台湾地区的动态滚轮框架等。在理论研究的基础上，为了将核心素养在实践中落地，他们纷纷启动了以发展学生核心素养为目标的课程设置、教学内容、教学方式、教材编写、考试评价的综合改革。法国2006 年颁布的《共同基础法令》，以教育法的形式将发展学生核心素养确定为国家课程的基本目标。美国通过相当于国家课程标准的"共同州立标准"制定了学业能力质量标准，这一质量标准以促进学生"21 世纪技能"发展为核心的，而不是以传统的学科内容为核心。在考试评价方面，各国开展实验研究，尝试开发情感问卷、价值观量表等新型评价工具，探索真实性、表现性等新型评价方法，利用计算机、互联网等新型评价手段，开发了 PISA 等素养考试评价项目，试图建构科学规范的核心素养评价体系，通过考试评价促进学生核心素养的发展。

为了适应新时代发展的需要，培育担当民族复兴大任的时代新人，我国也积极投入到这场核心素养改革的浪潮中。党的十八大提出了立德树人的根本任务，十九大报告更加明确地指出："优先发展教育事业。建设教育强国是中华民族伟大复兴的基础工程，必须把教育事业放在优先位置，加快教育现代化，办好人民满意的教育。要全面贯彻党的教育方针，落实立德树人根本任务，发展素质教育，推进教育公平，培养德智体美全面发展的社会主义建设者和接班人。"① 为落实党的十八大、十九大关于立德树人根本任务，适应时代发展对人才培养的需要，进一

---

① 《习近平谈治国理政》第三卷，外文出版社 2020 年版，第 35—36 页。

步深化基础教育课程改革，自 2013 年起教育部启动了中国学生发展核心素养的研究，以及以发展核心素养为目标的普通高中课程方案和 14 门学科课程标准的修订工作。2016 年 2 月，我国公布了《中国学生发展核心素养（征求意见稿）》，其以培养"全面发展的人"为目标，遵循科学性、时代性和民族性的基本原则，提出了由文化基础、自主发展、社会参与三个方面和人文底蕴、科学精神、学会学习、健康生活、责任担当、实践创新六大素养，国家认同等十八个基本要点构成的中国学生发展核心素养体系。发展学生核心素养，是站在时代发展的新的历史方位上，反映新时代对人才培养的新要求，批判性地借鉴国际上的经验，在充分考虑我国国情的基础上，对"培养什么样的人"的问题的回答。中国学生发展核心素养是党的教育方针的具体化、细化。

2017 年 8 月中共中央办公厅、国务院印发了《关于深化教育体制机制改革的意见》，对我国未来一个时期深化教育综合改革做出了更加具体明确的部署，积极推进课程改革和考试评价改革，提出要强化能力培养，培养支撑终身发展、适应时代要求的关键能力。《意见》明确指出要着重培养学生四个方面的能力：培养认知能力，引导学生具备独立思考、逻辑推理、信息加工、学会学习、语言表达和文字写作的素养，养成终身学习的意识和能力；培养合作能力，引导学生学会自我管理，学会与他人合作，学会过集体生活，学会处理好个人与社会的关系，遵守、履行道德准则和行为规范；培养创新能力，激发学生好奇心、想象力和创新思维，养成创新型人格，鼓励学生勇于探索、大胆尝试、创新创造；培养职业能力，引导学生适应社会需求，树立爱岗敬业、精益求精的职业精神，践行知行合一，积极动手实践和解决实际问题。这些关键能力都是发展中国学生核心素养的重要内容。

课程标准的修订与变化是教育领域的一项重要而深刻的变革。课程标准作为国家课程的纲领性文件，规定了课程的性质、目标、内容框架和实施建议，反映国家对学生发展的基本要求。所以，每一次课程标准的修订与变化都会引起社会的广泛关注，对教育发展产生深远的影响，标志着重要的教育改革的开端。《普通高中课程方案（2017 年版）》

和课程标准亦是如此，牵动着未来中国教育发展的方向与进程。新版课程方案和课程标准有两个重要变化值得关注。一个是明确将发展学生核心素养作为普通高中的培养目标。《普通高中课程方案（2017年版）》指出："普通高中的培养目标是进一步提升学生综合素质，着力发展核心素养，使学生具有理想信念和社会责任感，具有科学文化素养和终身学习能力，具有自主发展能力和沟通合作能力。"相应地在各学科的课程标准中都基于学科本质凝练了学科核心素养，明确了学生学习该学科课程后应达成的正确价值观念、必备品格和关键能力。核心素养作为新的话语体系，成为整个课程系统的中心，所有的课程要素和环节都围绕其展开。

新方案和新课标在评价部分，明确提出了核心素养评价改革的新方案、新理念、新要求和新任务。考试方案由原先的"高考＋会考"转变为"高考＋学业水平考试"；研制了学业质量标准，体现了"全面考核＋学有特色"的价值取向；系统阐述了学科核心素养发展水平及其具体表现，引导教学更加关注育人目的；坚持教学评一体化，将过程性评价与终结性评价相结合，发挥激励式评价的作用，倡导观察、记录袋、综合素质评价等灵活多样的评价方式；从问题情境、任务类型、学科知识等角度建立命题框架，并提出了具体的命题建议与要求；提供了生动鲜活的考试评价案例、测评量表，以及具体的操作方法，以便广大师生理解和操作。

2019年6月，国务院办公厅发布了《关于新时代推进普通高中育人方式改革的指导意见》，这是21世纪以来国办出台的第一个关于推进普通高中教育改革的重要纲领性文件，强调以习近平新时代中国特色社会主义思想为指导，全面贯彻党的教育方针，落实立德树人根本任务，统筹推进普通高中新课程改革和高考综合改革，发展素质教育，坚决扭转片面应试教育倾向。文件专门论述了"深化考试命题改革"的问题：学业水平选择性考试与高等学校招生全国统一考试命题要以普通高中课程标准和高校人才选拔要求为依据；优化考试内容，突出立德树人导向，重点考查学生运用所学知识分析问题和解决问题的能力；创新试题形式，加强情境设计，注重联系社会生活实际，增加综合性、开放性、应用性、探究性试题；科学设置试题难度，命题要符合相应学业质量标准，体现不同考试功能；加强命题能力建设，加快题库建设，建立命题评估制度，提高命题质量。

2020年10月，中共中央、国务院印发《深化新时代教育评价改革总体方案》，这是指导深化新时代教育评价改革的纲领性文件。方案明确指出教育评价在教育中的重要地位，"教育评价事关教育发展方向，有什么样的评价指挥棒，就有什么样的办学导向"，提出完善立德树人体制机制，扭转不科学的教育评价导向，坚持把立德树人成效作为根本标准，坚决克服重智育轻德育、重分数轻素质等片面办学行为，促进学生身心健康、全面发展。

评价改革受到如此重视，这与考试在我国教育体系中的重要地位息息相关。我国是考试制度的发源地，也是全世界拥有考生最多的考试大国。当前，考试评价因为关系到国家人才培养的模式，涉及千家万户的切身利益，关系到每个人的职业选择和未来生活，影响着社会公平的维护，是政府关心、百姓关切、媒体关注的大事。鉴于此，本轮课程的改革十分注重评价改革。一方面，其打破了以往课程是课程、评价是评价的二者分置的改革理念，将课程改革、教学改革与考试改革勾连在一起，统筹考虑，顶层设计，形成新的整体性、协同性、系统性的改革框架。这就避免了第八课程改革实践中出现的问题，第八课程改革的课程理念和课程设计十分先进，但是由于考试评价这个关键性环节没有与之协调一致地跟进，出现了不配套的情况，在应试教育的大环境下，考试成为制约整个课程改革的瓶颈，使其难以达到理想的效果。另一方面，考试评价改革牵一发而动全身，本次课程改革抓住评价这个症结性问题进行攻克，也表达了要通过考试评价这个重要而敏感的环节，撬动整个课程改革和教育改革的决心。

综上所述，对核心素养及其评价的研究，是反映国际教育改革发展趋势的客观要求，也是当前我国深化教育综合改革，落实立德树人根本任务，推进素质教育，化解课程改革中亟待解决的实际问题的迫切需要，是中国特色社会主义进入新时代，站在时代发展的新的历史方位上，建设教育强国，实现中华民族伟大复兴的重要举措。

目前我国关于核心素养及其评价的研究还亟待深入。自教育部2014年3月30日在《关于全面深化课程改革落实立德树人根本任务的意见》中，首次提出"核心素养"的概念后，引发了核心素养研究的热潮。2017年课程方案和课程标准作为纲领性文件发出明确的号令后，直接参与研究和设计本轮教育改革的专家学者，林崇德、钟启泉、崔允漷、张华、杨向东、辛涛等撰写了一系列文章和著作，从国内与国际、历史与现实、理论与实践等多重视角进行研究，为我们打开了一个广阔的视域，很好地发挥了引领入门的作用，也有很多一线教育工作者结合教学实践开展了诸多尝试性的探索。但是由于时间短，加之应试教育的长期影响，素养评价的研究尚处初级阶段，即学习国外经验、形成发展思路，在宏观上明确发展任务的阶段，提出要建构核心素养评价指标体系，要发展过程性评价、要改进传统的中高考，要使评价与课程改革相协调……但是对于这一系列的"要"的任务如何具体落实和实现，还需要更为实质性的、深入的研究。比如发展中国学生核心素养研制工作，提出要发挥评价"诊、咨、督、促、导"的作用，然而具体通过哪些评价手段，采用什么评价方式、开发何种量表、怎样遵循学生身心发展规律进行诊断，还缺乏细致具体的研究。

我国核心素养改革主要采取自上而下的研究方式，即从教育行政部门发动，由研究专家团队研制核心素养架构和评价要求，而后再广泛征求各界人士的意见建议，不断修改完善。这是国际上很多国家采用的研究方式，当然这能够使研究站位高、历时短、收效快，但是，在向下贯彻的时候一线教师需要时间理解和领会。我国新课程方案和课程标准自2018年初向社会发布，广大师生刚刚开始接触核心素养这个新的话题体系，对其还比较陌生。之后我国启动自上而下的层层培训，由课标研制组进行宣讲，培训省级教研员，省级教研员再培训地市教研员，而后是区县、学校，最后是教师，层层外扩，向下推展。目前大部分学校和教师还处于初期的学习和培训阶段，在实践领域的灵活运用和创造性发展尚需要时间。

关于核心素养评价理论与实践研究的现状，构成了本书进一步研究的空间，希望在研究内容与研究方法上有所进展。

1.力求在核心素养评价研究的内容上有所突破

第一，突出问题意识。核心素养评价改革是对以往课程和评价在实践中存在的问题进行反思的成果，它的诞生本身具有强烈的问题意识，是对实际问题的应答。因此，本书围绕核心素养评价的一系列重点、难点问题展开，尝试对实际问题进行深入的思考与解答。

为什么要开展核心素养评价？

什么是素养、核心素养、学科素养？

素养和以往提出的素质教育是什么关系？

素养评价的基本维度有哪些？

采用什么方法能够把抽象的素养考出来？

……

第二，呈现研究的系统性。问题研究具有针对性和深刻性，但也存在零散性和碎片化的危险，同时因为现有研究还处于起步阶段，需要为今后理论与实践的研究提供一个基本框架，于是，本书力求在总体上全面把握核心素养评价改革的框架体系，从核心素养评价的改革背景（为什么评价）、评价目标（评价什么）、评价理念（评价原则）、评价维度（评价工具）、评价方法（怎么评价），以及考试命题（纸笔评价）等六个方面展开。

第一章面对人才培养的需要，从国际课程改革的趋势、我国进入中国特色社会主义新时代教育发展所面临的挑战、当前我国课程和评价改革中亟待解决的现实问题等视角，揭示核心素养评价的历史意义与现实价值。

第二章阐释核心素养改革的评价目标。通过对双基目标到三维目标，再到核心素养评价目标发展历程的分析，阐释素养评价背后立德树人的价值取向和育人功能。

第三章揭示了核心素养评价对传统评价的革命性批判与独特性创

造，体现了评价理念的扬弃与发展——从单一考试转向教、学、评一体化的大评价观、从科学主义取向转向人本取向，从结果取向的预设性评价转向关注过程、开放、多元的生成性评价。

第四章基于核心素养的内涵、维度和要素分析，从问题情境、学科知识、过程等方面建构核心素养评价框架，并对这些基本维度的指向、本质、内部结构进行说明，力求形成一个结构完整、层次清晰、可操作的评价体系，以保证评价的效度和信度。

第五章研究评价方法。任何一种教育评价的实现，都需要适当的方法和手段，评价方法涉及评价如何实施和落地的问题。本章研究如何通过表现性评价、成长记录袋、多元主体协商评价，以及评价方法的信息化等新型评价方法，对具有综合性、内隐性、复杂性的核心素养进行科学评价。

第六章研究纸笔考试评价。传统的标准化考试难以真实地考查学生的素养及其水平，需要对其进行革命性变革，拓展其功能。本章从明确测试目标、创设问题情境、设计典型任务、制定评价量规等方面提出考试命题的建议，并结合具体案例加以说明。

2. 力求研究方法上有所进展

本书在研究方法上力求做到"四个结合"——理论研究与实践研究相结合、质性研究与量化研究相结合、多学科研究方法相结合、国际与国内相结合。希望通过多维度、多方面研究方法的运用，扩展研究的视域，减少研究中可能产生的偏颇。

一是理论研究与实践研究相结合。评价是一门科学，要实现评价由"经验型"向"科学化"的提升，就要将核心素养评价建构在科学理论的基础之上。同时，评价又是一门实践的学问，评价是一个典型的实践场域，"实践第一"是评价的鲜明特征。特别是素养评价改革是针对现实问题发动的，唯有通过实践行动才能解决问题。基于评价理论与实践的双重特性，每个章节的论述都要从改革的基本理念、理论基础和具体操作的三个维度展开，都尽量从"是什么""为什么"和"怎么做"三个方面进行论述。希望通过理论的阐释、理性的思考，深刻挖掘评价改革背后的教育理念，并用理论指导评价实践更具卓识，更富有智慧，形成应对现实问题的有效方法。本书精心选择与设计了大量具体案例与评价量表，通过来自各国评价实践和师生亲自撰写的原汁原味、可观可感的真实案例，给予更加生动、明确、具体的指导。案例尽量做到具有典型性，即包含高质量的优秀案例，也涉及反面例证，以澄清认识，避免走入误区。最终力求使理论与实践在一个敞开的场域中，相互生成、相互融通、相互建构，达到王国维先生所说"入乎其内，故有生气，出乎其外，故有高致"的境界。

二是质性研究与量化研究相结合。教育评价有质与量两个层面：一个是评价的思想观念，涉及评价目标、评价理念、评价功能和意义等问题；另一个是评价的技术方法指标，这是指怎样评价、如何评价的问题，涉及评价的操作方法、技术手段、辅助工具等。美国测量与评价专家格朗兰德（N.E.Gronlund）认为，评价包括对学生的定量描述（测量）和定性描述（非测量）两方面，并提出公式"评价 = 量（或质）的记述 + 价值判断"。本研究力求全面展现评价的这两个层面，并在二者中建立有效的联结。一方面，关注第一层面评价的价值意义，这是评价的根本性和实质性问题，是一切评价改革的核心，评价在本质上是一种价值判断。另一方面，教育评价包含着评价工具的选择与编制，以及对评价结果量化分析的层面。评价的价值目标与价值取向会通过一系列测验和具体量表来实现，比如写作素养评价量表、综合素养评价量表等，这些测验和评价工具被广泛地应用于学校教育、学力调查和大规模教育测验中，提供了翔实、客观的量化资料。但是要注意量化分析必须通向评价的价值目标，量化指标与工具使用的目的是为了帮助评价者与被评价者了解教育目标所期望的行为是否实现了及其实现程度如何。因此，要挖掘量化评价背后的意义，使数量不是简单的数字，而是解释学层面的价值评价，使质性分析与量化分析相互融通，从而实现教育目标与教育结果的协调统一。这种价值论与认识论、价值取向与科学实证研究的结合，既保证了教育活动中目标和方向的指引，也确保了目标在过程中的有效落实。

　　三是多学科、多种类研究方法相结合。教育评价是一项复杂的系统工程。从学科上看，涉及教育学、社会学、心理学、统计学、人类学、哲学、脑科学等领域的研究成果。如果再细分，以教育学为例，评价涉及发展教育学、比较教育学、教育测量学、教育心理学、学习心理学、认知心理学、学习规律研究、教育发展史等多个分支。从环节上看，涉及教育质量标准制定、评价工具研发、数据采集与分析、评价结果应用等多个环节，每一环都是专业性非常强的工作。从主体来看，评价是一项庞大的工程，涉及各级教育行政部门、学校、教师、学生、家长、社会等多元主体。本研究力求呈现素养评价的多领域、多环节、多形态、多主体的特点，注重多学科、多类型研究方法的有机结合。

　　四是比较研究法。在研究中运用了比较法来分析从传统到现代不同阶段评价理念和手段的发展、国外学生评价发展与我国学生评价发展的异同、比较评价理论不同观点之间的异同。

　　美国教育家康德尔（I.L.Kandel）在《比较教育》中说："外国教育制度的研究，意味着对自己教育思想的一次检讨和挑战，因而也是对本国教育制度的背景和基础的一次背景清楚的分析。"① 对于自我的认知是在与他人比较的过程中形成的，我们通过他人来认识自我。本研究采用了纵向和横向相比较的研究方法。纵向上研究了教育评价发展不断演变的历史过程，通过对不同时期评价目标、评价原则、评价方法、命题原则的过程梳理，探究评价策略和模式的变化规律与趋势。横向比较是指在国际范围内，对联合国教科文组织、欧盟、OECD、澳大利亚、新加坡、日本等国家、地区和组织的研究进行比较、分析、归纳和总结，了解不同国家素养改革的具体情况，并揭示出共同的规律，以求对我国评价改革有所启发和借鉴。

　　在本质上说，发展学生的核心素养，是对培养什么样的人、如何培养人以及为谁培养人的核心问题的具体回答，这关系着学生的发展和

---

① 张民选：《理想与选择——大学生资助政策的国际比较》，人民教育出版社1998年版，第2页。

国家的未来，是一个必须深入思考和严肃对待的问题。同时，核心素养及其评价作为新事物，其理论和实践研究处于蓄势待发的状态。面对教育改革生机勃勃的景象，也看到教育评价理论建构、新技术、新方法等研究的难度和复杂性，笔者作为直接从事高考评价工作十余年的亲历者，带着对考试评价发展的深深的责任感和使命感，以及发自内心执着的热爱，投入这场教育改革中，努力把自己的经验、思考、收获挖掘和总结出来，与大家分享。希望本书能够给探索中的教育同仁们一定的启发，对我们前进的道路有所增进和助益。

第一章　素养改革：新挑战新探索新征程

党的十九大明确提出："要全面贯彻党的教育方针，落实立德树人根本任务，发展素质教育，推进教育公平，培养德智体美全面发展的社会主义建设者和接班人。"① 为落实立德树人根本任务的要求，适应时代发展和人才培养目标的需要，进一步深化基础教育课程改革，自2013 年起，教育部启动了普通高中课程方案和 14 门学科课程标准的修订工作，经过历时 4 年的调查、研究、编制和测试工作，于 2018年初印发。

《普通高中课程方案（2017 年版）》和课程标准深入总结我国普通高中课程改革的宝贵经验，充分借鉴国际课程改革的优秀成果，聚焦我国当前基础教育的实际问题，在培养目标、根本任务、课程设置、教学内容、学业质量标准、学习方式、教学建议、考试评价等一系列环节中均有实质性发展与历史性突破。新方案和课程标准是深化课程改革、提升教育教学质量的重要举措。

发展学生核心素养，是我们站在时代发展的新坐标上对教育培养什么人、怎样培养人以及为谁培养人的教育根本问题的回答。核心素养不仅是当今世界教育改革的潮流与共识，也是中国特色社会主义进入新时代对教育发展提出的新要求，还是当前我国课程发展和评价改革中所存在的亟待解决的现实问题的回应。

---

① 《习近平谈治国理政》第三卷，外文出版社 2020 年版，第 36 页。

第一节　迎接新时代的新挑战

一、新世纪的挑战：为迎接 21 世纪的到来做准备

自 20 世纪末以来，关于核心素养理论与实践的研究成为一种国际共识，很多国际组织、国家和地区，纷纷开始研制核心素养模型框架，把它作为教育改革的重中之重，核心素养成为世界各国教育改革的支柱性理念。2002 年美国制定了《"21 世纪素养"框架》，建立了名为"21 世纪技能"的"核心素养模型"。2006 年，欧盟发布《核心素养：欧洲参考框架》向成员国推荐了八项核心素养作为推进终身学习的参照框架，并推进研究不断深入，2010 年的报告题为《面向变化中的世界的核心素养》（Key Competences for a Changing World），在 262 页的报告中，Key Competences 一词出现了 381 次，成为"关键词"，2018 年出台了《欧洲终身学习核心素养建议框架 2018》，提出了欧盟新核心素养建议框架。2003 年英国发布了《21 世纪核心素养——实现潜力》报告，提出了高中生应该具备的核心素养体系，并对每一个素养进行了详细界定。2004 年芬兰颁布了具有法律效力的《国家核心课程》，明确规定了需要学生发展的核心素养，2007 年进一步修订，将素养划分为跨学科的七大主题，每个主题下又细分了小目标与核心内容，并将这些目标与内容具体落实和体现在各门学科中。法国将核心素养作为国家教育的"共同基础（基石）"，在 2006 年 7 月 11 日正式通过了《共同基础法令》，以教育法的形式将核心素养发展要求融入课程之中。新西兰在 2007 年正式颁布了《新西兰课程》，提出了五种核心素养。俄罗斯于 2007 年通过联邦第 309 号法令《关于在俄罗斯联邦法律中贯彻国家教育标准的概念和结构部分的改变》，要求必须在所有的教育阶段以各种形式发展学生的核心素养，并推动以核心素养为中心的基础教育和高等教育标准的修订工作。2008 年澳大利亚发布《墨尔本宣言》，概括出了公民所必须具有的七项通用能力。2010 年新加坡教育部颁布了新加坡学生的

"21世纪素养框架",提出培养自信的个体、自主的学习者、有担当的公民和积极的贡献者。2013年联合国教科文组织发布报告《走向全球化的学习:每位儿童应当学什么》,提出了五种核心素养,并建构了相应的发展学生核心素养体系。同年,我国台湾地区开启了将核心素养作为"课程发展与设计的关键DNA"和"教育基因改革的核心"的课程改革。综上所述,面向新世纪,很多国际组织、国家和地区均从理论和实践两个方面对核心素养进行了深入研究,提出了发展学生核心素养的框架体系,希望通过核心素养教育改革,提高教育质量,迎接新世纪的挑战。

为什么在新世纪到来之际,全球都不约而同地将教育发展的目标指向核心素养?杜威在《学校与社会》中指出:"任何时候我们想要讨论教育上的一个新运动,就必须特别具有比较宽阔的或社会的观点……教育方法和课程正在发生的变化如同工商业方式的变化一样,乃是社会情况改变的产物,是适应在形成中的新社会的需要的一种努力。"[1] 教育的变革乃是社会状况改变的反映,教育同政治、经济、文化系统直接而紧密地关联着,只有从与教育相联系的社会状况的基本特征入手,才能准确揭示教育改革的深层动因与深远意义。因此,教育必须回答如下问题:我们时代的基本状况是怎样的?这样的时代状况对学生提出了哪些挑战?需要学生具备哪些知识、能力和品格,才能在未来社会获得个人的成功,并推动社会的进步?

总体上讲,核心素养是适应知识经济、信息化和全球化时代发展的必然选择。随着信息技术的飞速发展与广泛应用,社会经济运作模式发生深刻变化,人类社会进入了以信息、技术为核心的知识经济、信息化和全球化时代。知识经济是区别于农业经济与工业经济的一种新的社会形态。在农业社会,科学技术尚处于萌芽期和孕育期,发展速度比较缓慢,科学技术对于社会发展的推动作用尚未明显地显现;生产以家庭为单位,主要为满足自己的需要,生产能力和产品交换十分有限;社会

---

[1] 任钟印:《教育名著通览》,湖北教育出版社1994年版,第1078页。

分工不发达，以血缘和地缘关系为主的人际关系导致社会的流动性很弱。在工业时代，科学技术有了极大的发展，社会分工相对精细，社会流动性增强，机器大规模、集约化生产带来生产效率全面提高，同时统一化、标准化、机械化的生产也在一定程度上制约了个体的创造性和社会的创新程度。

知识经济与上述两种社会形态不同，这是一个知识爆炸、技术迭代创新，知识和信息成为最重要的生产要素，创新成为驱动社会进步动力的时代。正如 1990 年首次提出"知识经济"概念的托夫勒在《力量转移：21 世纪知识、信息和暴力》一书中指出的，这是一种以头脑为基础的"创造财富的新体系"，它以知识创新作为经济发展的核心。以往传统的经济生产要素理论把知识和技术视为外部要素，并没有包含在生产函数里面，然而在知识经济时代，知识、人才在生产要素中的作用被提到了空前的高度。可以说传统经济是以物为本的经济，知识经济则是以人的创造性为本的经济。美国麻省理工学院经济学家奥特（David H. Autor）和普莱斯（Brendan Price）研究了 20 世纪 60 年代到 2009 年间，美国劳动力就业市场中的技能需求变化情况（见图 1—1）。他将劳动力市场的技能分为五大类：常规性手工技能、常规性认知技能、非常规性手工技能、非常规性分析技能和非常规性人际互动技能。从图示中可以看出，从 1970 年开始，美国常规性认知技能和常规性手工技能需求直线下滑，这是由于发端于 20 世纪中叶的数字革命创造出不断进化的"灵长类机器"所造成的，人工智能使得许多工作被机器替代，职业模式出现高智能化和综合化的趋势。非常规性手工技能虽然在整体上呈下滑趋势，但是在 2000 年之后非常规性人际互动技能和非常规性分析技能则在过去的半个世纪中明显上升，这是因为未来社会的分工越来越细，人和人之间高度协调合作的综合性增强，需要调动人的高阶能力，在真实、复杂的环境下，与他人合作创造地解决实际问题。

与此类似，曾经参与过 OECD 核心素养框架研究的美国著名经济学家列维（Frank Levy）和莫奈（Richard Murnane）这样分析信息时代，"主要由常规认知工作和常规手工劳动所构成的工作，此类劳动的

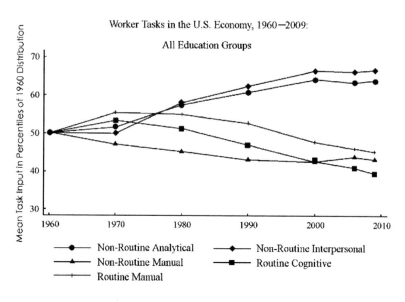

图1—1 1960—2009 年美国经济中劳动技能的需求变化①

份额正日益下降，因为此类任务最容易通过编程让计算机去做。国家日益增长的劳动力比例则是那些强调专家思维或复杂交往的工作，此类任务计算机不能做"。他们认为在信息时代，重复性、常规性的技能劳动正在被计算机或人工智能所代替，农业社会和工业社会所强调的积累知识、熟练技能的教育目标被创新性、处理复杂局面的素养所代替，而"专家思维"和"复杂交往"是重要的"21 世纪素养"。"专家思维（expert thinking）"也被称为"专家决策制定（expert decision making）"，是指在复杂情境中，当以往一切解决问题的标准化和常规化方法都失败的时候，要能够创造性地发明和运用新的方法解决难题，能够批判性思考和创造性思维。创新的本质是突破常规，其核心是"新"，即发现或产生某种新颖、独特、有价值的新知识、新方法、新过程、新要素和新思路。"复杂交往（complex communication）"，是指在复杂的、不可预

---

① David H. Autor & Brendan Price, The Changing Task Composition of the US Labor Market: An Update of Autor, Levy and Murnane, 2003, Cambridge, MA: MIT Monograph, 2015-11-27, http://economics.mit.edu/files/9758.

测的社会情境中，具有与复杂、多元、开放、变异、不确定的环境进行对话，提供各种解释的能力。这意味着直接照搬知识、分学科、固定性、常规性、线性的问题解决技能已经不能满足复杂多变、不断创新的现实世界的需要。取而代之的是，人们要在与各种流动变化、不可预测、充满不确定性、高度复杂、非线性的情境互动中，审慎思考、灵活适应、综合思维、创新实践，整合已有的知识、能力、态度和价值观念创造性地迁移到具体问题的解决中，在与他人的合作中进行良好的沟通交流，以完成各种挑战性的真实任务，即由工业时代的"常规生产工作者（routine workers）"转变为信息时代的"智能工作者（mind workers）"。

时代发展给个体发展带来了前所未有的机遇，也提出了严峻的挑战。一方面，涌动的创新活力、海量即时的信息交互、科学技术的飞速发展、全球范围内的广泛交往，以及大量涌现的新职业、新领域，为学生的自主意识、个性张扬、选择自由、创新创造提供了条件。另一方面，个人又容易淹没和迷失在海量信息之中，面对多元文化价值观陷入无从选择的迷茫，全球公民和虚拟世界可能造成自我意识的模糊和身份认同的错位，社会流动和专业职业的快速变化对个体的适应能力提出了空前挑战。个人如何在日益开放、快速变迁的时代，处理好自我与外部环境、他人、社会和世界的关系，如何在多元混杂与冲突的思想观念中保持客观理性和敏锐的判断力，如何在流动、变异、不确定的社会中形成自我对个体和世界的一以贯之的认识，从而形成健全稳定的人格？如何在突出创新、创造、自由、民主的社会将个体的潜能和素养发掘到新的高度？面对工作与生活的不断变化，如何保持持续和终身学习的能力？这是时代变迁对学生发展提出的新挑战。

面对新形势新挑战新要求，教育何为？核心素养正是对"三千年未有之大变局"的回应。因此"核心素养"也被称为"21世纪素养(21st Century Competences)"或"21世纪技能(21st Century Skills)"。从全球范围来看，世界不同国家和地区在核心素养的选取上都反映了经济社会发展的最新要求，都强调了批判性思维、创造力、问题解决能

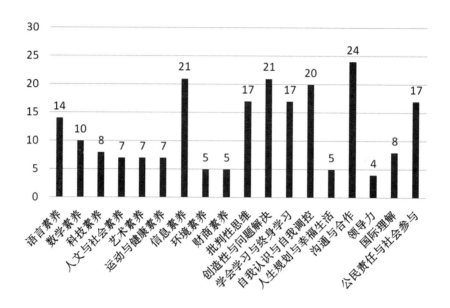

图1—2 国际组织和经济体对不同核心素养关注情况的频数统计①

力、媒介素养、沟通合作、自我规划与管理、社会参与、公民责任、国际视野等适应21世纪发展的素养。②

1996年联合国教科文组织（UNESCO）专门成立了"国际21世纪教育委员会"，并出版了堪称"教育里程碑"、每一个教育工作者不可不读的经典之作《学习财富蕴藏其中》（Learning the Treasure Within）。该书深刻地指出，"在本报告准备之时：正是人类在过去的老路和另择新路之间彷徨的时候，让我们向人们提供另一条路"，即培养学生"学会认知、学会做事、学会共处、学会发展"，这是21世纪学生终身发展的内在财富和基本素质。

经合组织（OECD）为帮助年轻人适应时代转换的需要，提出培

① 师曼等：《21世纪核心素养的框架及其要素研究》，《华东师范大学学报（教育科学版）》2016年第8期。

② 林崇德主编：《21世纪学生发展核心素养研究》，北京师范大学出版社2016年版，第109页。

养"新千年的学习者"。1997 年 12 月经合组织开始研制 21 世纪核心素养框架，启动"素养的界定与遴选：理论和概念基础"（Definition and Selection of Competences，简称 DeSeCo）项目，于 2003 年形成了《核心素养促进成功的生活和健全的社会》的报告，明确提出了学生发展核心素养框架，力求通过核心素养的培育，实现"促进个体生活的成功和发展健全的社会"的目标。当时，正值世界各国都在探索新世纪的教育改革方向之时，OECD 发表的核心素养系列研究报告，犹如让在茫茫大海中航行的人们看到了一盏航灯，为教育指明了方向。凭借 OECD 在政治、经济、文化上的影响力，核心素养教育改革在世界范围内迅速传播和推广开来。

美国是世界上研究核心素养最早的国家之一。美国很早就敏锐地洞察到时代发展与教育发展的匹配问题。菲利普·库姆斯在《世界教育危机》一书中指出，学校教育与社会需求、学校教学与就业情况、课程与学生实际学习需要之间的不匹配和不协调是导致教育不平衡现象产生的原因。[①] 因此，他提出课程设置应考虑学生需要、社会需要和职业需要，教育目标要反映当代社会经济发展和劳动力市场对学生的素养要求。美国的 P21（21 世纪核心素养）体系的提出，正是企业面对社会经济的急剧变化以及教育培养的学生无法适应社会发展的现实情况而推动的。面对重大的经济模式的变迁，节能环保、生物科技、信息技术、新能源新材料等一些新兴行业的涌现，引起就业市场的结构性变化，同时美国企业界作为人才的使用方发现学校教育培养的毕业生在能力素质上难以满足他们的现实需要，于是，美国劳工部启动了职业素养标准的相关研究。1990 年美国劳动部成立了专门委员会"职场基本素养达成秘书委员会（Secretary's Commission an Achieving Necessary Skills，简称 SCANS）"，研究青年人在职场中获得成功所必须具备的能力。1991 年，该委员会发表《职场对学校教育的要求》（That Work Requires of

---

① ［美］菲利普·库姆斯：《世界教育危机》，赵宝恒、李环译，人民教育出版社 2010 年版，第 3 页。

Schools)，提出学生需要具有三方面的基础——读写算等基本技能、思维技能和个性品质；发展五大素养——资源管理、人际关系、信息素养、系统化素养、技术素养，这为之后的 P21 研究奠定了一定基础。2002 年美国正式启动 21 世纪核心技能研究项目，由美国在线时代华纳基金会、戴尔、苹果、思科、英特尔等大公司与美国教育部、教育协会合作，创办了"21 世纪技能联盟（Partnership for 21st Century Skills，简称 P21）"，由企业界提供相关经费赞助，支持并参与相关研究。由此，企业界、教育界、社区、政府、普通大众联合起来，开展各种调查研究，共同探寻学生在 21 世纪获得成功所需的技能，进而建立了 21 世纪技能框架体系，在世界范围内产生了广泛影响。

二、新时代的呼声：培育时代新人的迫切需要

发展中国学生核心素养是中国特色社会主义进入新时代，培育担当民族复兴大任的时代新人的必然要求。马克思说过，每个时代总有属于它自己的问题，而所谓问题，"就是公开的、无畏的、左右一切个人的时代声音。问题就是时代的口号，是它表现自己精神状态的最实际的呼声。"① 教育与时代有着直接而紧密的联系，教育是时代状况的反映，由所处时代的历史形态和发展阶段决定，每个时代的教育都有每个时代的特征，打着时代的烙印。一个时代的教育必须要审慎思考时代问题、准确把握时代特征，体现时代的精神，反映时代诉求。

经过长期努力，中国特色社会主义进入了新时代，这是我国发展新的历史方位。党的十九届五中全会提出，到 2035 年基本实现社会主义现代化远景目标，人民生活更加美好、人的全面发展、全体人民共同富裕取得更为明显的实质性进展。教育发展要深刻认识到我国社会主要矛盾变化带来的新特征新要求，深刻认识错综复杂的国际环境带来的新矛盾新挑战，因势而谋、应势而动、顺势而为、乘势而上，与时代发展的客观要求相适应，与人民的利益相一致。党的十九大报告明确指

---

① 《马克思恩格斯全集》第 40 卷，人民出版社 1982 年版，第 289—290 页。

出，"优先发展教育事业。建设教育强国是中华民族伟大复兴的基础工程，必须把教育事业放在优先位置，加快教育现代化，办好人民满意的教育。要全面贯彻党的教育方针，落实立德树人根本任务，发展素质教育，推进教育公平，培养德智体美全面发展的社会主义建设者和接班人。"①广大学生正值人生的美好年华，他们的人生黄金时期同"两个一百年"奋斗目标的实现完全吻合，他们是驱动中华民族加速迈向伟大复兴的蓬勃力量！培养担当民族复兴大任的时代新人，这是时代赋予教育的使命。

面对新时代新形势新任务，教育必须高举中国特色社会主义伟大旗帜，继承和弘扬中华优秀传统文化、革命文化，发展社会主义先进文化，培育和践行社会主义核心价值观，加强法治、国家安全、民族团结、生态文明等方面的教育，培养学生的政治认同、品德修养、责任担当和健全人格，使学生坚定中国特色社会主义道路自信、理论自信、制度自信和文化自信，形成正确的世界观、人生观、价值观。同时，中国特色社会主义进入新时代，处于与世界多数国家并跑甚至在某些领域领跑的阶段，创新成为发展的内驱动力，需要大批创新型人才，教育需要注重培养学生的创新意识、探究精神和实践能力。时代要求教育要把学科教学与育人结合起来，把知识与技能、过程与方法、情感态度价值观的教育融为一体，提升人的关键能力和必备品格。时代呼唤具有中国特色和国际视野的教育改革，将我国的教育质量提升到一个新的高度。为完成时代赋予的历史使命，回答时代课题，我国开启了发展中国学生核心素养教育改革。因此，这场改革不是国外的舶来品或是盲目的跟风之举，在本质上是贯彻党的教育方针，加快教育现代化建设的具体行动。

2014 年教育部发布了《关于全面深化课程改革落实立德树人根本任务的意见》（以下简称《意见》）。《意见》首次使用了"核心素养"这一概念，将核心素养作为落实立德树人根本任务、深化课程改革的重要举措。《意见》发出明确的号令，部署了中国学生发展核心素养体系的

---

① 《习近平谈治国理政》第三卷，外文出版社 2020 年版，第 35—36 页。

研制工作，提出要根据学生的成长规律和社会对人才的需求，把对学生德智体美劳全面发展的总体要求和社会主义核心价值观的有关内容具体化、细化，深入回答"培养什么人、怎样培养人"的问题。教育部将组织研究提出各学段学生发展核心素养体系，明确学生应具备的适应终身发展和社会发展需要的必备品格和关键能力，突出强调个人修养、社会关爱、家国情怀，更加注重自主发展、合作参与、创新实践。可见，中国学生发展核心素养是党的教育方针的具体化、细化①，通过学生发展核心素养体系的建立，培养学生适应终身发展和满足社会需要的必备品格和关键能力，从而落实党中央立德树人的根本任务。

随后，教育部组织专家成立课题组，开展系统研究，借鉴国际上的成功经验，充分考虑我国国情特点，深入分析中华优秀传统文化思想和传统教育体系人才培养的特点，梳理不同时期党和国家对人才培养的总体要求，充分反映新时代经济社会发展对人才培养的新要求的基础上，于2016年2月，发布了《中国学生发展核心素养（征求意见稿）》。《中国学生发展核心素养》遵循科学性、时代性和民族性的基本原则，明确指出学生发展核心素养是指"学生应具备的、能够适应终身发展和社会发展需要的必备品格和关键能力"，提出了以培养"全面发展的人"为目的的学生发展核心素养框架，框架由三个方面（文化基础、自主发展、社会参与）、六大素养（人文底蕴、科学精神、学会学习、健康生活、责任担当、实践创新）、十八个基本要点（人文积淀、人文情怀、审美情趣、理性思考、批判质疑、勇于探究、乐学善学、勤于反思、信息意识、珍爱生命、健康人格、自我管理、社会责任、国家认同、国际理解、劳动意识、问题解决、技术运用等）构成。核心素养总体框架充分体现了马克思的人学观点，与我国传统文化中的治学、修身、济世相呼应，与时俱进地反映我国时代发展的基本特征，有效整合了个人、社会和国家三个层面对学生发展的要求。

中国学生核心素养体系属于宏观层面的人才培养目标，要想在教

---

① 《普通高中思想政治课程标准（2020年修订）》，人民教育出版社2020年版，前言。

学实践中具体落地，还需要进一步对接课程。2014 年 8 月，教育部组织课程、教学、管理、评价等相关专家，基于中国学生发展核心素养总体框架，开展核心素养与课程标准衔接转化的研究，依据学生发展核心素养体系修订完善课程方案和课程标准，进一步明确各学段、各学科具体的育人目标、任务要求和实施方案。一方面，纵向协调，垂直贯通，根据各学段学生素养的表现特点和水平，具体化到不同的教育阶段进行落实。同时，横向配合，各学科要建立核心素养与学科课程教学的内在联系，充分挖掘各学科课程教学在落实立德树人根本任务上的独特价值。基于学科本质，凝练学科核心素养，明确学生学习该学科课程后应具备的必备品格、关键能力和正确价值观念，界定并描述学科核心素养及其表现水平，并通过课程内容、教学建议、质量标准等方面的规定，将核心素养转化为教育工作者易于理解、各学科在教育教学实践中可操作、能落实的具体要求。

三、现实的反思：问题导向下课程改革的必然趋势

上一版课标是 2003 年教育部印发的普通高中课程标准实验稿，其是在世纪之交启动的我国第八次课程改革的产物。十多年来课程方案和课程标准实验稿在教育教学实践中取得了令人瞩目的成绩。

在课程目标方面，实验稿力求改变以往课程过于重视学科知识传递的倾向，从学科本位、知识本位向关注每一个学生发展转变，提出了知识、能力、情感态度价值观的三维目标，强调在获得知识与提高技能的同时，要学会学习和培养思维方法，引导学生知情意行的协调发展。

在课程理念上，提出回归生活世界的课程理念。立足于学生现实的生活经验，"把理论观点的阐述寓于社会生活的主题之中，构建学科知识与生活现象、理论逻辑与生活逻辑有机结合的课程模块"。同时，强调实践性和开放性，引导学生运用所学知识和方法观察问题、分析问题、解决问题，在社会实践活动中，感受经济、政治、文化各个领域应用知识的价值。

在教学方式上，倡导开放互动的教学方式与合作探究的学习方式；

强调学生主体作用的发挥，突出学生学习的自主性和能动性，提高学生主动学习和发展的能力。

在课程结构上，改变了过去只有国家课程、必修课程的状况，健全了国家、地方、校本三级课程管理，在保证实施国家课程的基础上，鼓励地方探索开发适应本地区的地方课程，学校可根据本校特点开发适合的校本课程。设置了必修课程与选修课程的课程体系。选修课程是基于必修课程教学的延伸和扩展，体现了课程的选择性，发展学生不同的兴趣和特长。此外，针对传统课程中科目之间不平衡的问题，进行课时调整。旧课程中语文、数学等科目所占比重过高，在一定程度上影响了学生的全面发展，2003 的课程方案适当下调了语文、数学的比例，并将调下来的课时量分配给综合实践活动、地方课程和校本课程，使课程更加多样、均衡。

综上所述，课程方案和课程标准实验稿在传播先进教育理念、促进教学方式转变、推动综合素质评价改革等方面取得了显著成效，为推进素质教育，提升教育质量做出了积极贡献。

但是我们也看到，随着改革的推进，"从总体上看，受相关制度、政策的制约和社会环境的影响，课程改革还面临着许多困难和问题……当前，基础教育课程改革进入到总结经验、完善制度、突破难点、深入推进的新阶段"[1]。在教育教学的实施过程中，还存在着如下一些突出的问题。

在课程目标的落实上，存在"情感态度价值观"目标虚化的问题。虽然课程标准提出了"知识和技能、过程与方法、情感态度和价值观"的三维目标，但是受应试教育的影响，用升学率和单一的考试分数判定教育质量，情感态度价值观由于很难在纸笔测试中加以考查，在"考什么教什么，不考的就不教"的思想下，一些学校、一些教师的教育目标发生了偏移，教育教学演变为考点落实，情感态度价值观被自觉摒弃在

---

[1] 《教育部关于深化基础教育课程改革进一步推进素质教育的意见》，2010 年 4 月 27 日，见 http://www.moe.gov.cn/srcsite/A26/s7054/201006/t20100601_92800.html。

教育内容之外，难以实现课程的育人价值。

在教学方式上，往往采用在提高分数上更有"效率"的记诵、默写、反复训练等方法，探究、发现、动手、实验等自主学习方式则因为浪费时间且没有"明显效果"而被放弃。教师会直接告诉学生原理和方法是什么，知道怎么用，会做题即可，而至于公式为什么是这样，规律是在什么情境下被发现的，原理是如何在实际生活中运用则被省略了。加之在中考、高考等大规模统一考试中，学生的个性化答案通常被排除在标准答案之外，因此课堂上并不需要学生主动创造、独立思考、有所发挥，只要接受书本上一切现成的结论，精准记忆和复制即可。受应试教育的影响，虽然本轮课改秉持生活化的理念，老师们也试图将书本世界与生活世界联系起来，在教学中引入一些生活事例，但是事例的作用至多是达到两种功能，一是为了证明教学内容的正确性，二是为了增强内容的可理解性。无论是哪种功能，事例都是服从和服务于学科理论的，事例由于不能转化为问题情境，成为激发思考与探究的"锚"，教学仍然是"学科本位"的，而不是以学生为中心。

在课程内容上，基本上是知识本位的。课程内容以学科概念和原理的深化为主线展开，知识多、难度大，十分重视细碎知识点的深挖与记忆，"重知识、轻能力"，相对忽视思维方法和行为参与。同时，自2003年版课标实施以来，时间已经超过了10年。在长达10多年的时间里，国际国内政治、经济、社会、文化等各个方面均发生了重大变化，科学技术飞速发展，新知识、新方法、新思路和新成果不断涌现，一部分课程内容已经陈旧了，需要与时俱进，不断更新。

在课程结构上，虽然设置了选修课、综合实践课等课程，但是这类课程因为在实际教学中，需要一定的人员、环境和物质条件，还涉及组织、管理、安全等问题，往往不能常态化地开设。最关键的是地方课程、校本课程、综合实践课程的内容，因为不在国家统一考试的范围内，很多学校认为挤占课时，会影响考试的正事儿，并没有切实执行。于是，课程改革在一些地方、一些学校出现了"穿新鞋走老路"，新课程只是换本教材而已的现象。

针对第八次课程改革实施十多年来存在的问题，需要通过进一步深化改革加以解决。素养是知识、能力和价值观的综合体，建构以发展学生核心素养为中心的课程体系，可以将学科知识、能力培养与品德发展结合起来，发挥课程的育人价值，实现课程促进人的全面发展的教育目的。而且，素养作为个体在解决复杂现实问题过程中表现出来的综合性品质，其本质不是记忆知识，而是在问题情境中，积极思考、大胆质疑、善于反思、解决问题。在议题讨论、探究实验和实践活动的过程中，学生成为学习的主人，激发了他们对问题强烈的好奇心与兴趣，提高分析力和判断力，增强社会适应能力，为学生的终身发展做准备。当然知识也在分析和解决问题的过程中变成了结构化的、可理解的、可运用的活的东西和思维方法，并在解决问题中负载了价值意义，体现了服务社会、责任担当、公民意识的学习意义。因此，核心素养课程改革是解决现行课程问题的基本路径，"是实现从知识本位到育人本位、从学科本位到学生素养发展本位的根本转型"[1]。

四、评价的失衡：建立新型评价体系的客观要求

课程改革是一个复杂的系统，需要课程、教学、评价等环节和要素协调一致、相互配合。我国第八次课程改革的效果之所以受到一定的影响，其中一个重要原因是评价成为制约整个课程改革和素质教育推进的瓶颈。第八次课程改革的动因是为了积极推进素质教育，素质教育是针对传统应试教育的弊端而进行的，因此如果不在考试评价的环节动刀，或者说如果不能建构一种新的评价范式，课改的目标就无法充分的实现。目前我们的考试评价领域还存在着诸多与课程改革不协调、不一致的地方。

第一，评价定位的偏差。关于课程、教学和评价的关系，长期以来，我国教育领域存在着一个错误认识，就是认为课程是课程、教学是

---

① 杨向东：《核心素养与我国基础教育课程改革的深化》，《上海课程教学研究》2016年第2期。

教学、评价是评价，特别是评价，被认为是一个游离于课程和教学之外的"独立王国"。对教师的问卷调查显示，相当一部分老师表示他们从来没有阅读过课程方案和课程标准，但是对《考试大纲》逐字逐句反复研读。本次素养改革，不再单独出版考试大纲，而是将评价直接纳入课程标准，使评价成为课程改革的有机组成部分，形成教、学、评一体化的整体框架。

第二，评价功能的偏颇。考试评价主要有四种功能：选拔功能、激励功能、诊断功能和指导功能。目前，相当一部分教育者只重视考试的选拔功能和诊断功能，相应地激励和促进学生发展的功能被忽略了。选拔功能主要是通过分数对学生进行区分，用于升学录取。目前的评价大多是淘汰式、排队式的，即以分数排名、录取率等指标作为评价学生、教师和学校的唯一标尺。这样的评价"是对学习的评价"，不是"为了学习的评价"，评价的主要目的是按照成绩的高低对学生进行选拔，而不是激发兴趣、帮助改进和促进发展。

第三，评价目标的缺失。在评价领域一直存在一个误区，就是将评价等同于纸笔考试和标准化测验。纸笔测验能够很好地测量认知领域的表现，所以纸笔测验一般采用基于双基目标（基础知识和基本能力）的双向细目表，但是对情感态度价值观方面则显得不足。由于标准化测验对情感态度价值观评价的空场，导致了评价中"完整的人"的缺失。

第四，评价类型的窄化。我国传统的评价理念只关注终结性考试，相应地忽略了过程性评价。一提到考试，人们马上想到的是中考、高考。终结性考试是对学生学习结果做出的诊断。实际上除了终结性评价，日常教学活动中的评价活动几乎无处不在，学生参与课堂讨论、质疑提问、反思总结、互动合作、实践活动、作业练习等丰富的表现都属于评价的内容和对象。但是，现实中在"一考定终身"的终结性考试面前，所有的过程都变得无足轻重，丰富的、大量的过程性评价被忽略了。

第五，评价主体的单一。长期以来，我国的评价主体比较单一，一般包括教师、学校，以及国家和各地的考试命题机构，学生、家长、社会人士等相关者并没有被纳入评价主体中。实际上，学生既是被评价的对象，也是评价的主体，长期以来他们只是被单纯地置于被评价者的地位。由于评价主体的系统不够开放、多元，学生自我评价、同伴评价、家长评价、社会评价等多维视角的缺失，导致评价效度和信度受到严重影响。

此外，评价是单向式的自上而下的教育行政部门对学校的评价、学校管理部门对教师的评价、教师对学生的评价、考试机构命题对考生的评价，导致评价者与被评价者处于二元对立的状态。评价是评价者单方面的活动，而评价对象作为评价客体，被动地接受判定，他们没有参与评价、发表意见的机会和权利，不管是否认同评价的结果都要接受鉴定结果。多元主体之间缺少一种平等交流、民主协商的互动机制，这种居高临下的评判从而无法实现促进被评价者发展的目的。

第六，缺乏相应的学业质量标准。课程标准实验稿中没有关于学业质量标准的内容。质量标准规定了学生经过一个阶段的学习后应该达到的水平。质量标准的主要目的是用来监测学生素养达到的程度，同时为国家进行教育质量评估和教育决策提供参考依据。我国课程十分重视内容标准的界定，但是缺乏明确具体、可观察、可测量的水平质量标准。

针对当前评价领域存在的上述问题，需要将课程、教学、评价进行一体化思考，厘清评价的概念，全面理解评价目标、创新评价方式、发挥多元评价主体的合力作用、把握素养考试的命题规律。总之，考试评价要以解构和建构的双重姿态，在破与立中，剖析问题，积极探索素养评价的科学体系。

第二节　开启新世纪的新探索

自 20 世纪 90 年代起，核心素养及其评价研究成为世界教育关注的主题，20 多年来取得了丰硕的成果。具体来看，主要集中在两个方面，一是关于核心素养概念的界定，二是核心素养框架体系的建立。

一、核心素养内涵研究

从教育改革的历程看，"核心素养"的提出根植于对传统"能力为本"教育的超越。20世纪60年代后期，美国、英国、澳大利亚等发达国家，先后掀起了以"能力为本"的教育改革。80年代后期，各国或地区又进一步启动了"标准为本"的教育改革，以保障最基本的基础教育质量。然而，随着时代的变迁，传统的知识与技能标准已经无法囊括时代对学生学习和发展的期待与要求，"能力"逐渐发展为"掌握核心内容、培养态度倾向、运用整合推理""知识、能力、态度情感的整合统一"，这就催生了"核心素养"这一概念的诞生。与"核心素养"相关的英文单词有 key competency，key competencies，core competencies，core skills，key skills 等，其中最常见的是 key competencies 和 core competencies。

"核心素养"最早出现在经济合作与发展组织的研究报告中。1997年经合组织启动了"素养的界定与遴选：理论和概念基础"研究项目，该项目在2003年出版的研究报告《核心素养促进成功的生活和健全的社会》（Key Competencies for a Successful Life and a Well-Functioning Society）中，使用了"核心素养"一词。经合组织指出，素养不只是知识与技能，它是在特定情境中，通过利用和调动知识、认知和技能以及情感、态度、价值观和动机等社会心理资源，以满足复杂需要的能力。[①] 经合组织提出"核心素养"必须满足三个条件：能够给个人和社会的发展都带来益处，核心素养既可以使个人拥有良好的、成功的生活，也可以促进社会的健全；能够使个体适应多样的、变化的生活情境的需求；核心素养不仅对精英和专家重要，对所有人都很重要。经合组织认为素养是一种创造力与责任心的高级心智能力，反思在其中具有非常重要的地位，"核心素养拥有心智的自主性，这包含了一种对生活的主动且反思的取向。核心素养不仅要求抽象思维和自我反思，而且要求

---

① OECD, The Definition and Selection of Key Competencies [Executive Summary]，Paris: OECD, 2005, p.10.

人们将自身与其社会化过程保持距离，甚至与其价值观保持距离，由此使人成为自身立场的原创者。"①

受经合组织的影响，欧盟也很早就启动了关于核心素养的研究。欧盟的一个研究小组在 2002 年 3 月发布的研究报告《知识经济时代的核心素养》中首次使用了 key competencies 这一概念，并认为"核心素养代表了一系列知识、技能和态度的集合，它们是可迁移的、多功能的，这些素养是每个人发展自我、融入社会及胜任工作所必需的"。2006 年 12 月，欧洲议会和欧盟理事会通过了关于核心素养的建议案《以核心素养促进终生学习》（Key Competences for Lifelong Learning），正式发布了八项核心素养的目标要求。

联合国教科文组织积极开展核心素养内涵的研究。2004 年，联合国教科文组织在《发展教育的核心素养：来自一些国际和国家的经验和教训》一书中，明确提出核心素养是"使个人过上他想要的生活和实习社会良好运行所需要的素养"②。联合国教科文组织一直以来重视从学会学习、终身学习的角度，关注知识与实践的结合，强调运用知识解决现实生活中的问题，并获得收益。同时强调核心素养是一套关键能力，在其文件中使用复数形式的 competencies，表明核心素养是一个复杂的结构，其内涵并非是单一的维度，而是多元的。

与"key competences"同样火爆的，还有一个词就是 21st Century Skills，被译为"21 世纪技能"或者"21 世纪素养"。2002 年美国在联邦教育部的领导下，成立了"21 世纪素养合作组织"，该组织制订了《21 世纪素养框架》，并于 2007 年发布了框架的新版本。新加坡和日本受美国影响较大，新加坡教育部 2010 年 3 月颁布了"21 世纪素养"，日本国立教育政策研究所在 2013 年发布的《适应社会变化的素质与能力的教育课程编制的基本原理》的报告中提出了日本的"21 世纪能

---

① OECD, The Definition and Selection of Key Competences in Europe, 2016-11-02, http://www.oecd.org/pisa/35070367.pdf.

② 张娜：《联合国教科文组织的核心素养研究及其启示》，《教育导刊》2015 年第 7 期。

力"。有学者认为，从字面上看"21世纪素养"比"核心素养"更具有时代感，更能反映社会变迁对于人的素质的新要求。

中国台湾地区认为，核心素养是指能在中国台湾地区的社会文化脉络中，回应情境中的要求与挑战，顺利完成生活任务，获得美好的理想结果所应具备的素养。核心素养代表社会成员应该达成的共同的、关键的、必要的、重要的素养。不但是个人生活必须具有的素养，也是现代社会公民的必备条件，更是社会发展所不可或缺的人力资本的重要素养。

我国学者也围绕着"核心素养"的内涵进行了深入研究。总体来说，对核心素养概念的界定有两种思路：一是本质型，二是层次型。"本质型"以张华、褚宏启等为代表。张华认为核心素养是人解决复杂问题和适应不可预测情境的高级能力和人性能力。[1]褚宏启认为核心素养是为了适应21世纪的社会变革，人所应该具备的关键素养。[2]"层次型"以学者李艺和钟柏昌、钟启泉等为代表。李艺和钟柏昌提出核心素养由三个层次构成：最底层是以基础知识和基本技能为核心的"双基层"，中间层是以解决问题过程中所获基本方法为核心的"问题解决层"；最上层是以在系统的各学科学习中通过体验、认识及内化等过程逐步形成的相对稳定的思考问题、解决问题的思维方法和价值观为核心的"学科思维层"。[3]钟启泉认为"核心素养"是一个四层的同心圆结构，由内而外分别是核心层（价值的形成）、内层（各方面的关键能力）、中层（各个学科的学习领域以及跨学科学习领域）、外层（体制内外的政策性、技术性支持系统）。[4]

梳理国内外的关于"核心素养"内涵的界定，虽然不同国家、地

---

① 张华：《论核心素养的内涵》，《全球教育展望》2016年第4期。

② 褚宏启：《核心素养的概念与本质》，《华东师范大学学报（教育科学版）》2016年第1期。

③ 李艺、钟柏昌：《谈"核心素养"》，《教育研究》2015年第9期。

④ 钟启泉：《基于核心素养的课程发展：挑战与课题》，《全球教育展望》2016年第1期。

区和组织都结合了各自的特点与发展需要，但是总体指向是一致的，共同点大致有如下六点：1. 综合性。核心素养具有综合性，是知识、能力和态度价值观的集合，不仅强调知识、技能的运用，也具有道德性，追求个体负责任的态度和公共参与的精神，是一个人全面的、全方位的素养。2. 情境性。核心素养与特定的情境相联系，是一种面向具体情境的问题解决能力。3. 时代性。核心素养具有鲜明的时代性，反映 21 世纪知识经济和信息时代对人的发展的需求，它是"21 世纪素养"，是人们对当今时代"教育应该培养什么样的人"的思考与回答。4. 后天性。素养不是与生俱来的，是后天在教育过程中学习的成果，强调通过持续不断地学习而逐渐形成、发展和趋于成熟的过程，体现了终身学习的理念。5. 多功能。素养具有多方面的功能和重要意义，既反映个体需求，也反映社会需求。核心素养有助于个体的升学就业、适应社会、终身发展，即获得个体生活的成功，同时也能够促进社会实现民主、经济、文化、生态等方面的健全发展。6. 跨学科、跨领域。素养作为一种综合素质和高级心理品质，具有跨学科性，能够运用于政治、经济、信息、人际交往等不同领域问题的解决。

基于国内外相关研究，本书认为核心素养是指个体面对复杂问题解决和真实生活情境所具备的价值观念、必备品格和关键能力。在教育领域，核心素养课程目标的提出体现了深刻的教育理念。作为知识、能力与价值观的综合体，核心素养是对传统知识和能力的超越，既纠正了过去重知识、忽略情感态度价值观的教育偏差，体现了培养全面发展的人的教育理念，同时将获得个体生活的成功和促进社会的健全发展结合起来，以培育能够自主行动，具有社会责任感和公共参与能力的高素质公民为目标。

二、核心素养框架体系研究

结合本国、本地区的情况，不同国家和地区建构了丰富多彩、各具特色的核心素养框架体系。一些学者尝试对这些多样化的框架进行归纳，梳理出不同的类型。左璜在《基础教育课程改革的国际趋势：走向核心素养为本》中按照核心素养框架体系的价值取向，将其归纳为四大类型：思维核心型（以经合组织、日本为代表）、知识核心型（以联合国教科文组织、欧盟为代表）、价值核心型（以新加坡为代表）、教育系统型（以美国为代表）。[1] 胡乐乐从核心素养研究和实施主体的角度划分为非政府组织（比如，英国的继续教育联盟、美国的"为了21世纪技能的合作伙伴"等）、政府（比如，澳大利亚、韩国、新加坡、新西兰等）和国际组织（比如，经合组织、联合国教科文组织、欧盟等）三大类型。[2] 黄四林等从素养体系的研究思路上归纳了三种类型：自上而下型、自下而上型和整合型。自上而下型主要是由官方组织研究团队进行研究，提出核心素养的理论框架，然后再向下推进，广泛征求意见进行修改和完善。例如，联合国教科文组织（UNESCO）成立的学习成果衡量特设工作组（the Learning Metrics Task Force，LMIF）就是采用这种工作方式，法国也是类似的情况。这种方式具有历时短、收效快、效率高的优势，但是也存在不接地气的风险。自下而上型指的是先广泛地征求意见，而后在此基础上提炼和建构核心素养的框架与内容指标。例如，美国的21世纪素养联盟，先是对教育者、企业雇主和普通大众三大群体展开综合调查，因为考虑了一线的意见与实际情况，使得体系建构更加符合实际，但是相对耗时、费力。大多数国际组织、国家和地区采用自上而下与自下而上相结合的整合型思路。例如，经合组织的 DeSeCo 项目就是先组织学科专家进行理论研究与分析，建立核心素养理论框架，然后进行实证研究，达成共识，最终完成报告。整合型综合了前两种研究思路的优点，既关注理论框架，也考虑了公众意见，兼顾了科学性与操作性。辛涛基于核心素养框架的内容特征，分析了3种具有代表性的素养模型：以 DeSeCo 项目为代表的并列交互型、以美国

---

[1]　左璜：《基础教育课程改革的国际趋势：走向核心素养为本》，《课程·教材·教法》2016 年第 2 期。

[2]　胡乐乐：《国外核心素养体系构建探究》，《新疆师范大学学报（哲学社会科学版）》2017 年第 11 期。

"21 世纪技能"为代表的整体系统型、以日本"21 世纪型能力"为代表的同心圆型。

对国际核心素养框架体系进行分类，有助于对其特点进行分析与归纳。每一个国家的框架体系都各具特色，也都体现着这场全球性的素养改革的共同特征。下面以几个国际上典型的素养框架为例，来展现当代核心素养框架体系的研究成果。

（一）联合国教科文组织：五大支柱、七大素养

1996 年，联合国教科文组织在《学习财富蕴藏其中》（Learning: The Treasure Within）中提出了 21 世纪公民必备的基本素质，即终身学习的四大支柱：1. 学会认知 / 学习（learning to know），强调不仅要学会书本上的知识，更重要的是要学会获得认识和理解的手段，熟练掌握现代社会的认知工具，掌握思维方法，提高思维能力。2. 学会做事（learning to do），学会在现代社会的特定环境下做事，实现从技能到能力的转变，不仅学习实际动手操作的技能，更重要的是培养一种更加综合的能力，包括人际交往能力、社会行为能力、集体合作态度、主观能动性、管理事务、解决矛盾冲突的能力，以及敢于冒险的精神。3. 学会共处（learning to live together），学会与他人共同生活、合作学习，一同参与活动，并在活动中为实现共同的目标而努力。4. 学会发展（learning to be），为求得有价值的生存和发展，适应和改造环境，认清自己的角色，承担各种责任，充分开发潜能，发展个性，增强自主性、能动性、创造性和责任感，提高素质。2003 年，又增加了学会改变（learning to change），强调主动接受、适应并引领社会的变化，调整自己的学习。五大学习支柱具有基础性，也具有生成性和引领性，是人终身发展的"内在财富"。

表1—1 UNESCO 五大学习支柱①

终身学习关键能力维度	终身学习关键能力具体内容
学会求知	A1 学会学习　A2 注意力　A3 记忆力　A4 思考力
学会做事	B1 职业技能　B2 社会行为　B3 团队合作　B4 创新进取 B5 冒险精神
学会共处	C1 认识自己的能力　C2 认识他人的能力　C3 同理心 C4 实现共同目标的能力
学会发展	D1 促进自我的精神　D2 丰富的人格特质 D3 多样化表达能力　D4 责任承诺
学会改变	E1 接受改变　E2 主动改变　E3 适应改变　E4 引领改变

2013 年，联合国教科文组织联合布鲁金斯学会为确保基础教育阶段的学习质量，专门针对培养基础教育阶段学生核心素养，启动了"学习成果衡量特设工作组（LMTF）"项目，即核心素养的研究组。在广泛征询了来自 57 个国家的 500 余位专家学者的意见后，发布了《向普及学习迈进——每个孩子应该学什么》（Towards Universal Learning: What Every Child Should Learn）研究报告，确定了核心素养指标体系的七个学习领域：身体健康、社会情绪、文化艺术、文字沟通、学习方法与认知、数字与数学、科学与技术，构建了学习目标体系（见图1—3）。而且每个维度都针对幼儿教育、小学教育和中学教育三个阶段，为 0—19 岁的学生提出了由易到难、由简单到复杂的素养要求序列。而且与 UNESCO 此前发布的体系相比，该框架更加体现了时代发展的新特征，比如，在指标中新增加了领导力、心理弹性、批判性的决策制定、创造性、个人理财和数字化学习等素养目标。对于这些素养的强调，充分展示了该指标框架对 21 世纪成功生活的思考，具有强烈的时代感和指导意义。此后，发展学生核心素养这一教育改革思想，在 2014 年联合国教科文组织发布的《全民教育全球监测报告》中得到延续。这一年度的报告在聚焦教育质量问题时，明确指出："教育质量不仅仅是帮助

---

① 吴明烈：《终身学习关键能力的架构内涵与发展策略之探究》，《教育政策论坛》2011 年第 8 期。

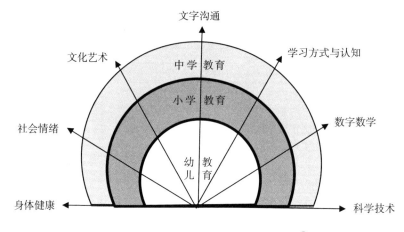

图1—3　UNESCO学习领域全球框架[①]

学生掌握基础知识，还需培养学生作为全球公民所必需的可迁移技能，如批判性思维、沟通能力、问题解决和冲突解决的能力等。"

（二）经合组织：愿景、反思、交互

经济合作与发展组织（OECD）的"素养的界定与遴选：理论和概念基础"项目（DeSeCo），从功能论的视角建构核心素养模型，明确教育要以个人获得成功生活与建设健全社会为目标，以个体与社会的共同发展引领整个课程改革。也就是说DeSeCo模型是建立在对个人发展需求和社会发展愿景深入分析的基础上，紧紧围绕为学生未来如何过有意义、负责任的生活做准备来界定和遴选核心素养，并探索各要素与目标之间的作用机制，最终形成核心素养参照框架体系（见图1—4）。

在遴选核心素养的过程中，DeSeCo项目广泛邀请各个学科领域的顶级专家参与研究，社会学家、哲学家、人类学家、心理学家、经济学家、历史学家、统计学家、教育学家，以及行政决策者、政策分析师、贸易联盟、雇主、全国性和国际性组织代表等从不同的视角贡献自己的深入思考。DeSeCo有机融合这些专家的认识，遴选、标定核心素养的

---

① UNESCO, Towards Universal Learning: What Every Child should Learn, Paris: UNESCO, 2013, p.4.

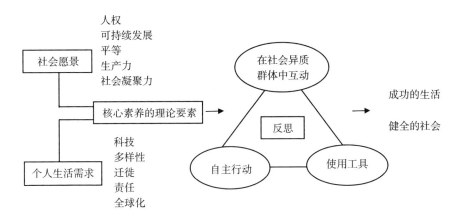

图 1—4 OECD 提出的 DeSeCo 模型①

基本维度和要素，并在各指标之间建立有机联系形成框架体系。

OECD 提出了独具特色的分层递进与交互作用的素养体系结构。面向愿景的实现，OECD 认为 21 世纪的核心素养的关键是具有反思精神，反思是一种复杂的心理过程，包括创造力、批判性思维、元认知等。反思是对个体更高的要求，要求个体具有一定的社会成熟度，不盲目跟从，也不偏激执拗，能够辩证考虑不同的观点，形成个人的独立见解，并对自身行为负责。于是，DeSeCo 项目以反思作为建构素养框架的支点和基础，同时从"能互动地使用工具""能自主地行动""能在异质社会团体中互动"三个维度，以及更为具体的九个项目，提出了 21 世纪对学生在使用工具、互动合作，以及规划、需求、行动等个体发展方面的素养要求（见表 1—2）。① 这个框架体系被一些学者概括为并列交互型，因为它强调人与工具、人与人的互动（见图 1—4）。② 也有学者将其概括为分层递进型，因为体系包含三个素养维度，是一级指标，每个一级指标都包含 3 个二级指标，二级指标是一级指标的细化（见表 1—2）。图 1—4 完整地体现了 OECD 核心素养框架目标、素养维度与实现结果

---

① 蔡清田：《课程发展与设计的关键 DNA：核心素养》，五南图书出版股份有限公司 2012 年版，第 49 页。

② 辛涛：《全球视域下学生核心素养模型的建构》，《人民教育》2015 年第 9 期。

之间严密、一致的逻辑关系。

表1—2 2005年OECD核心素养架构

素养	项目
互动地使用工具	1. 互动地使用语言、符号与文本 2. 互动地使用知识与信息 3. 互动地使用技术
在社会异质群体中互动	1. 与他人建立良好的关系 2. 团队合作 3. 管理与解决冲突
自主行动	1. 在复杂的大环境中行动 2. 形成并执行个人计划或生活规划 3. 保护及维护权利、利益、限制与需求

OECD设定了明确的目标，采用目标—结果导向的素养框架，将关注点放在"应该培养什么素养"的指标遴选和内涵界定上，这也促使OECD紧跟时代变化，与时俱进，充分反映个体与社会发展的新需求，持续更新其指标体系，其于2009年、2013年、2015年开展了大量的后续研究，不断探索与学生发展和社会进步相适应的技能和素养。比如2009年与2013年报告十分强调信息技术素养的发展。2013年与2015年报告根据劳动力市场的新变化，揭示了市场对劳动力技能的需求与劳动力供给之间不平衡的现象，提醒各成员国积极帮助青年人发展适应市场需求的各项素养。②其中，掌握无定式的复杂思维方式和工作方式十分重要，经合组织在2013年发布的《为21世纪培育教师提高学校领导力：来自世界的经验》（Preparing Teachers and Developing School Leaders for the 21st Century）的研究报告中，根据新的信息化时代人工智能的发

① OECD, Definition and Selection of Competencies (DeSeCo), 2016-02-33, http://www.oecd.org/education/skills-beyond school/definition and selection of competencies deseco.htm.

② OECD, Skills Outlook 2013: First Results from the Survey of Adult Skills, OECD Publishing, 2013, http://dx. doi.org/10.1787/9789264204256-en. OECD, Skills Outlook 2015: Youth, Skills and Employability, 2015, OECD Publishing, http://dx. doi.org/10.1787/9789264234178-en.

展，提出要注重对学生创新能力、合作意识，以及无定式的更为复杂的思维方式及工作方式的培养，因为这些能力都是计算机无法轻易替代的。①

（三）欧盟：跨领域、综合性

2001年，欧盟成立了专门研究核心素养的工作小组（Working Group B，WGB），历经5年时间，于2006年发布了《终身学习核心素养：欧洲参考框架》（Key Competences for Lifelong Learning: A European Reference Framework），报告指明了研制框架的目标，"支持各成员国，确保它们所培养的年轻人在基础教育与培训结束时，具备一定水平的核心素养，这使得他们能够应对成人生活，并为未来学习和工作打下基础；此外，还确保这些国家的成年人能够在人生中不断发展和更新自己的关键素养"。② 这鲜明地体现了发展核心素养为学生终身学习服务的教育理念，为欧盟各国的课程改革和教育政策的制定指明了方向。该框架提出并界定了八大终身学习者必不可少的核心素养——母语沟通能力、外语交流能力、数学与基本科技素养、信息素养、学会学习、社会与公民素养、创新／企业家精神、文化意识和表达，并对每一素养分别从知识、技能与态度三个维度进行了具体描述。为了帮助形成这八大素养，框架还从跨学科的角度提出了七个跨领域的综合能力——批判性思维、创造性、主动性、问题解决、风险评估、决策、情绪管理。

2018年欧盟在对2006版框架进行了一系列调查后，根据时代发展和职业变化，结合欧洲内部外部的新环境，以及PISA测试中学生在阅读、数学和科学方面反映的问题，对核心素养框架进行了修订，更新了

---

① OECD, Preparing Teachers and Developing School Leaders for the 21st Century, 2016-02-33, http://www.oecd-ilibrary.org/education/preparing-teachers-and-developing-school-leaderslot-the-21st-century-9789264174559-en.

② European Commission, Key Competences for Lifelong Learning: European Reference Framework, Luxembourg: Office for Official Publications of the European Communities, 2020-05-02, http://www. Eur-lex.europa.eu/legal-content/EN/TXT/?uri=celex%3A2006H0962.

部分核心素养的表述，加强了"学习方法和环境的多样性""对教育工作者的支持"和"素养发展评价与评估"的支持系统建设。

总体来看，欧盟的核心素养框架具有两个鲜明的特征：一是素养框架的名称、目标、素养指标等都鲜明地体现了"为终身学习服务"的思想，强调研制的核心素养学习结果要有效运用于正规教育、非正规教育和非正式教育中，使核心素养真正走向"终身化"。二是关注核心素养的可操作性，围绕核心素养，不断开发出领域清晰、层级分明、学习结果刻画具体的核心素养框架体系。经过多年研究，欧盟对单个核心素养按照水平的高低进行细化分级，以学习结果的形式呈现核心素养发展的评价指标，极大地增强了可操作性。欧盟相继研制了《数字素养框架》和《创业素养框架》，以 2016 年提出的"创业素养"为例，划分了三大素养领域、15 种具体能力和 8 个熟练层级，共计 442 个学习结果。

（四）美国 21 世纪技能：职业性、系统性、时代性

美国 P21 核心素养框架的提出，始于对受教育者未来职业发展需求的关注。1990 年美国劳工部率先成立了"职场基本技能达成秘书委员会"（SCANS），研究青年人在继续学习和未来职业发展中获得成功的必备能力与品质，提出了职业发展需要的五大技能——资源管理、人际素养、信息素养、系统化素养、技术素养。与其他国家不同，美国 P21 核心素养教育改革不是从国家、教育部门发起的，而是由企业界从他们对人才需求的角度，这为 2002 年启动的 21 世纪核心技能研究奠定了基础。

美国的 21 世纪学习体系，具有鲜明的系统性和整体性的特点，在结构上真正体现了系统性。美国 21 世纪学习体系被形象地称为"彩虹结构"，它以核心素养指标为引领，建构起一个包括学习目标、技能维度、科目主题，以及层次清晰的强大的学习支持体系（见图 1—5）。[1]

美国 21 世纪学习体系的彩虹结构主要包括三个部分。首先，彩虹

---

[1] Partnership for 21ˢᵗ Century Skills, Framework for 21ˢᵗ Century, 2009, https://www. battelleforkids.org/networks/p.21.

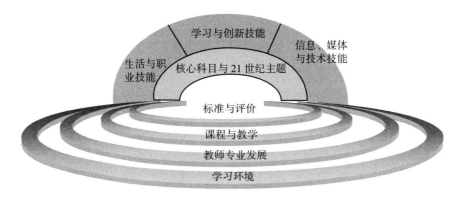

图 1—5 美国 21 世纪学习体系

部分的外环是学生学习目标，即"核心素养"的部分，它描述了学生在未来工作和生活中需要掌握的内容知识、基本技能和专业智能，提出了"学习与创新技能""信息、媒体与技术技能""生活与职业技能"三大技能。"学习与创新技能"包括创造力、批判性思维、交流沟通与协作；"信息、媒体与技术技能"指有效获取、利用、评估、使用信息、媒介和信息技术的能力；"生活与职业素养"包括灵活性与适应性、主动性与自我导向、跨文化素养、勤奋和积极的态度、团队精神、对多样性的欣赏和领导力等。21 世纪核心技能作为学习目标，贯通于整个系统，所有的教育活动、教育环节、教育要素都围绕 21 世纪核心技能展开，它统领着整个彩虹结构的内环与基座。

每一项 21 世纪技能的培养都需要依托于学科的核心内容才能实现，即彩虹的内环"核心科目与 21 世纪主题"。核心科目主要包括语言、阅读、数学、科学、历史、地理、经济、政府与公民、艺术等。在核心科目学习的基础上，设置了五个反映时代特征、带有跨学科综合性的"21世纪主题"——全球意识、理财素养、公民素养、健康素养和环保素养。

为了更好地落实和推进核心素养，这一体系还建构了彩虹结构的"基座"，提出了四大支持系统——标准与评价、课程与教学、教师专业发展和学习环境。支持系统为 21 世纪核心技能提供了有效的支撑和保障。

综上所述，美国21世纪学习体系将作为学习目标的三大技能，与相应的科目主题、配套的支持系统有机融合在一起，这种上下关联、协调一致的框架体系，有利于核心素养的落实与推进。

（五）新加坡：以人为中心的圈层结构

新加坡政府对比了21世纪与20世纪所需劳动力的特点，在2010年3月，新加坡教育部公布了"21世纪素养与学生学习结果的框架"（Framework for 21st Century Competencies and Student Outcomes）。该框架摒弃了传统的知识中心，建构起"以人为中心"的新模型（见图1—6），并在此基础上提出建立"思考型学校和学习型国家"的愿景。[②]

该模型最外围指明了发展学生核心素养要达成的目标，要把学生培养成为自信的人、自主学习者、积极的贡献者、热心的公民。1. 自信

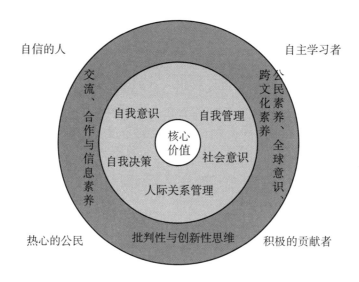

图1—6　新加坡21世纪素养结构模型

① "教育政策研究所"：《教育課程の編成に関する基礎的研究報告書3：社会の変化に対する資質や能力を育成教育課程——研究開関事例分析等からの示唆》，2012年。

② Ministry of Education, Singapore, MOE to Enhance Learning of 21st Century Competencies and Strengthen Art, Music and Physical Education, 2015-06-06, http://www. moe. gov. sg/ media/press/2010/03/moe-to-enhance-learning-of-21st. pdf.

的人，指能够了解自己、能独立思考、适应环境、有效沟通、做出明智的判断、具有对错是非的分辨能力。2. 自主学习者，指能够大胆质疑、主动探究、反思学习、对自己的学习负责，并有坚定的学习毅力和坚忍不拔的精神。3. 积极的贡献者，指能在团队合作中发挥有效作用，有革新精神，勇于创新，积极进取，为追求卓越敢于承担一定的风险。4. 热心的公民，指具有强烈公民责任感，关心新加坡，情系世界，能够积极参与到改善周围人的生活的活动中。上述四个方面的要求，体现了个人发展与国家发展的统一性。

为了实现这一教育目标，新加坡的核心素养结构包括由内到外的三个圈层：1. 内核是核心价值，即一个人的品格、信念、态度和价值观。核心价值是整个架构的中心，在整个架构中起决定作用。新加坡具体提出了学生应该具备的 6 个核心价值——尊重、诚信、关怀、弹性、和谐、负责。2. 第二层是社交和情感技能，包括自我意识、自我管理能力、社会性意识、人际素养和自我决策等。3. 架构的最外环是 21 世纪全球化、信息化环境中所需要的基本素养，包括公民素养、全球意识、跨文化素养、批判性思维和信息沟通素养。①

新加坡核心素养框架体系，培养目标明确，圈层明晰，以价值观为核心，突出了复杂的社会交往能力和全球意识，形成了从知识、能力、价值观到完整的人的发展系统。

（六）中国：中国学生发展核心素养

中国学生发展核心素养体系与其他国际组织、国家和地区的素养体系相比具有鲜明的特点，体现了科学性、时代性和民族性的基本原则。遵循学生身心发展规律与教育教学规律，体现科学性；充分反映新时期社会发展对人才培养的新要求，体现时代性；将核心素养研究植根于中华民族的文化历史中，根据我国的国情和教育文化环境，建构素养指标和内容体系，体现民族性。

---

① 　Ministry of Education，Singapore, 21st Century Competencies, 2017-01-16, https://www.moe.gov.sg/education/ education- system/21st-century-competencies.

中国学生发展核心素养体系，包括三个方面、六大素养和十八个基本要点（见图1—7、表1—3）。

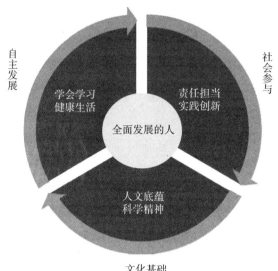

图1—7　中国学生发展核心素养框架

表1—3　中国学生发展核心素养

三个方面	六大素养	十八个基本要点
文化基础	人文底蕴 科学精神	人文积淀、人文情怀、审美情趣 理性思维、批判质疑、勇于探究
自主发展	学会学习 健康生活	乐学善学、勤于反思、信息意识 珍爱生命、健全人格、自我管理
社会参与	责任担当 实践创新	社会责任、国家认同、国际理解 劳动意识、问题解决、技术应用

中国学生发展核心素养从文化基础、自主发展、社会参与三个方面，培养全面发展的人，其中，文化是人存在的根与魂，自主性是人作为主体的根本属性，社会性是人的本质属性。文化基础强调能够学习、理解和运用自然科学、技术、语言、文字、历史等各领域的知识和技能，掌握人类文明发展的智慧成果，具有宽广深厚的文化基础，同时涵养文化的内在精神，发展成为具有人文情怀、科学精神、勇于追求真善的人；

自主发展强调能有效地自我管理，规划人生，正确评估自我，积极发掘自身潜质，有健全的人格，珍爱生命，热爱生活，有明确的人生方向；社会参与强调能处理好自我与社会的关系，具有公民意识和社会责任感，理解人类命运共同体的内涵与价值，具有创新精神和实践能力。①

十八个基本要点从更加具体的角度对核心素养进行了维度分解与详细阐释，呈现以下几个基本特点。1. 一些要点是针对当前我国人才培养中存在的问题而提出的。比如，"批判质疑"要求学生独立思考、积极反思，大胆质疑，具有问题意识，能从不同角度全面地辩证地分析问题，做出理性的选择。比如，针对中国学生相对缺欠的实践创新、动手能力和解决问题能力不足的问题，提出了"勇于探究"和"问题解决"，鼓励学生不畏困难，积极探索，大胆尝试，积极寻求问题的解决方法，具有创新的勇气。2. 体现了对人的全面发展的关切。发展中国学生核心素养框架提出"珍爱生命"和"健全人格"，引导学生理解生命的意义，保持积极的心态，自信自爱，积极乐观，健康向上，具有一定的自制力，能有效调节自己的情绪，增强抗挫折能力等。3. 重视对人的内在的精神文化方面的引领。比如：提出"人文情怀"，强调尊重人的价值，关切人的发展和幸福；超越知识结论，提出"科学精神"，培养崇尚真知、追求真理的态度；提出诚信友善、宽和待人、规则意识，热心公益，崇尚平等，尊重自然等"社会责任"意识。

（七）中国台湾地区：十二年基本教育课程改革

中国台湾地区于2014年11月公布了十二年基本教育课程纲要总纲。台湾地区基于全人教育的基本精神，体现"自发""互动""共好"的教育理念，以培养终身学习者为目标，提出了十二年基本教育核心素养框架。核心素养作为"课程发展与设计的关键DNA"，是十二年基本教育课程组织的核心，整体支配着课程体系的建构，课程的目标、内容、教学实施均以此为基础层层推演而来。首先，通过制订"课程总纲"，将

---

① 核心素养研究课题组：《中国学生发展核心素养》，《中国教育学刊》2016年第10期。

核心素养作为十二年基本教育的课程目标，然后，依据总纲中的核心素养提出小学、中学等各教育阶段的核心素养，并转化为各门科目、各个领域的核心素养，进一步通过学科的"课程纲要"和"学习内容"，具体落实到课程教学中。核心素养支配、统领着课程的方方面面。这是一个由课程理念到操作实践、由宏观目标到具体内容、由共同素养到各科各教育阶段素养环环相扣、彼此呼应、相辅相成的框架，是以核心素养为轴心各阶段教育垂直连贯与各科目的水平统整的有机统一的课程体系。

　　十二年基本教育的核心素养，即学生于十八岁完成后期中等教育时，能学习获得的全方位素养，包括三个面向、九个核心素养，亦称

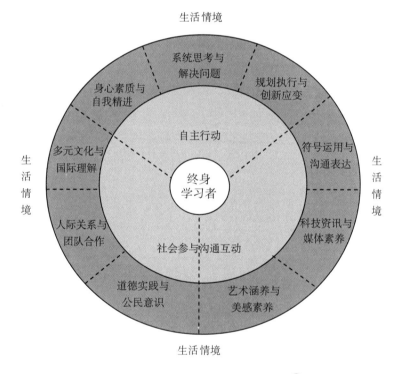

图1—8　中国台湾地区核心素养框架①

_____

① 蔡清田：《台湾十二年国民基本教育课程改革核心素养的回顾与前瞻》，《教育学术月刊》2015年第10期。

"三维九轴"。滚动圆轮意象图（图1—8）形象地展现了核心素养的架构，以培养终身学习者为核心，希望学生发展成为积极主动的学习者。围绕培养目标，核心素养提出自主行动、沟通互动、社会参与的"三维"，围绕"三维"扩展为身心素质与自我精进、系统思考与解决问题、规划执行与创新应变、符号运用与沟通表达、科技信息与媒体素养、艺术涵养与美感素养、道德实践与公民意识、人际关系与团队合作、多元文化与国际理解等九个素养。"三维九轴"体现了延伸推展的层次感和关联性。最外轮的"生活情境"也十分重要，因为素养的获得不能单纯依靠知识记忆和技能训练，而是要迁移到生活情境中，解决现实生活中的复杂问题和任务挑战，帮助个人获得"优质生活"，并顺利达成未来理想社会发展的愿景。

综上所述，从世界范围来看，尽管各国、地区和组织的核心素养框架模型在表现形式上各不相同，但是它们在基本内容上也存在许多相同之处。

1. 各国、地区的核心素养体系都强调为学生终身学习服务，为学生未来生活、职业发展做准备。各国都特别强调了自我管理、学会学习、人生规划、沟通交流、团队合作、问题解决、实践探究等适应个人终身发展的核心素养。核心素养的遴选上也都反映出了经济社会科技发展的最新要求，体现了强烈的时代性。比如，创新能力、全球视野、信息素养、环境意识等受到很多国家和地区的重视，这些都是迎接21世纪挑战所需要的"关键素养"。

2. 各国、地区的核心素养体系都兼顾了个人层面、社会层面、国家层面的需要。个人层面都强调了认知领域的学会学习、科学精神等，自主发展方面的自我管理、人生规划、情绪调节等。社会层面强调了公民责任、法治意识、社会参与。国家层面强调了国家认同等。可见，各国、地区力求通过核心素养的培育，为学生个人生活成功、有机融入社会、胜任职业需要奠定基础，同时充分考虑了社会、企业、国家对人才发展的需要，使孩子成为合格公民。兼顾个人与社会的双重维度，有机协调个人发展与社会需求的关系。

3. 各国核心素养体系都将基础领域素养、新兴领域素养、综合性的通用素养相结合。纵观不同国家和地区的素养指标，尽管数量不同，呈现形式不同，但是从具体统计各项指标可以看出，基本上都包含着三类素养：一是传统基础领域的素养，包括读、写、算等。虽然，核心素养是面向 21 世纪的新挑战，但是读、写、算这些人的基本素养是学习和生活所必备的基础能力。所以，联合国教科文组织、经合组织、欧盟、美国、中国在素养内容体系中都关注了这些基础素养。二是内容体系中也都包含了随着全球化、信息化时代发展所需要的新的素养要求，比如，信息素养、环境保护素养、全球素养、跨文化素养、灵活性与适应性等。三是超越特定领域，重视跨学科主题的通用性、普遍性、综合性素养。比如批判性思维、学会学习、勇于探究、创新意识、问题解决、规划人生、健全人格、沟通交往、团队合作等，这些素养具有广泛的迁移性。

4. 各国核心素养框架都具有清晰的结构与层次。虽然各国和地区的素养框架在形态上呈现出较大差异，有的是彩虹结构，有的是三角形，有的是圆形，等等，但是它们都力求展现一个完整的结构和体系，即模型内部层次分明、逻辑清晰、自成一体，形成一个各领域、各要素、各层次、各环节紧密联系、相辅相成的有机系统。

第三节　踏上素养评价的新征程

一、国内外的实践探索

随着核心素养研究和实践的推进，考试评价成为备受关注的问题。各国和地区普遍认识到评价在课程实施中的重要性，力求通过评价了解学生核心素养的水平，有效地运用评价为课程改革与教学活动提供反馈与建议。比如，在美国彩虹结构"基座"的第一项就是"标准与评价"（见表 1—4），明确将评价作为助力核心素养目标达成的基石。

在认识评价重要性的同时，各国也普遍认识到素养评价是这场改革的难点。欧盟委员会指出，"我们已经明确地界定了8项核心素养，目前的关键问题是如何全面地评价它们，这方面的工作还很薄弱。"[①] 由此，作为课程改革的重点和难点，对核心素养评价的研究随之展开。联合国教科文组织研制了全球学习质量跟踪测评指标体系，欧盟开展了"ET2010计划"和"重新思考教育"项目，法国专门成立了负责评价学生学业表现和制定评价指标的机构DEPP，开发具有本国特色的《个人能力手册》。此外，还开发与改进了很多大型国际评估项目，比如PISA、TIMSS等。

表1—4 美国核心素养支持系统——21世纪标准与评价[②]

支持系统	维度	具体内容
21世纪标准与评价	标准	聚焦于21世纪技能、知识内容和专业；建立理解核心科目和21世纪核心素养的跨学科主题；强调对知识深入的理解；让学生参与到他们未来在大学、工作和生活中面临的真实情境中，学生只有积极参与到有意义问题的解决过程中才能学得更好；采用多种方法对知识的掌握情况进行测量评估。
	评价	支持公平的评价，包括高质量的标准化测验以及有效的形成性和总结性课堂测验，在学生每天的学习中对其表现进行有效的反馈；采用形成性评价和终结性评价并结合现代技术，对学生掌握的21世纪核心技能进行有效评估，建立学生工作发展系统，让教育者和未来的雇主了解学生对21世纪核心技能的掌握情况，建立评价系统，从而评估教育系统对学生21世纪素养的培养效果。

我国也充分认识到评价在促进核心素养落实过程中的重要作用。2014年教育部在《关于全面深化课程改革，落实立德树人根本任务的意见》中指出："要根据核心素养体系，使考试评价更加准确反映人才培养要求……注重综合考查学生发展情况，引导学生实施素质教育，科学选

---

① Council of the European Union and European Commission, Key Competences for a Changing World, 2013-09-01, http://eur-lex.europa.eu/LexUriServ/LexUriServ.do?uri=COM:2009:0640:FIN:EN:PDF.

② 熊昱可等：《核心素养研究的基本思路与方法路径》，《北京师范大学学报（社会科学版）》2018年第1期。

拔人才。加强发展性评价，发挥评价促进学生成长、教师发展和改进教学实践的功能。各地要组织实施教育质量综合评价改革，鼓励学校积极探索，完善科学多元的评价指标体系，引导树立科学的教育质量观。"

梳理国内外素养评价的研究成果，主要集中在评价体系的建构、探索有效的评价方法、改革传统的标准化测试等方面。

（一）将核心素养转化为外显的评价指标体系

核心素养具有一定的抽象性、综合性和内隐性，这是难以对其进行评价的根源。对此，国外评价的一个重要策略是将核心素养转换为具体的、可观察的、可测量的、外显的学习结果，并在此基础上开发出评价指标体系，联合国教科文组织、加拿大、美国等开展了此类研究。

2013 年，联合国教科文组织成立"学习成果衡量特设工作组"（LMTF），其工作是根据发展学生核心素养的目标与要求，制定可测量的评价指标体系，并描述相应的水平表现。其后，在《向普及学习迈进——每个孩子应该学什么》的报告中，联合国教科文组织发布了"全球学习质量跟踪测评指标"（见表 1—5）。

表 1—5　全球学习质量跟踪的测评指标[1]

测评范围	测评指标
全民学习	把学业完成情况与学习质量测评（如小学毕业时测评阅读水平）整合为一个指标。
学龄与教育问题	及时测评入学率、学习过程与毕业率；基于人口数量来跟踪未入学率和退学率。
阅读素养	到 3 年级时测评阅读基本技能，到小学毕业时测评整体阅读水平。
数学素养	在小学毕业时测评数学基本技能，到初中入学时测评整体数学水平。
学习准备	测评幼儿入小学时在各领域学习中的接受水平及其发展性。
世界公民	测评青少年在集体、国家和世界上成功生活所需要的价值与技能水平。
学习的机会	跟踪测评学生在七个学习领域中的学习机会。

---

[1]　林崇德主编：《21 世纪学生发展核心素养研究》，北京师范大学出版社 2016 年版，第 239 页。

加拿大开启了基于终身学习理念的"综合学习指数（Composite Learning Index，简称 CLI）"研究。2006 年，加拿大学习委员会（Canadian Council on Learning，简称 CCL）在联合国教科文组织提出的终身学习"四大支柱"理念的指导下，广泛收集、整理和分析加拿大人在学习领域中的学习表现和数据后，提出包含 17 个指标和 24 个具体参数的"综合学习指数"评价框架。此后，每年按照这个评价框架，对加拿大各州和地区的学习质量进行评价，公布各地区的学习指数，并提出建议措施。

欧盟在 2010 年也启动了"欧洲终身学习指数项目（The European Lifelong Learning Index，简称 ELLI）"。该项目同样以联合国教科文组织终身学习的"四大支柱"作为框架基础，充分学习参考加拿大的"综合学习指数"，采用因素分析、多元线性回归等统计方法，形成了包括 36 个指标的"学习指标体系"，用于评估和检测欧盟国家的教育质量。随着学习指标的逐步完善，欧盟希望这一评价体系得到更多国家的认可和支持，以形成促进各国教育质量提升的全球化质量监控网络。

在统一的大框架下，欧盟各成员国也根据本国的实际情况和需要，创造性地进行评价指标体系的二次开发，比如克罗地亚对创业精神（entrepreneurship）这一素养的评价，开发了由知识、技能和态度三个维度构成的评价量规。该量规以"SMART 原则"为指导思想——具体的（Specific）、可测量的（Measurable）、可达到的（Attainable）、确切的（Relevant）和及时的（Timely）；由知识维度的 13 项具体目标、技能维度的 13 项具体目标，以及态度维度的 6 项具体目标构成。苏格兰的核心素养评价，采用五级水平刻画描述 3—18 岁学生的成长状况，使之成为一个连续整体，构建了一个由低到高的评价序列量表，通过评价准确把握学生处于何种水平和阶段，动态地追踪学生素养的发展情况。

（二）重视过程性评价

过程性评价一般指教师自主开展的课堂评价或阶段性测验。在传统知识为本的评价范式下，形成性评价被认为是一种非主流、非正式的评价方式，通常是作为纸笔终结性评价的辅助与参考。但是，在核心素养评价中，过程性评价对于描述学生"学会学习""人际交往""互动合作""社会参与"等素养具有独特的优势，于是，评价领域出现了一个明显的转向，过程性评价由过去被忽视的地位，转而受到教育界的极大重视。目前学生成长记录袋、观察法等方式在实践中被广泛地用于素养评价中，将学生发展过程中各个方面的表现及时、持续、完整地记录下来，为学生评价提供全面丰富的信息，也为学生及时发现自身问题和教师教学反馈提供依据，实现了评价与教学过程和学习过程的有机融合。法国的《个人能力手册》对学生从基础教育阶段开始的表现进行连续性的记录，以完整地反映每个学生国家规定的 21 世纪素养发展状况。手册随着学生年龄的成长，分不同阶段对他们的语言、数学、社会及公民等七大素养进行考查，在各个学段逐步填写，所有的教师都会参与对学生素养水平的评价，家长也从不同的角度进行评价并了解孩子的素养状况，这让教师、家长能够跟踪学生的成长过程。

（三）开发评价项目

传统的标准化测验通常题型单一，功能已不能满足对核心素养评价的需要。因此，世界各国开始研究和开发新的评价项目，并对传统的纸笔测试进行改造，扩展其功能。

1. 开发考查素养的新型教育评估项目

比如，澳大利亚在发布《墨尔本宣言》后，为了监测特定学段的学生在读写、计算、信息技术等方面的通用能力，开发了两个大型的国家统一考试项目：一是读写与计算能力评估项目（National Assessment Program – Literacy and Numeracy，简称 NAPLAN），针对 3、5、7、9 年级学生的读写和计算能力展开测评；二是针对 6 年级和 10 年级开展的信息交流技术素养测验（The Australian Curriculum, Assessment and Reporting Authority，简称 ACARA）。

经合组织开发的大型国际性教育成果比较、监测项目"国际学生评估项目"（Program for International Student Assessment，以下简称PISA），是基于学生核心素养评价的测试。PISA 项目不同于一般的纸笔测验，它并不是对学校学习内容的检测，而是关注即将完成义务教育的青少年（15 岁），在多大程度上能够迎接未来学习和生活挑战，应用所学知识和技能参与社会生活和终身学习。PISA 测评从 2000 年开始，每三年进行一次，测验的主要领域有阅读、数学、科学，后来又开发了财经、问题解决、全球胜任力等测评项目。

2. 创设真实情境考查跨学科的问题解决能力

核心素养的培养是为学生未来生活做准备的，要求学生具有分析和解决复杂生活问题的能力。于是，测试会增强情境性与开放性，通常会创设一个与实际生活、学习或工作相关的问题情境，要求学生运用所学知识进行判断、选择、评价，或者创造性地提出解决问题的方案，然后根据学生回答的表现进行评定，推断学生的素养水平。比如，有些国家用情景判断测试（Situational Judgment Tests，简称 SJT）评价学生的"自我管理"素养。法国对学生科学技术素养和信息素养的考查，要求学生在真实的 ICT 工作环境中，展现熟练使用多媒体工具获取、判断、交流信息的数字能力。

一些国家和地区对终结性评价进行改进、丰富和扩展，增加了纸笔测试题目的开放性，在统一考试中给学生表达个性化见解的空间，答案也相对多样化。同时，还有一些国家尝试用更加多元化的评价方式，来弥补纸笔测试的不足。奥地利对其高考考核方式进行了大刀阔斧的改革，改革后的评价方式包括三个方面：学生研究课题的论文、高中最后一年结束时的书面考试、针对学生研究课题的口试。研究课题具有跨学科性，口试中学生要呈现课题研究内容，并进行答辩。这种高考评价体系将传统终结性评价与其他评价结合在一起使用，使它们相互配合、相互补充。法国义务教育质量评估项目 CEDRE，以前通过纸笔填写的方式来测评，现在不仅采用计算机自适应考试，还加入了动手操作的表现性测评，从而更加全面地反映教育质量。

我国在高考中，在纸笔测试之外，也纳入综合素质评价，提供给高校作为录取的参考。北京市在中考中，每个学科 100 分的满分中，有10 分是社会大课堂实践活动表现分。每个学生每学期都要参加校外的社会实践活动，由学校教师与实践单位的人员共同组织，并对学生参与实践活动的情况，比如出勤率、参与的积极性、参与水平等表现进行评价，将其纳入中考成绩。将多种评价方式相互衔接、打通融合是许多国家的共识。

3.开发多样化的评价工具

自我管理、学会学习、情绪态度、学习倾向等素养具有内隐性、综合性，难以通过标准化测试进行评价，这就需要探索标准化测试之外的评价方法，目前调查问卷成为国际上十分流行的方法之一。例如，欧盟对学会学习素养的评价，包括情感、认知和元认知三个维度。其中采用纸笔测试来评价认知维度，采用问卷评价情感和元认知维度。用于核心素养评价的问卷大多采用自我报告量表的形式，比如自我报告量表、教师量表、家长或监护人量表、专家量表或多种主体的混合量表。PISA项目就是采用自我报告问卷的方式调查学生的学习态度、学习动机、学习信念、自我调控能力和学习策略，PISA用教师量表帮助调查学生的阅读时间、阅读方式和阅读习惯，用家长量表帮助调查学生在财经领域的金钱观等。现在一些国家围绕素养积极开发新的评价量表。例如，卡罗尔·德威克（Carol Dweck）开发的成长性思维（Growth Mindset）评价工具，安吉拉·达克沃斯（Angela Duckworth）等开发的毅力量表（Grit Scale），都被美国大学与职业准备测试联盟用于评价学生的21世纪素养。

除问卷调查之外，还采用了课堂观察、访谈对话、动手实验、档案袋记录等多种方式，或这些方法的相互结合，结合学生的自我报告、问卷调查、老师观察、同学评价等综合地评价学习者的素养。这些评价方式从不同的视角促使评价者获取更为丰富的信息，从而能够更加全面、客观地判断学生素养的状况，提高评价的信度和效度。

4.探索信息技术在评价中的应用

当前信息技术在评价中得到广泛的应用，而且几乎所有的国家都看到了信息技术对于解决评价难题所蕴含的巨大力量，都在积极推进计算机测评方式的发展。美国国家教育进步测评项目NAEP、著名的国际大型评估项目PISA都是基于信息技术的测试。美国教育部资助智能平衡评估联盟研制与共同核心州立标准相匹配的测试，采用计算机自适应测试测量学业成绩特别好或特别差的学生的表现。

计算机交互式任务的测评是当下各国教育评价变革的新热点。计算机与互联网技术的可视化、数字化、智能化、虚拟化等特点，可以为评价创设真实的交互式的问题情境，使学生参与其中，与之互动，从而更好地测量学生的素养。例如，2015 年的 PISA 测试推出的合作问题解决测试（Collaborative Problem Solving，以下简称 CPS）。在 CPS 测试中，计算机创造了更逼真的问题场景，而且还制造了虚拟人物与学生进行模拟互动，系统能够智能化地根据学生的行为反应水平做出相应的变化，从而准确测量学生的素养水平。还有一些在线教育模拟竞赛或游戏，比如模拟学生公司、模拟联合国、经济领域的虚拟投资和理财，以及地理学科的亚特兰蒂斯探秘（Quest Atlantis）等，通过模拟真实情境来考查学生的相关素养。

探索发挥计算机和互联网在收集、分析、处理和评价海量数据方面的独特优势。进行大数据的过程性和结果性分析，全样本的数据积累、个性化的学习报告、针对性的诊断报告，能够使素养评价更加精确、个性化、及时、智能，发现很多过去无法发现的问题，甚至提前预测学生素养发展的趋势。

综上所述，在实践方面，一些国家和地区对 21 世纪核心素养评价做出了诸多有益的探索和尝试，尤其是在建立课程、教学与评价三者协调联动的机制，开发新型的测评工具，探索多样化的评价方法，建构素养导向的评价系统等方面取得了一定的成果。但是核心素养作为一种综合的、复杂的学习结果，在如何科学地评价情感态度的维度，以及测量跨学科素养等方面，世界各国也都认识到还存在很多需要突破与深入研究的难题。

二、国内外的理论研究

通过文献检索，从国外理论研究看，呈现出一少一多的情况，就是专门以"核心素养"为题的翻译论著比较少，但是相关研究非常多，这说明国外已经超越了核心素养的宏观层面，进入到更为具体的领域和方面，开展了更为深入和细致的研究。与核心素养相关的具体领域的研究，具有代表性的有美国评价专家詹姆斯·波帕姆（W.James Popham）的《教师课堂教学评价指南》、艾伦·韦伯（Ellen Weber）的《怎样评价学生才有效——促进学习的多元化评价策略》、盖伊·格朗兰德（Gaye Gronlund）的《聚焦式观察：儿童观察、评价与课程设计》、丹奈尔·D. 史蒂文斯（Dannelle D. Stevens）的《评价量表：快捷有效的教学评价工具》。日本关于核心素养评价的研究值得一提，田中耕治等日本评价改革的领军人物，根据 2008 年日本课程标准《学习指导要领》的修订，对日本《有关学生的学习和课程实施状况的评价方针》《评价手册》的修订进行深入研究，在其《评价手册的修订与学力问题》《解读学力与评价的"今日"》《新教育评价的理论与方法》《解读新学力测试》等书中，阐释了日本从相对评价到基于目标的评价转换的意义，探索了如何通过新的评价理论与表现性评价等新方法发展学生能力的问题。联合国教科文组织《教育展望》发布的一系列册子，《160：教育质量改进与教师发展的多维视角》《171：教育公平与学习质量：基于证据的参与式过程》《174：课程、学习和评价的深入聚焦》等，都从评价的视角对课程、学习、教育公平、教育质量等问题进行了具体阐释。

国内关于核心素养及其评价的研究方面，有几位代表人物的思想和论著值得研究。作为"中国学生发展核心素养"研究的专家，北京师范大学的林崇德教授主编的《21 世纪学生发展核心素养研究》，清晰地阐释了核心素养概念的中西方理解，详细梳理了国际上典型国家和地区的核心素养框架体系，描述了中国学生发展核心素养的形成过程，勾勒了国内外核心素养研究的整体概貌。黄光雄、蔡清田等编著的《核心素养课程发展与设计新论》，从我国台湾地区"十二年国民基本教育课程改革"的视角，全面阐释了基于核心素养的课程结构、课程意义、课程设计、课程选择、课程组织、课程发展、课程实施、课程评价等内容，该书还跳脱出台湾的个案研究，透视国际核心素养课程改革的大背景与基本理念，揭示了课程范式的转换。在评价方面，钟启泉教授的专著《从失衡走向平衡：素质教育课程评价体系研究》，及其关于素质教育、学业评价、课堂评价、量化评价与质性评价、日本学力评价等方面的一系列论文，都深入研究了素养评价实践中的关键问题，具有非常强的指导性。杭州师范大学张华教授的《论核心素养的内涵》《处理核心素养与双基的关系》《核心素养与我国基础教育课程改革再出发》等论文，对核心素养概念的内涵、教师如何在教学中落实核心素养等问题进行了深入分析。华东师范大学杨向东教授是新课标测试项目的指导者，其专著《课堂评价：促进学生的学习与发展》结合教学实践提出了很多过程性评价的有效方法，《核心素养测评的十大要点》《如何开展基于核心素养的日常评价》《真实性评价》《基础教育学业质量标准的研制》《把评价贯穿于整个评价过程》《核心素养中的学会学习意味着什么》等文章，切中要害地关注了核心素养评价的难点和当前改革的前沿问题，其研究具有前瞻性和开创性，为未来评价的探索提供了思路。北京师范大学辛涛教授属于国内比较早开始关注核心素养的学者，他在核心素养国际比较和评价指标体系等方面的研究卓有建树，《全球视域下学生核心素养模型的构建》《以社会主义核心价值观为中心构建我国学生核心素养体系》《我国义务教育阶段学生核心素养模型的构建》《基于学生核心素养的课程体系建构》《学业质量标准：连接核心素养与课程标准、考试、评价的桥梁》《论学生发展核心素养的内涵特征及框架定位》等一系列论文，在扩展核心素养研究的全球视野和整体框架建构上具有启发性。随着教育改革的推进，目前国内一些学者开始关注表现性评价、综合素养评价、有效教学、PISA 考试等领域，这些都对核心素养评价的研究大有裨益。

　　同时，我们也要看到，我国对素养评价的研究尚处于起步阶段。目前对于国际经验的研究，大多是宏观性、总体性的介绍，停留于浅表性的事实信息呈现，比如评价模型包含哪些基本要素、模型的研制流程、几个大型的评价项目的测试对象、测试领域和测试组织等基本事实，相应地缺少对评价模型背后的心理学、教育学、认知科学、统计测量、社会学的深入分析。对于实践中如何在评价中实现素养课程改革的育人目标，使评价成为落实立德树人的重要手段，建构科学、客观、有效的评价框架，基于学科本质确立各学科的素养评价主要内容，紧密结合教学实践提供有效的素养教学评价建议，制定科学的学业质量标准使之成为评价学生学业水平的"基准"，改进传统的中考、高考，确定素养评价的命题原则……这些理论与实践中的问题，亟待我们深入研究。

第二章 评价目标

　　教育向来被视为有目的、有意图的行为。"我们如今生活在一个人们对教育满怀期望的世界。"[1] "教育是一种具有目的指向特性的人类行为，一种以图追求特定目的的行为。"[2] 正如沃夫冈·布雷钦卡所说的，教育是教育者期望通过教育行为想要或试图在受教育者身上保持实现的有价值的或防止被认为是恶劣的心理特征的出现。[3] 教育是一种立足于目的的"深谋远虑"和预先"谋划"的行为。目标和意图昭示着希望受教育者在教育中产生些什么，或者为他带来些什么，希望把他变成什么，希望他有能力做些什么，即希望从哪些方面改善或完善受教育者。

　　为实现教育目标，教育评价作为教育的重要手段，需要在准确把握教育目标价值取向与基本追求的基础上制定明确的评价目标。评价目标对于整个评价活动起着指导作用，它是一切评价活动的出发点和归宿，是评价活动的基本依据。评价原则、评价方法、评价技术、考试命题原则等评价活动，均围绕评价目标展开，以促成评价目标的实现为目的。同时，评价目标还起着一种"评价标准"的作用，可以借助于评价目标去判断教育实践活动的成效与价值，检查和监督学生的学习质量和发展程度，导向和矫正教育活动紧紧围绕目标展开。因此，确定科学的

---

[1] [德] 沃夫冈·布雷钦卡：《教育目的、教育手段和教育成功：教育科学体系引论》，彭正梅译，华东师范大学出版社 2008 年版，第 130 页。

[2] Georg Henrik Von Wright, Erklaren und Verstehen, Frankfurt. (Athenaum Fischer) , 1974, p.63.

[3] [德] 沃夫冈·布雷钦卡：《教育目的、教育手段和教育成功：教育科学体系引论》，彭正梅译，华东师范大学出版社 2008 年版，第 130 页。

评价目标，成为建构整个素养评价体系的前提和基础。

第一节　评价目标及其价值取向

一、何为评价

首先，对本研究的基本概念"评价"进行界定，明确在何种意义上使用它。

（一）评价的内涵

我们在日常生活中经常使用"评价"（evaluation）一词。比如评价某个项目的好坏，评价某人厨艺的高低，评价学生的某个作品或成果，评价一所学校的质量水平。可以说世间存在的万事万物，只要进入人类的视野，都必然伴随着作为主体的人对它们的评价。

在英语中，evaluation（评价）是从 value（价值）这个词根变化而来的，前缀 e 具有"出""引出""出自"的意思。evaluation 在词源上是"引出和阐发价值"的意思。《朗曼当代英语词典》将评价解释为"计算价值或程度（to calculate the value or degree of）"。在《现代汉语词典》中，评价"泛指衡量人或事物的价值"，即对人物或事物的价值进行衡量和判断。

从评价的定义可以看出，"价值"是评价活动的核心，要正确理解评价必须抓住其价值本质。"评价是一种价值判断的活动，是对客体满足主体需要程度的判断。"① 因此，评价在本质上，不是事实性信息的描述，即不在于描述事物是什么，而在于判断和揭示事物的价值，以及通过评价实现和创造事物的价值。

（二）教育评价

当把"评价"一词用于教育领域时，就是"教育评价"。"教育评价"这一概念是1940年泰勒在"八年研究"报告中首次提出的，泰勒

---

① 陈玉琨：《教育评价学》，人民教育出版社1999年版，第7页。

也由此被称为教育评价的始祖。其后众多评价领域的专家都尝试对教育评价进行界定和解释。

美国测量与评价专家格朗兰德（N.E.Gronlund）认为，评价是为了确定学生达到教学目标的程度，收集、分析和解释信息的系统过程；一个完整的评价活动包括对学生的定量描述（测量）和定性描述（非测量）两方面。他提出了一个著名的公式：评价＝量（或质）的记述＋价值判断。这个公式虽然有些简单，但是准确地把握了评价活动的本质与核心。

对事物进行量或质的记述属于事实判断。"事实判断是对事物的现状、属性与规律的客观描述。"[①] 事实判断在于客观、如实、准确地反映事物的本来面目。价值判断是在事实描述的基础上，评价者对客观事物对于人的意义做出评判，它反映了评价者的主体需要和愿望，这正如格朗兰德所说的"评价总是包括对测量结果需求程度的价值判断（例如，玛丽学习数学取得了长足的进步）"[②]。通过事实判断回答"是不是""是什么"的问题，价值判断回答"应该不应该""好与坏"的问题；事实判断具有客观性，要如实反映事物的状况，价值判断具有主观性，反映评价者的主观愿望、需求与目的。格朗兰德认为，教育评价是在量（或质）的事实信息记述的基础上进行的一种价值判断。

美国教育评价标准委员会对评价做出了一个简明的界定："评价是对某些现象的价值，如优缺点的系统调查，是为教育决策提供依据的过程。"[③] 这个定义不仅揭示了评价是对事物事实调查基础上的价值判断活动，还指明评价作为一种社会活动，其自身的完成也实现和构成了一定的价值，揭示了评价的目的性和价值趋向的重要性。

第四代评价模式的代表人古巴（E. G. Guba）和林肯（Y. S. Lincoln）

---

① 陈玉琨：《教育评价学》，人民教育出版社 1999 年版，第 8 页。

② ［美］格朗兰德：《教学测量与评价》，郑军等译，河北教育出版社 1997 年版，第 4—5 页。

③ 张祥明编著：《教育评价的理论与实践》，福建教育出版社 2000 年版，第 2—3 页。

认为，"从评价的词根看，评价就是对被评之物赋予价值。所以，在评价中评价者发现的并不是'唯一''客观''真正'的'事实'，描述的也不是事物的'唯一''客观''真实'的状态，而只是被人体验、认同的事实，以及带有'价值依附'的认识、描述。因此，不管什么样的评价、也不管是如何科学、客观的评价理论和模式，在本质上都是'人的心理建构'"①。古巴、林肯认为评价并不是描述客观真实，而是人的"价值依附"和"心理建构"。

关于教育评价，布鲁姆在《教育评价》中写道："据我看来，评价乃是系统收集证据用以确定学习者实际上是否发生了某些变化，确定学生个体变化的数量或程度。""评价是为了某个目的而进行的，对各种想法、作品、解答、方法、资料等价值做出判断的活动。评价涉及应用准则和规则来评估各种具体事物的准确性、有效性、经济性和令人满意的程度。"② 布鲁姆极好地诠释了评价中事实判断与价值判断的关系，评价展开的基础是收集各种学习者的资料与信息，全面而准确地了解其基本情况，同时进一步指出，收集信息是"为了某个目的"，即对信息做出价值判断，判断其符合主体需要的程度。可见，事实判断是价值判断的基础和前提，同时事实判断必须通向价值判断，只有价值判断才能赋予事实判断以意义和目的，否则事实判断就会陷入盲目。

纵观上述对教育评价的描述，可以看出，它们的共同之处是认为教育评价在本质上是一种价值判断，即教育评价是以教育目标的实现为目的的价值判断过程；教育评价是一定时期人们对教育价值认识和取向的反映。

回顾教育评价的历史，教育评价这个概念的提出是伴随着教育评价的本质"价值性"的澄清而产生的，是在对 20 世纪 20 年代盛极一时的强调量化评价的"测量运动（measurement movement）"进行批判的

---

① 陈玉琨:《论高等教育评估的中介机构》,《中国高等教育评估》1998 年第 2 期。

② ［美］布鲁姆:《教育评价》,邱渊、王钢等译,华东师范大学出版社 1987 年版,第 362 页。

背景下出现的。教育测量理论肇始于 20 世纪初，以美国心理学家桑代克（E. L. Thorndike）为代表。1904 年，桑代克出版了《精神社会测量学导论》一书，介绍了教育测量统计与测验编制的基本原理，提出了其著名的观点"凡存在的东西都有数量，凡有数量的东西都可以测量"（If a thing exists, it exists in some amount, it exists in some amount, it can be measured.1914），这奠定了教育测量理论的基础，被看成是一切成绩测验和量化评价的公理。测量运动增强了人们对于量化评价的科学性的信奉，从桑代克编制书法量表到 1928 年期间，美国开发了算数测验、作文量表、智力测验、兴趣测验等三千余种成绩测验、标准化考试和各种量表。从广义上说，教育测量是根据一定的客观标准，对学生的学业、智能及心理属性予以数量上的描述，即从数量上去表现教育现象，提供量化资料，是一种以量化为主要特征的事实判断。虽然教育测量中也包含着分析的成分，但一般不包括按照一定的价值观去解释意义。显而易见，仅停留于事实描述的数量测量是存在缺陷的，教育是具有明确目的和意义的社会活动，测量获得的数据应当有助于人们了解"教育是否实现了教育目标及实现目标的程度"，事实性的数量信息是为满足人的需要、满足教育发展的需要服务，不然任何教育活动将失去意义。

因此，在测量运动的鼎盛时期，巴格利（W.C.Bagley）和杜威（J.Dewey）开始了对测量运动的批判。杜威指出，测量运动的"存在—量—测量"的图示，只是关注了"信度""效度""难度""区分度""量表"等量化指标报告的精确性，但是忽视了数字背后的质性分析。在俄亥俄州立大学考试部门工作的泰勒，对学生进行了问卷调查，结果显示有 60% 的学生描述他们主要的学习任务就是背诵和再现教科书或讲义里的"事实"与"信息"。学生们的这种学习状态，激发了泰勒的兴趣与思考，他看到标准化测验扮演了消极的"紧箍咒"的角色，从中洞察到传统测验的弊端。第一，传统测验具有片面性，只是考查教科书上的知识结果，不能全面地了解学生掌握知识的过程和其他方面发展的情况。第二，测验只关注客观的信度，而对于质的方面的合理性与妥当性缺乏说明。第三，对测验和考试量化的过分依赖，养成了学生被动的学习方式与学习态度。量化测验存在问题，但是又不能因此废除考试，泰勒认识到要将考试的效果调整到实现教育价值的方向上来，强调评价对"教育目标"的把握与实现，认为评价要由对事实与信息的记忆力考查，扩展到思考力、理解力等高层精神能力，并关注兴趣、态度等精神层面和行为领域。于是，泰勒创造性提出了"评价（evaluation）"这一概念，用"评价"取代了"测量（measurement）""测验（test）"和"考试（examination）"，并提出了与教育目标紧密相连的"目标评价模式"。在泰勒那里，"评价"区别于"测量"，"评价"在本质上是一种价值判断，是在"是什么"的事实性量化评价基础上，以教育目标"应不应该"的实现为导向的价值判断，实现了从"测量"到"评价"的范式转换。

日本教育专家长岛贞夫针对日本教育在翻译和使用上混淆"评价"和"测量"的问题时，对二者进行了区分，对于理解"教育评价"的内涵与本质很有启发（见表2—1）。

表2—1　教育测量与教育评价的区别①

教育测量	教育评价
通过非人为的操作，以严密的、正确的、数量的方式表达学习效果，精确掌握学生学到了多少； 注重测量工具的客观性、可信度与统计标准； 主要涉及学科的达成状况、知识水平。	与价值相关，关注学生在实现变化的教育目标中的成长及发展过程，为了使今后的教学更加完美； 认为工具的适宜性十分重要； 主要涉及学生的经验、学习动因以及所有的行为。

教育测量是以客观数量的方式表明学生学到了什么，它为教育评价提供了事实信息。教育评价则是一种价值判断，是对测量结果做出价值解释和朝着教育目标的方向进展，是测量过程的延续和深化。

二、何为评价目标

评价价值判断的本质，决定了教育评价不是单纯对事实进行描述

---

① ［日］田中耕治：《教育评价》，高峡等译，北京师范大学出版社2011年版，第22—28页。

的科学，而是一种以目的为导向的科学。日本心理学家大桥正夫认为："教育评价就是对照教育目标，对教育行为产生的变化进行价值上的判断。"① 我国学者王汉澜指出："教育评价是根据一定的目的和标准，采取科学的态度和方法，对教育工作中的活动、人员、管理和条件的状态与绩效、进行质和量的价值判断。"② 金一鸣认为："教育评价是根据一定的教育价值观或教育目标，运用可操作的科学手段，通过系统地搜集信息、资料，分析、整理，对教育活动、教育过程和教育结果进行价值判断，从而为不断自我完善和教育决策提供依据的过程。"③

泰勒明确指出："教育评价在本质上是确定课程和教学大纲在实际上实现教育目标程度的过程。但是鉴于教育目标在实质上是指人们发生的变化，也就是说要达到的目标，是指望在学生行为模式中产生某种希望的变化，因此，评价是一种确定行为实际变化的程度的过程。"④ 他还进一步提出了"行为目标评价模式"，指出教育评价行为都应该围绕目标展开，并清晰描述了教育评价的四个步骤：一是确定教育目标（学校应该为实现什么样的教育目标而努力）；二是依据目标，设计评价内容（实施什么样的教育才能实现这些目标）；三是选择和编制评价工具（使这些工具能够引发出教育目标所期望的那种行为）；四是分析评价结果（按照既定的目标来分析评价学生达到的程度）。根据这一模式，教育评价就是判断教育实际活动达到目标的程度，促进教育活动能够尽可能地接近教育目标。当然，泰勒模式中的评价目标也存在一定的缺陷，其将目标局限于事先预定的目标，并进一步细化为一些程式化的行为目标及其达成度，忽略了教育过程中可能生成的目标，因而他的评价模式带有工艺学和工厂加工行为训练的色彩。这之后的 CIPP 模式、目标游离模式、批判教育学针对泰勒模式的缺陷进行了一定的修正，以使评价目标

---

① 转引自［日］牧口常三郎：《价值哲学》，马俊峰、江畅译，中国人民大学出版社1989年版，第11页。

② 王汉澜：《教育评价学》，河南大学出版社1995年版，第15页。

③ 金一鸣：《教育原理》，安徽教育出版社1995年版，第400页。

④ 瞿葆奎主编：《教育评价（文集）》，人民教育出版社1988年版，第263页。

更具生成性、完整性、灵活性与合理性，他们所有的研究都在目标指引的大道上行进。

可见，确立科学的教育目标是一切工作的前提和基础。教育目标是教育期望的应然或理想状态，在教育者看来是有价值的、有意义的，是教育者在教育对象身上努力实现的状态，是一种尝试去达到的状态，是所实施的教育行为的目的或目标。

评价目标是教育目标在评价领域的具体体现，评价目标必须与教育目标相一致，体现教育目标的价值追求。评价目标就像射击者瞄准的目标，表明评价行为想要达到的结果，所设想的行为效果，被期望和追求的东西，它与教育的 Wollen（想要）、Ansicht（意图）直接相连。

第二节 双基、三维到素养的转变

评价目标作为学生通过学习所要达到的预期成果，表明课程和教学努力的方向，代表国家和社会对人才的培养期望，指向教育应培养什么样的人的问题。因此，评价目标是对教育目的的把握，体现着课程目标的价值追求。

改革开放以来，我国评价目标的发展大体经历了三个阶段——双基目标、三维目标、核心素养目标。这三类评价目标体现了不同课程评价的价值取向和育人模式，是从知识本位到育人本位、从学科取向到素养发展的根本转型。

一、双基目标

在第一阶段（1978 年恢复高考至 20 世纪 90 年代中期），评价以学科预设的基础知识和基本技能的掌握为目标。袁振国十分形象地指出了这一阶段评价目标的特点："教育的目的是使人了解自然的规律和提高人的工作效率，重视对自然知识的掌握和对自然现象的研究，强调人在征服自然的过程中自身力量的实现；它把传授科学知识当作教育的中心任务，把提高人的思维能力和智慧水平，获得职业技能当作教育的基本目标。"① 此阶段的教学和考试均围绕基础知识和技能训练展开，重视概念、原理、规律的知识体系，关注学科知识的容量（内容的多少）、难度（内容的深浅）和训练点（内容的"运用"），主要以学生能够记忆的知识点的数量和准确度作为评价学生水平和课堂效果的标准。

知识本位的评价目标，只关注知识点的落实，强调学生对书本知识的正确复写，追求精确、"效率"的学习方式。科学的学习方法，意味着必须符合经济原则、去除所有个人化的、差异性的理解，以达到最快、最直接、最精确的"反应"。

考试命题也相应地处于知识立意层面，命题蓝图的制定以学科知识为主线，强调各章节、各单元知识全面而均衡的覆盖，试题主要考查知识的记忆、再现和再认能力，考查形式通常是直接问答书本知识，阅卷时按照统一的标准答案来评阅，采用踩点给分（将答案拆分为若干个确定的知识点）的方式。

我国基础教育十分重视学科知识的教学和考试，扎实完备的知识，系统逻辑的结构，以及从易到难、循序渐进的内容安排，常常被欧美国家称赞。但是，以知识为中心的教学和评价模式，由于以知识的获取为根本目的，其问题也是显而易见的。

第一，手段与目的的倒置。在教育教学中，知识的地位和作用是什么？这是首先需要明确的问题。一方面，教育离不开知识，教育的重要作用之一就是传递人类的文化遗产。课程知识由富有经验的学科专家进行精心的选择与编排，将前人优秀的文明成果以系统浓缩的方式展现给学生，供学生学习，这是十分经济而有效的学习方式。知识的重要性和必要性在任何时候都是毋庸置疑的，任何教育都要认真对待知识，不能轻视知识。另一方面，也要认识到掌握知识只是手段。知识作为工具和载体，其根本目的是为了促进学生的发展，为了学生幸福而美好的生活服务，即儿童通过学习把握世界，带给他们解放与自由。以知

---

① 袁振国：《教育原理》，华东师范大学出版社2001年版，第12页。

识为中心的评价模式，由于剥夺了学生的中心地位，知识就从手段跃升为目的，知识不再是解放人的工具，而成为凌驾于人之上压迫人和统治人的桎梏。正如杜威所言，学科取向的评价使儿童受到专家权威的理智控制，而压抑了天生的冲动：社会的冲动（social impulse）、建构的冲动（constructive impulse）、质疑或探究的冲动（the impulse to investigation and experiment）、表达情意的冲动（expression impulse）。学科主义形成了知识对人发展的压迫，学生沦为被学科知识控制的傀儡。"八年研究"的领导者美国教育家艾金说，如果大学想要招收这样的学生，即具有健全的学识和活跃的兴趣，发展有效而客观的思维习惯，对其同学维持健康有益的方式等，则要鼓励中学已经证明的明显趋向，摆脱倾向于禁止违反或背离传统课程模式的大限制。艾金所指的"传统课程模式的大限制"就是知识中心主义对学生发展的限制。

第二，学用脱节。由于评价目标以学科知识为导向，以追求知识点及其体系的科学完备为目标，内容往往脱离现实生活，忽视知识与生活世界的关联，表现为抽象的概念、原理和规律。学生在学习过程中，常常是机械地记忆，并不能领会这些知识在实际生活中的应用价值。

第三，被动机械的学习方式。由于学习以知识的获得为目的，最便捷的方法就是教师灌输和学生背诵。学生们不需要追问某个原理或规律为什么是这样，只要能够记住、背下来、会用于解答试题就可以了。于是，学生成为被知识"填装"的容器，成为只会背书和解题的"机器"。他们不需要去主动发现和探究，整个认知过程成为灌输与接受的关系，很难实现从知识到能力和思维方法的转化，这是人们诟病"应试教育"的主要原因。

因此，知识本位的评价目标，导致教学实践中只重智育，忽视学生的全面发展，只重知识接受，忽视探究参与，只重记忆背诵，忽视独立思考，只重课堂教学，忽视实践活动，只重书本知识，忽视生活实际等问题。这种评价由于只评价了课程和学习的显性结果，只关注了认知领域的评价，而忽略了其他更为广泛的、实质的、重要的过程和结果，如学生的创新创造、发现探究、思想方法等高级思维能力，以及态度和情意的发展，这就简化和窄化了评价目标。

二、三维目标

在第二阶段（20 世纪 90 年代后期至 2015 年），为了扭转第一阶段出现的问题，我国积极推进素质教育改革，提出了知识、能力和情感态度价值观的三维评价目标。三维评价目标在一定程度上缓解了前一阶段评价目标的片面性和学习被动性的问题，具有了更为全面的、多维的视角。

1999 年 6 月，在中共中央、国务院印发的《关于深化教育改革全面推进素质教育的决定》中，提出要"调整和改革课程体系、结构、内容、建立新世纪的基础教育课程体系"。于是，在世纪之交我国启动了新一轮基础教育课程改革，2001 年 7 月，教育部印发了《基础教育课程改革纲要（试行）》，确定了课程改革目标，研制各门课程的课程标准，初步形成了符合新世纪发展要求、具有中国特色的基础教育课程体系。

在这一阶段，教学开始关注学生的生活实际，强调把理论观点的阐述寓于社会生活的主题之中，建构学科知识与生活现象、理论逻辑与生活逻辑有机结合的教学和评价方式；鼓励学生主动参与，倡导开放互动的教学方式与合作探究的学习方式；在强调双基的基础上，明确指出要关注学生的情感态度价值观和行为表现。评价目标从原先的一维（知识），二维（知识和能力），到三维（知识、能力和情感态度价值观），不仅使评价目标更加丰富、全面，而且通过对三维目标之间关系的阐释，建立起一个有机联系的结构体系，"知识目标是支撑全部课程目标实施的基础，服从服务于能力目标及情感、态度与价值观目标。能力目标是认知能力和行为能力的发展，是组织和呈现教学内容的主导。情感态度与价值观目标是优先设置的课程目标"[1]。情感态度价值观在整个课程体系中处于优先地位，体现了从"知识为本"到"育人为本"的教育

---

[1] 思想政治课程标准研制组：《思想政治课程标准（实验）解读》，人民教育出版社 2005 年版，第 44 页。

观的转变。在教学实践中，很多地区开展了综合素质评价。综合素质评价主要反映学生德智体美劳全面发展的情况，客观记录学生成长过程中的突出表现，注重社会责任感、创新能力和实践能力，主要包括学生思想品德、学业水平、身心健康、兴趣特长、社会实践等内容，是学生毕业和升学的重要参考。

此阶段的考试评价也发生了巨大的变化。第一，考试开启了生活问题立意的命题方式。试题不再是直接问答书本知识，而是以贴近学生生活和社会现实的素材作为背景材料，强调理论联系实际，注重培养学生的学科思维能力和思维方法。第二，此阶段在前一阶段知识考查的基础上建构起能力考查框架。比如，思想政治学科提出了获取和解读信息、调动和运用知识、描述和阐释事物、论证和探究问题的四项能力考查目标，并针对每项能力划分了三级水平。第三，探索在考试中进行价值观教育。传统评价理论认为价值观教育是纸笔测试难以涉及的，这一阶段开始有意识地探索将社会主义核心价值观融入考试内容，弘扬中华传统文化，增强法治意识，努力把学科能力考查与思想道德教育结合起来。①

这一阶段的课程和评价改革对于积极推进素质教育发挥了巨大作用，在一定程度上纠正了死记硬背、脱离生活的问题。但是如何在纸笔考试中，考查价值认同，发挥价值引领的作用；如何有效地培养和评价学生社会参与的能力，促进知行合一；如何在大规模统一考试中赋予学生一定的独立思考和表达个人见解的空间；如何制订可操作的、准确刻画学生思维水平的开放性试题的参考答案和评分标准等，都是有待突破的难题。

此外，虽然"三维目标"是对"双基目标"的超越，其进步性是不言而喻的，但是三个层次、三个维度分别阐述、分层表达在一定程度上仍然是割裂的：很多教师在撰写教案的时候，通常是分别撰写知识目

---

① 姜钢：《坚持以立德树人为核心深化高考考试内容改革》，《中国高等教育》第13/14 期。

标、能力目标与价值观目标，而不能将三者有机结合，即从价值观的高度去透视和贯通课堂教学和学生能力的培养。三维目标忽视了人的整体性及其学习活动的整体性这一事实。同一目标的不同方面不可分离，每个认知目标都包含情感和价值观的成分。加之，价值观难以通过纸笔考试有效测量，在中考、高考的"指挥棒"下，现实中学校管理者和老师还是只抓基础知识和基本技能，而把情感态度价值观搁置在"教育理想"和"愿景"中了。这样便导致了如下结果，"出于理论和现实中的种种因素，'三维目标'在实际教学实践中只剩'知识和技能'，'过程与方法'未能充分落实，'情感、态度和价值观'则被形式化和虚化。'三维目标'在教育实践中的割裂，和未能充分阐明其在实际教学中如何整合有着内在的关系，一直阻碍教育总体目标的实现。"[①]

此外，"过程与方法"也不应该列入教育目标。教学过程与方法，比如探究性学习、合作学习、自主学习等，这一维度不应在教育目标和评价目标中进行描述，因为它不是"去哪里"的学习目标，或"到那里"的学习结果，而是"如何去那里"的学习手段和方式方法的问题。

三、核心素养目标

第三阶段（2016 年以来），以发展学生的核心素养为评价目标。如前所述，在国际素养改革的浪潮下，面对我国教育发展的实际需要和教育领域面临的突出问题，2016 年中国学生发展核心素养研究成果发布，2017 年教育部发布了新的课程方案和课程标准。新课程方案和新课程标准在前言部分"修订变化"的第一条明确指出，培养目标是促进学生全面而有个性的发展，发展学生的核心素养，对知识与技能、过程与方法、情感态度价值观三维目标进行整合，凝练学科核心素养，明确学生学习课程后应达成的正确价值观念、必备品格和关键能力，并以此作为评价的依据与目标。

---

① 杨向东：《核心素养与我国基础教育课程改革的深化》，《上海课程教学研究》2016年第 2 期。

普通高中义务教育的任务是促进学生全面而有个性的发展，为学生适应社会生活、高等教育和职业发展做准备，为学生的终身发展奠定基础。普通高中的培养目标是进一步提升学生综合素质，着力发展核心素养，使学生具有理想信念和社会责任感，具有科学文化素养和终身学习能力，具有自主发展能力和沟通合作能力。

——《普通高中课程方案（2017 年版）》

（一）素养

关于什么是"核心素养"，在实践中，人们的认识还存在一定的模糊性，滥用、泛用和随意使用的情况比比皆是。因此，界定概念对于明确素养评价目标很有必要。

1. 素养的语义分析

"素养"的英文是 competency 或 competence。competency 和 competence 的拉丁语词根是 competere，是指人应对情境的知识、能力与态度的综合，包括认知（cognizance）的察觉和责任（responsibility）的态度和价值观。在《新牛津英汉双解大词典》中，将 competence 解释为 the ability to do something successfully or efficiently, the scope of a person or group's knowledge or ability，是指为了获得成功和达到效率的知识与能力的综合[1]，1797 年在英文的解释中开始有了"素养"的内涵。

与"素养"意思相近的英文单词还有 skill, ability, literacy, capability 等。skill 的确切含义是 the ability to do something well[2]，ability 是指 the capacity to do something[3]。通过对比，可以看出 competence 和 competency 是较 skill 和 ability 更为上位、更具包容性的概念。skill 指"能够做某事"或"操作某种行动"，一般可以通过外显的行为表现出来，competency 则具有更为宽泛的意涵，涉及内在品质和外部行为，是技能、知识、态度的综合，可以理解为 competence/competency= 技

---

[1] 《新牛津英汉双解大词典》（第 2 版），上海外语教育出版社 2013 年版，第 444 页。
[2] 《新牛津英汉双解大词典》（第 2 版），上海外语教育出版社 2013 年版，第 2061 页。
[3] 《新牛津英汉双解大词典》（第 2 版），上海外语教育出版社 2013 年版，第 4 页。

能（skill）＋知识（knowledge）＋态度（attitude）/性向（aptitude），是个体适应生活情境需求所不可缺少的知识、能力与态度的全面素养。[①]所以，经合组织"素养的界定与遴选"项目在研究中逐渐舍弃了 skill一词，在后期发布的版本中将 basic skills 改为使用 key competences/key competencies。

关于复数形式 competences 与 competencies 的使用，在经合组织的文件中指涉全部或多种核心素养时几乎全部采用 key competencies，在特指某项核心素养时，主要采用 key competence，少数情况下使用 key competency。欧盟的工作组 B 在 2002 年第一份进展报告中首次提出核心素养概念时使用的是与经合组织相同的表述，但是从 2003 年第二个进展报告的正文开始，几乎不再使用 key competency（competencies），而只使用 key competence（s），这一用法一直延续到现在，并在欧盟的各种文件中保持一致。有学者对两个词进行比较，认为 competences 更多指人的特征、能力和素质的整体观念，competencies 更接近于将技能用作能力，它通常是习得的，操作某种行动以达到期望结果的能力。也有人认为这两个词是相同的，因为在很多国家的文件中，可以发现两种写法都大量出现。本研究认为二者基本相同，可以混用。

在中文里，"素养"一词可追溯到《后汉书》，"越有所素养者，使人示之以利，必持众来""马不伏历，不可以驱道；士不素养，不可以重国"，意为平日的修养。《现代汉语词典（第 7 版）》将"素养"界定为一个人平时的修养。[②]"修养"是指人的综合素质，它包含两个基本意思：（1）理论、知识、艺术、思想等方面的一定水平。（2）养成正确的待人处事的态度。[③]可见，在中文里，素养与修养有共同之处，所以，

[①] 蔡清田：《课程改革中素养（competence）与知能（literacy）之差异》，《教育研究月刊》2011 年第 3 期。

[②] 中国社会科学院语言研究所词典编辑室编：《现代汉语词典》（第 7 版），商务印书馆 2016 年版，第 1248 页。

[③] 中国社会科学院语言研究所词典编辑室编：《现代汉语词典》（第 7 版），商务印书馆 2016 年版，第 1475 页。

也有学者从素养本土化的角度，建议中文使用"修养""学养"的说法，认为这两个词在中文世界里更有"教育"的意味，能够体现内涵上一个人的科学文化知识、待人处世的态度、高尚品德的综合。但是，如果仔细分析与比较，会发现"学养""修养""教养"更加偏重于个体层面，忽略了社会因素。"素养"面向促进"个人成功的生活"和"健全的社会发展"两个方面，甚至还扩展到"世界"层面的更为广阔的领域，因此，"素养"一词更为准确。

2. 素养与素质、素质教育

关于"素质"与"素养"的关系，一些学者从"素质"的词义解释来认识二者的区别，认为"素质"是人先天具有的，"素养"是人经过后天学习和教育所能够获得的。"素质（predisposition）"一词在百科全书和词典中的解释是人的神经系统和感官上天生的特点，也指事物本来的性质和人的本性。在生理方面，素质指人先天具有的生理解剖特点，主要指神经系统、脑、感觉器官和运动器官的特点；在心理学方面，强调人的心理发展的先天心理条件。于是有些学者将这一解释引入教育领域，认为素质是人先天的生理、心理特征与品质，"素养"是后天学习和教化而成的，也因生活的实践阅历与经验所滋养，体现了教育的作用。

实际上，在教育学上，关于素质与素养的理解，没有必要拘泥于词典上的原初语义，固守于词语的本意，因为"素质"一词随着在现实生活中的广泛使用，已经获得了更为丰富和宽泛的意思。一方面，要看到人的素质具有本源性，每个人都有自己的先天禀赋和天赋能力，它在生命之初就作为人之本源开始孕育。另一方面，也要看到素质不仅有先天的基础，其本身也有一个后天发展的过程。伴随人的成长，素质也在生命实现和创造过程中不断生成和发展。人的素质在遗传的基础上表现出巨大的潜能和可塑性，科学、人文、艺术等不断作用于人的身心组织，对人的先天技能和禀赋进行改造，人的思想、情感和行为不断丰富和提升，因此，人不会停留在先天的原点，而总是表现出一种自我发展的本性。可见，素质是先天禀赋与后天教化的"合金"，在这一点上看，"素质"与"素养"的意思就比较接近了。

再看"素养"与"素质教育"的关系。"素质教育（quality-oriented education）"是相对于"应试教育"而言的。1994 年 8 月，在中共中央发布的《中共中央关于进一步加强和改进学校德育工作的若干意见》中，第一次正式在中央文件中使用"素质教育"这一概念。二十多年来，随着理论和实践经验的发展，人们不断扩展"素质教育"的内涵，赋予其更多的新意。1999 年《关于深化教育改革全面推进素质教育的决定》提出"一个灵魂、两个重点"，即以德育为灵魂、"以培养学生的创新精神和实践能力为重点"。2010 年《国家中长期教育改革和发展规划纲要（2010—2020 年)》进一步提出"德育为先、能力为重、全面发展"，以及培养学生"服务国家服务人民的社会责任感、勇于探索的创新精神和善于解决问题的实践能力"……这些不断充实的内容，都是针对教育实践中出现的问题做出的回应。

本轮素养改革是进一步推进素质教育的具体措施和做法，其目的是为了深化素质教育，即回归学生作为人的整体性和综合性，突破不同学段课程目标缺乏有效的垂直衔接，不同学科之间横向整合不够等实际问题，以发展学生的核心素养作为整个课程和评价的核心进行顶层设计，以推进素质教育向纵深发展。

（二）**核心素养**

在各国的文献和报告中更多地使用 key competencies 来表达核心素养，指当代人最应具备的关键素养。key 在英语中是"关键的""必不可少的"的意思，因此，我国台湾地区将其翻译为"关键素养"。

在中文里，"核心"是指中心、主要部分。[1]《现代汉语辞海》的解释是"事物最紧要的部分；对情况起决定作用的因素"[2]。"核心"可以理解为"事物最主要且赖以生存和发展的那一部分"[3]。虽然"核心"和

[1] 中国社会科学院语言研究所词典编辑室编：《现代汉语词典》（第 7 版），商务印书馆 2016 年版，第 529 页。

[2]《现代汉语辞海》，中国物资出版社 1994 年版，第 500 页。

[3] 林崇德主编：《21 世纪学生发展核心素养研究》，北京师范大学出版社 2016 年版，第 28 页。

"素养"这两个词古已有之，但是在中文里，二者并没有组合一起使用，"核心素养"这一概念是适应现代社会发展对人的要求而诞生的新概念。

从语义看，第一，核心素养不是全面素养，而是关键素养。核心素养不是面面俱到、包罗万象，而是人的最重要、最关键的素养。每个人在终身发展中需要具备很多素养，以应对各种生活和工作的实际需要，其中处于中心地位、重中之重的素养是核心素养。第二，核心素养不仅包括基础素养，更指向高级素养。OECD 用 key competence 取代了其曾经使用的 basic skills，因为 basic 一词是"最基本的、谋生必需的"的含义，basic skills 主要特指读、写、算三种基本能力，key 除了"基础性"和"根基性"，还包括人的更为高级的、本质的素养，"基本能力"只是"核心素养"中的一部分。

综合起来，本研究认为核心素养是指适应全球化、信息化时代，为获得人生成功和促进社会发展，个体解决复杂情境中的实际问题，所需要具备的正确价值观念、必备品格和关键能力，它是由知识、技能、价值观等构成的综合品质。第一，在目标上，核心素养回应社会发展对人的素养的新要求，发挥教育的育人功能；第二，在性质上，核心素养是所有学生都应该具备的最关键、最重要的共同素养；第三，在内容上，素养比知识和技能更加宽广，是知识、技能、情感态度价值观等多方面的综合；第四，在功能上，核心素养能够帮助学生面对真实复杂的生活或工作情境，实现个体的人生成功和促进社会的健全发展。

（三）学科核心素养

核心素养的形成、发展和评价，不能脱离具体的课程领域，各门学科的课程标准都凝练了明确的学科核心素养。

> 为建立核心素养与课程教学的内在联系，充分挖掘各学科课程教学对全面贯彻党的教育方针、落实立德树人的根本任务、发展素质教育的独特育人价值，各学科基于学科本质凝练了本学科的核心素养，明确了学生学习该学科课程后应达成的正确价值观念、必备

品格和关键能力，对知识与技能、过程与方法、情感态度价值观三维目标进行了整合。

——《普通高中思想政治课程标准》（2017 年版）

长期以来，我国课程的宏观育人目标十分明确，"培养德智体美劳全面发展的社会主义建设者和接班人"，但是中观层面的学科育人目标相对笼统和模糊，导致宏观教育目标难以通过中观的学科课程设置和微观的学科教学活动得以有效落实。新课标强调要结合学科特点，将中国学生发展核心素养转化为学科育人目标，即学科核心素养。于是，每个学科都抓住自己在学生核心素养发展中的独特作用与贡献，凝练了学科核心素养。比如，思想政治学科基于学科性质，"思想政治学科是面向高中学生进行马克思主义、中国特色社会主义理论体系特别是习近平新时代中国特色社会主义思想，以及社会主义核心价值观教育的主渠道主阵地"，凝练了政治认同、科学精神、法治意识、公共参与的学科核心素养，并清晰界定了它们的内涵。[①]

我国公民的政治认同，就是拥护中国共产党的领导，坚持和发展中国特色社会主义，认同中华人民共和国、中华民族、中华文化，弘扬和践行社会主义核心价值观。

我国公民的科学精神，就是在认识世界和改造世界的过程中表现出来的一种精神取向，即坚持马克思主义的科学世界观和方法论，能够对个人成长、社会进步、国家发展和人类文明作出正确的价值判断和行为选择。

我国公民的法治意识，就是尊法学法守法用法，自觉参加社会主义法治国家建设。

我国公民的公共参与，就是有序参与公共事务、承担社会责任，积极行使人民当家作主的政治权利。

[①] 《普通高中思想政治课程标准（2020 年修订）》，人民教育出版社 2020 年版，第4—6 页。

第三节　立德树人育人目标

由于评价主体不同，所依据的价值标准不同，对同一事实或同一现象做出的价值判断会不一样，因此，不同的评价目标代表着不同的评价立场，体现了不同的价值追求。

相比于双基目标和三维目标，核心素养目标表达了一种课程和评价的新模式和新立场。与前两个阶段评价目标的根本区别，在于核心素养目标改变了先前的"叠加"思维模式。传统模式都是在目标上做加法，从知识＋技能的双基，到知识、技能＋过程、方法＋情感态度价值观的三维，力求通过维度的增加，扩大评价目标的覆盖面。不能只是从数量方面考虑人的全面发展问题，更要从人的发展内涵上来理解评价目标。素养目标不是简单的"加法"思维，不是单纯的分析思维方式，即将人的素质或者学习内容分解成不同的部分和维度，然后再将各个部分相加。当我们仅用分析的方式去认识和评价一个人时，人会被"肢解"为各个独立的部分，不再具有完整的生命。素养回归到完整的人，在综合思维方式下建构起知识、能力、价值观、环境等要素的有机联系，这是一种整体性思维方式。这也就是说从双基到三维目标的发展，是解决评价目标窄化的问题，从范围上加以拓展和延伸，力求更加全面，而素养目标是解决评价目标的迷失问题，回归到完整的人的本相。

纵观评价目标的三次变化，表面上看是学生预期学习结果的转变，其实质是教育和评价基于何种人学观念的问题。如前所述，评价目标要体现教育目标。教育目标是什么？康德曾说："人是唯一必须接受教育的造物。人只有受过教育，才能成为人。"教育的使命和目标是使人成为人，指向培养什么样的人的根本问题。教育作为手段，隶属于人。因此，现代教育评价理论认为，教育评价的核心问题是人。任何评价学理论与实践上的突破，都是从对人的认识和反思开始的。在一定意义上说，有怎样的人学观念，就会有怎样的教育学理论；有怎样的对人的理解，就会形成怎样的教育评价取向。

"培养什么样的人"，是能够准确再现书本知识的"知识人"，现代社会具备技能的"技术专家"，还是德才兼备、能够面对复杂情境运用知识解决问题的人？是抽象的人，还是具体的人？是作为客体的被动的人，还是具有自主性和创造性的人？到底"立德树人"的"人"是怎样的人？这是我们采取一切行动之前需要明确回答的问题。作为一种范式的转换，发展学生核心素养的课程目标不是在传统基本能力的基础上"做加法"，而是在充分审视时代需求的前提下对传统能力的超越，其在人的整体性、主体性、多维性上的理解，产生了教育的新质，走向了新的高度，形成了新的育人价值。

一、人的完整性

人是一个由相互联系的诸多要素与层面组成的系统，包括实体与精神、认知与情意、理性与非理性等不同层面。随着工业文明的兴起，人们看到科技进步给社会发展带来了过去无法想象的发展，于是发出"知识就是力量"的呐喊，强调人认知能力的重要性，即通过掌握基础知识和基本技能把握外部世界的规律，增强人类认识世界和改造世界的能力。随着技术时代工具理性的扩张，教育在教给人谋生本领的同时，也逐渐失去了对价值意义的思考，于是人们开始反思"科技是否真的能够给人类带来幸福"，还是科学技术作为"座驾"统治并异化了人……于是，教育从强调知识、技能，开始关注人的自我意识、情感态度和价值意义的方面，不断向"整全的人"复归。

人的全面发展是马克思对未来理想社会中人的存在样态的筹划，这是每个现实的人摆脱各种束缚，并超越各种限制之后获得的普遍提升与协调发展的样态。马克思指出："人以一种全面的方式，就是说，作为一个完整的人，占有自己的全面的本质。人对世界的任何一种人的关系——视觉、听觉、嗅觉、味觉、触觉、思维、直观、情感、愿望、活动、爱，——总之，他的个体的一切器官，正像在形式上直接是社会的器官的那些器官一样，是通过自己的对象性关系，即通过自己同对象的关系而对对象的占有，对人的现实的占有；这些器官同对象的关系，是人的现实的实现。"① 虽然，我们在研究人的时候，可以从肉体与灵魂、思想与行为、认知与情意等不同层面去把握，但是这仅仅是在研究的领域，在现实生活中，人始终是一个不可分割的整体，是一个总体性的存在。生命是完整的，对人的任何肢解都可能造成对人的毁灭。爱因斯坦曾说："学校的目标始终应当是：青年人在离开学校时，是作为一个和谐的人，而不是作为一个专家。"②

　　素养这一概念本身内蕴着人的完整性，它是知识、技能、情绪、情感、动机和价值观的综合，包含了人的好奇心、求知欲、思维方法、探究意识、创新精神、人格品德等诸多方面。因此，"素养"超越了传统的知识和能力，体现了培养全面发展的人的理念。"核心素养是知识与技能、过程与方法、情感态度价值观'三维目标'化为一体的整体表现。"③ 不能仅用分析性思维，即将人的素质分解为孤立的道德素质、身体素质、心理素质、审美素质，在各自独立的领域分项发展，素养具有综合性，它由三维并举转变为三维一体。知识、能力和价值观的三维目标不再是作为三个维度或三个方向出现的，它们在本质上就是一个整体，是内在地交织熔铸在一起的事物，构成一个人的综合素养。因此，核心素养的评价目标体现了完整的人的理念，人不再是作为某一个方面或某一向度存在的"知识人"或"技术人"，而是一个完整的生命体、和谐的人、健全的人。

　　纵观各国的核心素养发展目标，都体现了人的全面发展的价值追求。历时 6 年的 DeSeCo 项目在建构核心素养框架时，邀请了全球不同学科领域的顶级专家进行深入研讨，汇聚了社会学家、评价专家、

---

① 《马克思恩格斯文集》第 1 卷，人民出版社 2009 年版，第 189 页。

② 赵中立、许良英编译：《纪念爱因斯坦译文集》，上海科学技术出版社 1979 年版，第 79 页。

③ 张华：《论核心素养的内涵》，《全球教育展望》2016 年第 4 期。

哲学家、人类学家、心理学家、经济学家、历史学家、统计学家、教育学家、政策制定者、政策分析者、工会、雇主、国内和国际机构等众多领域的专家学者，从不同领域和视角研究人的发展，体现"全人"理念。

素养评价能够促进人的全面发展。素养评价从"面对现实生活的问题情境"出发，在分析情境、提出和解决问题的过程中，引导学生自主思考、积极探究，通过对社会问题的观察、辨析、反思和实践，树立正确的价值观、提高辩证思维能力，在社会参与的实践中增长才干。这种评价机制将育智与育德、认识深化与行为养成、理论学习与社会实践、个人成功与社会发展、知识能力价值观有机结合起来，将人的多维、多向、丰富表现得更加充分，这正是劳丹指出现代社会的"合理性在于确定最和谐的目标和做出最和谐的选择"。

总之，素养作为综合品质，力求还原人的真实存在的全部，以整体性、和谐性思维对"片面性"进行扬弃，强调知情意行协调统一，建构起一个多元要素和谐共生、有机统一的人的发展系统。

二、人的创造性

人与动物的区别在于人的创造性、探究性、能动性、自主性和超越性等特征，这些都是人的主体性的集中体现。传统评价只注重对人的记忆和知识再现能力的考查，而相对忽视了学生的创新能力、批判性思考和探究能力等。21世纪是知识经济时代，计算机已经完全能够胜任知识的积累与再现功能，而且完成得比人更准确、更海量、更详尽。同时新的时代超越知识的记忆与复制，对人的创造性、自主性、探究精神、独立思考、学会学习等方面提出了更高的要求，这些方面恰恰是人的本质力量所在。

人是自觉的精神存在物。精神世界包括人的观念、意识、思维，这是人存在的深层尺度。人具有探究本性。杜威曾说，探究是人类的本性。人是天生的探索者，面对自然、社会领域的一切未知总是很自然地产生疑问，并试图去探索和发现。求知的欲望促使人类不断地认识自然、改造自然，并推动人类社会向前发展。人具有主观能动性。生命是一种能动的存在。马克思在《1848 年经济学哲学手稿》中指出，人是"能动的自然存在物"。人的能动性在于由被动变为主动，能够自主、自为、主动、自由地思考、创造和表达。人具有生成性。人会不满足于现实的规约，不断地探究世界、创新创造，从而不断地自我发展和自我超越，人也逐渐扩大自由的空间，重构新的自我和新的世界，人的生命价值也从中不断跃升。① 作为宇宙间独一无二的价值存物，人还会不断追问价值与意义世界，超越手艺、技艺或专门职业技能，叩问自我与世界的关系，指向人的生存方式和生命意义，追求道德情操、理想信念、捍卫公正、友善、诚信等价值观，发展完备的人性，从而使人的生命才能得到完整的表达。总之，人与万事万物的根本区别在于，人是宇宙间唯一会思考的动物，是一种精神存在物。而这些都是素养所包含的核心内容，除了知识积累和简单的技能训练外，素养还特别指向这些高层次思维能力与价值意义的人的本质层面。

OECD 认为素养是一种以创造与责任为核心的高级心智能力。"大多数 OECD 国家均重视灵活性、创业和个人责任心。不仅期待个体具有适应性，而且期待个体具有创新性、创造性、自我导向并自我激励。"② 因此，在思维能力方面，OECD 的素养目标在掌握知识工具的基础上，超越回忆，将批判性思维、创新能力、问题解决能力、风险评估等高阶能力贯穿于核心素养的内涵中。DeSeCo 项目将具有高阶心智特征的反思性思考与行动作为其素养体系的核心，"反思性思维需要相对复杂的心智过程，并要求思考过程的主体成为其客体"③，包括元认知、创造力和批判性思维等，要求个体具有一定的成熟度，能够考虑到不同的观点，并能保持个人独立的见解，对自身的行为负责。

---

① 冯建军：《生命与教育》，教育科学出版社 2004 年版，第 3 页。

② OECD, The Definition and Selection of Key Competencies [Executive Summary], 2005, http:// www.oecd.org /dataoecd /47/61/35070367. pdf.

③ OECD, The Definition and Selection of Key Competencies [Executive Summary], 2005, http:// www.oecd.org /dataoecd /47/61/35070367. pdf.

中国学生发展核心素养中的第二个方面，专门强调了人的"自主发展"的重要维度。"自主性是人作为主体的根本属性。自主发展，重在强调能有效管理自己的学习和生活，认识和发现价值，发掘自身潜力，有效应对复杂多变的环境，发展成为有明确人生方向、有生活品质的人。"中国学生发展核心素养十分强调学生作为积极主体的"学会学习"，包括培养批判质疑、勇于探究、反思自我、创新实践等能力。

这里需要指出，素养目标还指向人的更高级、更内在的道德、情操、文化等价值层面，发展人的必备品格。很多国家的素养目标都涉及国家认同、公共参与、社会责任等。价值、人文、内在的精神领域是人的独特性标志，教育要把人的这种本质力量挖掘出来。以美国的技术素养为例，美国学者反思他们的技术标准，认为其内容过于强调认知层面的技能的习得，应该超越工具理性的视角，将技术视为个人与自身所处的环境之间的积极对话，通向人性、文化、艺术等更深入的领域。他们指出《美国技术素养标准：技术学习的内容》中的第4、5、6、7条，表明了技术之外的方面，即技术与社会——文化环境之间的关系。但是遗憾的是，这四条标准忽视了技术发展和使用中所体现的直觉、情感和美学等人文的方面。他们认为技术不是纯粹的技术，技术创新与人性需求之间有着丰富的关联。正如诺曼在《情感化设计》中阐述的，"在创造一个产品时，设计者需要考虑多种因素、材料的选择、加工的方法、产品的营销方式、制作的成本和实用性，以及理解和使用产品的难易程度等。但是，多数人没有认识到，在产品的设计和使用中还有浓重的情感成分。"很多技术设计失败的原因并不是技术本身的失败，而是忽略了技术创新过程中人的情感因素，忽略了文化的内涵。对于技术素养不能仅仅以工具理性或计算理性的视角思考，而是要立足于更加广阔的背景，在人与社会、历史、文化的整体联系中来理解和把握。在技术设计、制作、使用、评价等活动中，不仅要求学生学会使用技术本身，还要理解技术是如何改变个人与世界的关系的，以及个人应该如何使用技术来达成更广泛的目标。技术与人性的相通，素养将认知和思维的创造性与责任心化为一体，是一种负责任的创造性。①

因此，要认识到知识中心、学科中心、理性主义的局限性，以占有知识为最终的教育目的，将人的积极性、能动性、创造性、价值性的精神本相遮蔽了。要由外在于人的科学知识进入到人内在的精神领域。素养目标实现了一个根本性的转变，由认识论转向本体论，将学习内容建立在与人的存在相联系的本体论意义上，将教育内容转化为"此在"的人的素养发展，以素养的方式将人的本质力量伸张出来。

三、人的多维性

人是立体的、多向度的，有不同的层面。人的完整意义上的生命，是由个体、群体、类三个相互贯通的层面构成的。这三个层面既有各自不同的特点和指向，同时又层层扩展、相互映照，展现了人生命的完整。核心素养是个体自我实现、成为负责任的公民融入社会、为世界福祉作出贡献所需要的那些素养，这体现了素养在个体、群体、类的维度上的有机联系、互动与整合。

作为个体的存在，人是具体的、现实的。"认识自己"一直是人类永恒的主题，"自我意识是个体生命自觉的标志"②，个人知道自己的力量所在，反思自己的局限与不足，设定自我人生发展的目标，追求个人的人生价值。每个人都有自我独特的需要，鲜明的独立性、自由意志和行动能力。素养的提出就是由人之外的知识、技能，回归到人本身，帮助学生明白"我是谁""我的兴趣和潜能是什么"，形成明确的自我意识，从而在每个人的意义上实现全面而有个性的发展。素养评价要为学生搭建舞台，让不同水平、不同思维特点的学生都能充分展示自己的才能，发现他们独特的优势，认识自我、成就自我。

同时，人不仅是单数的存在，也是复数的存在。尽管自我意识从

---

① 张华：《论核心素养的内涵》，《全球教育展望》2016 年第 4 期。
② 郭湛：《主体性哲学——人的存在及其意义》，中国人民大学出版社 2011 年版，第 31 页。

形式上看是个体自己的事情，但是，正如马克思所指出的，社会性是人的本质属性，任何个体都离不开他人和社会。不与他人和社会发生关系的个人，不是一个现实的人。一个人无论是物质生活，还是精神生活都离不开社会支持。个人的真正的发展，也是不断突破自我，走向群体的过程。由此一个人才能获得完整的个体存在意义，人的主体性才能超越自我的界限，从个人主体走向交互主体和类主体，从单数的我走向复数的我们，在主体的相互关照中，在与他人、社会、文化的深刻联系中，确证自我，发展自我，获得宽广、博大的胸怀。德国社会学家卡尔·曼海姆说："各种思想和观点……即使构成这种天才的具有深远影响的真知灼见之基础的，也是一个群体所具有的、被这种个体认为理所当然的各种集体性历史经验，因而人们在任何条件下都应当把这些经验假设成为'群体精神'。"[①] 可以说，一个人的个体生命是由他所属的群体，或者说社会和文化支持和塑造的。

因此，教育除了帮助学生形成明确自我意识，发展个性，提高自主行动能力，也要超越个体层面，完成"个体社会化"的任务，培养"社会我"，培育学生的社会生命和文化生命。这里的社会生命是要学生作为在社会中的个体，了解、学习、遵循社会规则，适应社会的要求。涂尔干指出："适应整个社会在总体上对儿童的要求，并适应儿童将来所用的特定环境的要求。"[②] 社会作为个体生存的环境，使自然的个体成为社会的个体。个体化和社会化在交互作用中，推动个体和群体、个人与社会的相互融通与双向发展。完整的生命不仅仅在于要有健康的身体、有道德、有智慧、有丰富的情感和审美意识，而且还在于他有适应社会生活和增进人类福祉的责任和本领。最终，个体的存在会上升到类生命的高度，思考人在世界上的地位、作用和价值，以及对自然的责

---

① ［德］卡尔·曼海姆：《意识形态与乌托邦》，艾严译，华夏出版社 2001 年版，第 324 页。

② ［法］涂尔干：《教育及其性质与作用》，见张人杰主编：《国外教育社会学基本文选》，华东师范大学出版社 1989 年版，第 9 页。

任，探索人类的前途和命运。在马克思那里，类主体是主体的最高形态，"人类主体形态是主体社会形态的最高表现，是主体作为类的存在形态。人类主体形态的具体含义就是指地球上不同国家、地区和民族作为认识和改造自然的主体的内在的统一性"①。"人类克服了孤独的个人，实现与人共存、'自我'与'你'的统一"②，即以人类一分子的姿态反观、思考自己的存在意义。

在实践中，联合国教科文组织对教育目的的认识，体现了从个人向群体、类逐渐延伸的过程。最初，联合国教科文组织将培养"体力、智力、情绪和伦理各方面综合发展"的个体意义的完人作为教育目标③，后来，随着认识的深化，在"学会认知"的基础上，进一步提出学会做事（社会行为、团队合作等）、学会共处（认识自己的能力、认识他人的能力、同理心、实现共同目标的能力等）、学会生存（多样化表达能力、责任承诺等）、学会适应（接受改变、适应改变、积极改变、引导改变等)④。从这一发展过程可以看出，教育的目标逐渐将"社会生命"纳入人的发展目标中，体现了人在社会领域和应用层面的延伸，反映了教育对人的发展更为全面、本质的认识。正如其报告中指出的，"学会共同生活，学会与他人一起生活"是今日教育中的重大问题之一，通过扩大学生对他人和其他文化的了解，促进沟通合作，增进相互理解，懂得人类文化的多样性，尊重他者，避免冲突，增进相互依存的认识，形成人类命运共同体意识。

---

① 高海清主编:《马克思主义哲学基础》下册，人民出版社 1987 年版，第 168—169 页。

② [奥] 阿尔弗雷德·阿德勒:《生命对你意味着什么》，周朗译，国际文化出版公司 2000 年版，第 39 页。

③ 联合国教科文组织国际教育发展委员会编著:《学会生存》，教育科学出版社 1999 年版，第 195 页。

④ United Nations Educational, Scientific and Cultural Organization (UNESCO) Institute for Education, Nurturing the Treasure: Vision and Strategy 2002-2007, Hamburg, Germany: Author.2003, p.10.

发展中国学生核心素养能很好地体现了个人发展、社会发展与国家发展相统一的教育目标。"核心素养"是培育能自我实现与社会健全发展的高素质个体与世界公民之重要基础①。自主发展领域主要指能够有效地管理自己的学习、生活及人生，能够发掘自身潜力，确立适应社会发展要求的自我发展目标，主要包括身心健康、自我管理、学会学习、批判创新等素养。社会参与领域主要指能够有效地处理好自我与他人、社会、国家的多种社会关系，涉及价值观念、社会责任、公民素养、沟通合作等素养。素养具有综合性，从而实现了人在个体、群体、类的不同维度上的全面发展。

四、人的实践性

实践是人的存在方式。人的自由全面的发展是在实践的基础上实现的。实践规定着人的类本质。马克思在《1844 年经济学哲学手稿》中指出："一个种的全部特征，种的类特性就在于生命活动的性质，而人的类特性恰恰就在于自由的自觉的活动……实际的创造一个对象世界，改造无机的自然界，这是人作为有意识的类存在物的自我确证。"②依据马克思的观点，从物种的生命活动来判断其存在方式，人的生命活动是"自由的自觉的活动"。"自由的自觉的活动"就是实践活动，因此实践是人与动物相区别的类本质。

人是实践的人，人与实践是统一的。因此，前面所述的人的全面发展、人的主体性的实现、人的多维性的协调统一都是通过实践活动实现的。实践是实现人的主体性的根本途径。人在实践中充分发挥人的主观能动性，认识规律利用规律，改造自然界和人类社会，使其符合人的需要，彰显人的主体力量。同时，人也在改造自然和社会的实践活动中，不断改造着自身。面对真实的问题，通过自主、自觉的创造活动，

---

① 蔡清田：《课程发展与设计的关键 DNA：核心素养》，五南图书出版公司 2012 年版，第 89 页。

② 《马克思恩格斯全集》第 42 卷，人民出版社 1979 年版，第 96 页。

在能动性与受动性的辩证统一中，不断提升和深化人的素养，增强应对复杂的生活情境的能力，使人处于不断由低级到高级发展的过程中。

与此同时，实践也生成和发展着人的社会关系。社会关系来源于具体生动、丰富多样的实践活动。马克思指出："甚至当我从事科学之类的活动，即从事一种我只是在很少情况下才能同别人直接交往的活动的时候，我也是社会的，因为我是作为人活动的。不仅我的活动所需的材料，甚至思想家用来进行活动的语言本身，都是作为社会的产品给予我的，而且我本身的存在就是社会的活动。"① 正是在"社会的活动"中，人类交往更加密切，复杂多样的社会关系得以建立，同时社会关系又直接培塑人的社会属性，并规定和发展着人的本质。因此，实践活动创建、生产了人的社会关系，使人具有了社会性。

实践具有社会历史性。每个时代的实践都具有自己的特征。急剧加速的社会流动、迅猛发展的科学技术、大量涌现的新职业和岗位，以及层出不穷的新事物，生活世界和实践活动变得愈来愈复杂多变，充满了差异与矛盾的冲突。同时，从交往实践来看，个体与他人、群体之间，不同文化、地域、宗教、种族之间交往互动冲破时间与空间的限制，交织在一起形成一个错综复杂的网络，人的社会关系变得多样多维。面对复杂与不确定性的情境，面对人和社会发展的新问题，人如何做出明智决策、选择，负责任地行动，同时根据经济新模式、职业新形态、社会生活新特点，发展自我成为教育必须解决的问题。

综上分析可以看出，实践乃素养孕育之基，人的素养植根于生活实践之中。核心素养在本质上是应对和解决各种复杂、不确定的现实生活情境与任务挑战的综合性品质，是个体综合运用相关的知识技能、思维方式、探究技能，以及态度和价值观等在内的动力系统来分析当前情境、提出或解决问题的能力。面对学习、个人生活和社会生活中的真实问题，学生主动地与自然、社会和他人的接触过程中，作为一个能动的、探究的、创造性的学习者去生成知识，形成对事物的看法和学科思

---

① 《马克思恩格斯全集》第 42 卷，人民出版社 1979 年版，第 122 页。

维方法。实践作为主观见之于客观的活动，是知识与学生联系的桥梁。比如，通过对当地环境污染的调查、水污染的化学实验等实践活动，学生对污染造成的经济损失、对当地环境和人的健康的影响等形成真切的认识，环保知识、可持续发展理念就不再是抽象的、独立于人之外的符号，而是借由具体、现实的实践路径，与生活密切相连。"活学活用"的实践活动使学生不仅学习了知识，而且将知识就内化为个体的力量，注入整个人的品格和态度中，成为一个全面发展的人。

第三章　评价理念

　　基于不同的人学观念，形成了不同的评价目标。由于评价目标的转变，产生了全新的评价理念。赫尔曼（Herman）等人对这种学习和评价理念进行了概括，"学习和评价的观点从行为主义观点转向了认知观点：由原来的一味强调学生学习的结果转向关注学习过程；由被动反应转变为积极的意义建构；从评价具体的、独立的技能转变为整体和跨学科评价；从强调认知技能，到更为广泛地关注元认知（自我监控和学会学习的技能）和其他影响学习和成功的因素；从零散的事实积累转向注重知识和技能的应用。从纸笔测验到真实性评价：强调与学生有关的有意义的问题；强调情境化的问题；强调复杂技能；强调问题不止一个正确答案；强调事先知道的公正的标准；强调个人化的步伐和进度。"[1]抓住这些基本理念，就能在宏观上和本质上把握这场评价改革的基本思路与主要观点。

　　本章将在历史唯物主义思维下，揭示素养导向的评价是如何针对传统评价在实践中产生的问题和弊端，作为一种旗帜鲜明的纠正出现的。在评价发展历史与现实的辉映中，揭示本次素养评价改革的历史必然性，厘清其区别于传统的独特创造，澄明其当代使命，体现教育评价在不断扬弃过程中的发展链——从考试测验转向综合评价、从科学主义取向转向人本取向，从结果取向的预设性评价转向关注生成性评价。这种分析是理念层面和思想层面的。后面的第四至六章关于评价维度、评

---

① Ellen Weber, Student Assessment That Works: A Practical Approach, Boston: Allen and Bacon, 2002, p.73.

价方法和考试命题的研究，是在这种理念指引下具体的方法和行动的研究。

改革是一个解构与重构的过程。素养评价是在对传统评价批判、扬弃的基础上发展而来的。回溯评价改革历程，我们看到这场改革深入传统评价内部，对其进行深刻的反思和追问：一方面从传统中汲取有益的成分，将好的经验和成果继承下来，转化为推动自身发展的力量；另一方面揭示传统评价的非完备性和非自足性，发现超越的空间，并将这种批判提升为一种新的理论自觉，创立新的评价理论体系。

第一节　教学评一体化的大评价观

一、从单一考试到大评价观

清晰界定评价对象是进行评价的首要问题。传统评价在评价对象方面，存在一个严重的问题，就是把评价对象窄化，将评价仅仅视作对学生学习结果的评价，这种认识导致在教育评价的实践中遗漏和缺失了很多评价要素与评价环节。第一，从评价的客体来看，当评价对象仅限于学生的学习结果时，教师的教学活动、学校的管理行为、课程的设置安排、政府的教育决策等行为，均被排除在评价范围之外；第二，从评价的结构来看，传统评价是"课程设计——课程实施——课程评价"的线性结构，各环节之间不能跳跃，必须依次展开，具有单向性和封闭性；第三，从评价的环节来看，如果评价对象仅仅是对学习结果的评价，评价就被定位于整个课程、教育环节的最末端的检测行为，即判断教育目标的达成度。这就忽略了重要的前提性评价和大量的过程性评价，比如对课程目标、方案本身的合理性评价，对课程设计、内容安排、教学活动开展等诸多过程性评价。对评价对象窄化的认识，导致实践中极大地制约了评价功能的发挥。

针对上述问题，新版课程标准指出，要促进教、学、考有机衔接，形成育人合力。在以往的课标里，考试是作为独立的部分，在"课程实施"的最后一部分中被提出来。在新版课程标准中，评价则是有机地嵌构于整个课程之中，在课程理念、课程目标、课程结构、课程内容、学业质量和实施建议的每一个部分，均可以看到关于评价的相应描述与表达。《基础教育课程改革纲要（试行）》提出，要"建立促进课程不断发展的评价体系。周期性地对学校课程执行的情况、课程实施中的问题进行分析评估，调整课程内容、改进教学管理，形成课程不断革新的机制"。因此，素养评价与以往的评价不同，其是建构于"大评价"概念基础上的新体系。它不仅评价学生的学习结果，还涉及课程、教学的每一个方面和环节，将评价对象延伸至教育教学活动的全部，包括对一切教育活动和与教育活动有关的一切人员、机构、方案等的评价。"教、学、评"一体化观念，使我们重新认识和理解评价这个概念，它极大地扩展了评价的外延，并且赋予了评价更为丰富的内涵。

传统评价对于评价对象的窄化认识，在观念层面上是对评价概念的错误理解，即认为"考试就是评价"或"以考试代替评价"。实际上，考试只是评价的工具和方法之一，考试通常是在教学之后进行的，以量化方式表现的结论性评价，一般处于教育活动的最末端，作为对教学结果的评价出现。纸笔测验是一种有效的、实用的、易于操作的评价方法，但是同时也要看到有很多教育目标是难以通过纸笔考试测量的，单一的结论性评价会丢失很多信息。评价是一个更大的、更丰富的概念。广义的教育评价范围已扩展到教育活动的各个领域，贯穿于教育教学的全过程。评价对象不仅包括学生的学习，也包括教师的教学、学校的管理、课程的设置、政府的教育决策，也就是哪里有学习发生、哪里有课程和教学发生，哪里有教育行为发生，哪里就伴随着评价。这也是当年"评价之父"泰勒提出评价这个概念的初衷，"用评价观代替传统的测验观，从而通过扩充评价概念的内涵而做出真正的贡献"[1]。素养评价使评价回归了本身"大评价"概念的本意，大评价观是整体性思维，旨在建

---

① John D. McNeil, Curriculum: A Comprehensive Introduction (Fifth Education), New York: Harper Collin, 1996, p.427.

立一个教学评一体化的评价体系，一以贯之地把课程、学习、教学、评价整合为一个系统，形成一个围绕学生素养发展的形成、评价、反馈、反思、改进和提升的持续性过程，实现从单一考试走向综合评价。

二、评价视域的拓展

通过对国际教育评价理论发展过程的追溯，能够发现本轮改革中教学评一体化成为改革趋势的必然原因。

众所周知，泰勒"八年研究"对教育评价领域的影响是深刻而持久的，目标模式仍然是迄今为止最具权威性的、系统化的课程与评价模式。泰勒在《课程与教学的基本原理》（Basic Principles of Curriculum Instruction）中，提出课程研究与教育评价的四个重要问题：①

1.学校应该达成什么教育目标？（What educational purposes should the school seek to attain?）

2.需要提供哪些教育经验最有可能达成这些目标？（what educational experiences can be provided that are likely to attain these purposes?）

3.如何有效地组织教育经验？（How can these educational experiences be effectively organized?）

4.如何确定这些教育目标已经达成？（How can we determine whether these purposes are being attained?）

确定教育目标、选择教育经验、组织教育经验和评价目标的实现，这四个问题构成著名的行为目标评价模式。用直观的图示，可以表示如下：

目标 purposes → 学习经验 learning experience → 组织 organization →评价 evaluation

泰勒的这四个问题支撑起课程与评价的基本框架，被公认为美国

---

① Ralph W. Tyler, Basic Principles of Curriculum and Introduction, Chicago. IL: The University of Chicago Press, 1949, p.1.

自 1906 年以来最有影响力的课程经典理论，他也因此被誉为"现代课程理论之父"和"现代教育评价之父"。可以说，一直到现在泰勒模式都是指导课程与评价的主导理论。泰勒模式是目标导向的，紧紧围绕目标展开，制定目标是第一步，然后由目标生成整个课程活动，目标是指导选择、组织、评价等环节的指南。目标评价模式的优点在于目标明确而具体，避免了课程和教学的随意性以及课程评价的过分多样化，从而保障了目标的有效落实。

但是在目标的统摄下，课程呈现出一种线性的封闭结构。评价结果的判定是整个模式的终点，标志着一次完整的课程行为就此结束。虽然泰勒也指出，教育评价是一个连续不断的过程，并由此形成一个"持续不断的循环（continuing cycle）"。但是，这个"连续环"在泰勒那里，仅仅是停留在理论研究的层面，在教育实践中并没有受到重视。因此，长期以来，人们对评价的认识大多局限于课程活动的末端，通过评价检验课程效果，获得评价结果就是最终环节，就意味着一次完整的评价"结束"了。因此，线性的目标评价模式更强调结果评价，结论也具有相当的确定性，作为"终结"的评价基本上也不会与前面几个环节进行互动和相互的修正。

美国评价专家斯塔弗尔比姆（D. L. Stufflebeam）针对泰勒目标评价模式的问题，进行反思与修正，提出了 CIPP 模型，建构起四项相互关联的评价活动结构。① CIPP 模型的四项评价活动为：1. 背景评价（context evaluation），在特定的环境下评定其需要、问题、资源和机会，强调根据评价者和评价对象的需要对课程目标本身做出判断，评判二者是否一致；2. 输入评价（input evaluation），选择达到目标的手段，对各种可供选择、比较的课程计划进行评价；3. 过程评价（process evaluation），对课程设计本身，以及实施过程进行连续不断地评价和反馈，从而为决策者对如何修正课程计划与实施活动提供有效反馈；4. 成

---

① ［美］斯塔弗尔比姆：《方案评价的 CIPP 模式》，陈玉琨译，见瞿葆奎主编：《教育学文集·教育评价》，人民教育出版社 1989 年版，第 309 页。

果评价（product evaluation），对是否达到了预定目标进行衡量、判定和解释。四项活动的首字母构成 CIPP 评估模型的简称。

可以看出，CIPP 模式具有两个明显的优点。第一，该模式使评价成为一项贯穿教育全过程的系统性活动，具有全程性。背景评价对应确定需求和确定目标环节，输入评价对应于决定方案与步骤环节，过程评价对应于教学实施的过程，成果评价对应于预期结果，四项评价联结了教学活动的每个基本环节，有效地延伸了评价的对象与范围。第二，打破了泰勒模式单向顺序性的封闭结构，使评价不再是课程实施的"终端"环节，而是可以根据需要，在任何时候、对任何环节灵活地反馈，自如地串联其他的某个或某些环节，作用于前面的活动，提供及时的反馈，促进有益的修正或改进。

惠勒（D.K. Wheeler）也对目标模式进行了修正，他将直线式改为圆环式。[①] 如图 3—1 所示，这一模式仍然是以目标作为起点，然后是选择和组织经验，最后是评价。与 CIPP 模式相同，评价这个环节不再是终点，评价之后并没有停止，而是再回到目标，这样评价就成为整个课程持续不断动态发展的关键环节。评价使课程成为一个持续不断的循环过程，可以反馈到课程方案的设计，重新修整和界定目标与方案，这

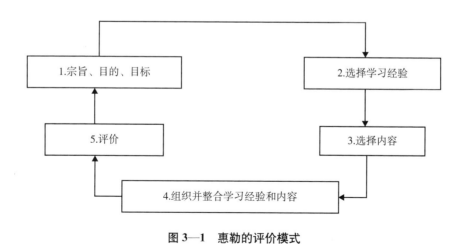

图 3—1 惠勒的评价模式

---

① 张华：《课程与教学论》，上海教育出版社 2000 年版，第 113 页。

使得课程计划的"意图"和预设目标不仅是评价的依据，同时也可能作为评价的对象。评价还可以作用于选择学习经验和组织内容的环节，有效地提高教学效果。

20世纪70年代以后，斯塔克通过对传统评价的系统反思，在全貌评价的基础上提出了应答评价，应答评价从结构到方法都产生了根本性的变化。在评价结构上，由原来的直线式改变为循环式。这种循环结构在斯塔克的应答评价运作结构图中得到了突出体现，斯塔克把评价的流程比作一个时钟的钟面，把评价的各项工作视作各个钟点。根据斯塔克的理解，各项评价工作并不是按事先预定的一步步走下去，在具体的评价中可以跳跃式地前进，可以重点地专注于某一项工作，甚至在评价的发展方向上可以是顺时针，也可以是逆时针。可以看出，应答评价结构具有非常大的灵活性。同时，这一结构还与人本的、文化的评价方法紧密结合在一起，在应答评价中，斯塔克主要采用两类方法——观察和应答，通过持续不断的自然式观察以及对人的观点、态度和价值观的反复应答，使应答评价具有了多个起点并能够循环地开展评价工作。

英国、澳大利亚、美国都将考试评价制度的改革作为素养改革的重要内容，甚至是改革的突破口，力求通过评价促使整个课程系统的各个环节和各要素有机互动。美国将其社会科课程标准定名为《社会科课程标准：教、学、评的框架》，鲜明地表达了评价与其他课程行为的联结关系。英国教育部指出，国家课程要从基础学科、成就目标、学习方案、评估安排这四个要素整体推动。教学评一体化的课程设计与实施机制能够最大限度地加快课程改革的进程，并保障其有效落实。

三、系统性思维下的素养评价

凝练教学评一体化原则背后的思想方法和基本理念，是一种系统化思维方式。系统性是世界的本质属性，任何事物只有置于特定的系统中，才能做出科学合理的解释。系统是由两个以上有机联系和相互作用的要素所组成的，具有特定结构和功能的整体。"多元性与相关性是系统最基本的规定性。"① 系统性和整体性思维，要求把课程改革、教学改革和考试评价改革统整起来，整体研究，协同推进，在这些要素之间建立有机联系，使其成为相互作用的有机体系。在系统性思维下，"教学评一体化"有效地实现了评价对象的扩展、评价环节的延伸和评价结构的重建。

（一）扩展了评价对象

将评价与教学联系起来，评价对象就涉及参与课程的所有主体，包括学校评价、课程评价、教师评价、学生评价以及其他评价（社会评价等）等多个维度和方面（见图3—2）。评价范围从学生学习扩展到多元教育主体的多种教育行为，促使评价更加全面，更接近真实。

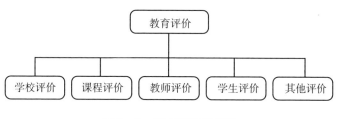

图3—2 教育评价的范围

（二）延展了评价环节

将评价与教学联系起来，使课程成为一个各要素、各环节有机联结的系统。"所谓课程评价，就是一定的方法、途径对课程的计划、活动及结果等有关问题的价值或特点做出判断的过程。"② 这种关于评价的新认识，打破了传统课程中，课程、教学、评价三者分割的关系，表明评价在课程中不再是一个独立存在的领域，要将课程评价与课程目标的制订、课程内容的安排以及教学活动的组织建立关系，使评价成为贯穿于课程开发与实施的整个过程，使教学评成为一个不可分割、相互促

---

① 乐毅：《简论制定国家质量标准的意义、问题与方法》，《中国教育政策评论》2011
  年第1期。

② 李雁冰：《课程评价论》，上海教育出版社2002年版，第2页。

进、具有内在联系的有机整体。通过评价建构起一个课程研究、设计、组织、实施、评价的联动系统，通过评价这个最具活力的因子对系统进行持续不断地循环反馈，促进系统不断完善和发展。这样课程评价由过去单纯的效果检验转变为全方位地服务于课程教学的全过程的要素，成为整个课程系统发展的助推器。

（三）突破了封闭的结构

新的系统不是线性结构，而是复杂的循环结构。新的系统突破了以往完成一个步骤才能进行到下一步，不能跳跃、不能反转的固定的单向线性结构。新型评价体系在目标、内容、方法、组织、经验与评价等诸要素之间建构起相互交融的复杂而灵活的网状体系。课程评价在不同的时间、不同的情境下，所面对的问题和涉及的因素都有所不同，在不同环节和步骤下评价的每一次回应，不同因素的关系也在不断变化和重组，因素之间发生不同的作用。根据具体情况的需要，评价可以随时跳转到不同的环节、步骤，勾连不同的要素与因子，灵活地发挥作用。于是，评价成为系统中最活跃的因子，因时因地因各种需要随时贯穿起各环节和要素，形成灵活、动态、回环的系统结构，通过评价的革命性批判力量使系统具有自我更新的持续动力。

第二节　发展性评价

一、由甄别选拔向促进发展转变

在评价目标上，传统评价强调通过一套精确的行为评价指标体系，来证明教育目标的实现程度，侧重于评价的甄别与选拔功能。素养评价以促进人的发展为根本目的，把学生的发展作为评价的价值追求，是一种发展性评价，这体现了评价功能由选拔到促进发展的转变。

评价功能在总体上可以归为两类，一类是鉴定和选拔功能，一类是激励和发展功能。长期以来，教育评价偏重于评价的选拔功能，其目的是为了"选拔适合教育的儿童"。美国评价专家布鲁姆（B.S.Bloom）

认为，许多世纪以来，世界各国的教育普遍强调了选拔的功能，在这种功能背后实际上意味着对多数学生的淘汰。布鲁姆在《教育评价》一书中指出，当前评价的目的基本上是把学生在群体中进行分等与分类，区分为成功的学生、过得去的学生和失败的学生，评价是用来对每个学生在教育系统中的价值和前途做出决定，这些决定与等级划分往往影响到一个学生的生涯发展。传统评价以升学和选拔为主要目的，现代教育评价则强调评价促进儿童发展的目的，即为了"创造适合儿童的教育""教育的基本功能是使个人获得发展""学校的主要资源应当用于增进每个人的工作能力，而不是用于预测或选拔英才"……选拔是评价的功能之一，但不是唯一目的或主要目的，评价的根本目的是促进学生发展，帮助学校和教师提高教育教学质量。

二、由行为目标取向向人本取向转变

从课程评价理论的发展历程来看，第一代"测量阶段"和第二代"描述阶段"，评价都具有鲜明的科学主义和实证主义的特征，以认知取向和行为取向为主，评价的整体思路是沿着数量化和科学化的道路前进。评价因为侧重于选拔功能，所以主要是对课程实施的结果，即对学生的行为变化收集证据并做出判断。工具理性被摆在突出的位置，而对人在评价中的地位尚缺乏应有的认识。

此时与科学主义浪潮盛行的社会现实相呼应，在教育评价领域，一些教育者认为科学是解决一切问题最可靠的依据，于是沉迷于各种指标体系的科学化和评价技术的精致化，课程评价被界定为一项技术性工程，要建构起精确、客观、高效的评价模型与系统，将课程目标转化为一系列学生可观察、可操作的行为表现，制定详细的行为标准，设计大量的行为量表。泰勒所强调的课程评价应遵循的三原则——"客观性、信度、效度"，就是集中体现。在泰勒那里，常模系统成为教育者所追求的最高目标。以华生（J. B. Watson）为代表的经典行为主义，以斯金纳（B. F. Skinner）为代表的新行为主义，以及桑代克的联结主义和标准测验等行为主义评价模式大量涌现并迅速发展，他们偏好学生行为

表现的效标参照测验，强调严密的科学方法和严格的序列性程序。博比特采用"活动分析法"，围绕人类经验和职业，提出了 10 个领域的 800 多个行为表现目标。查特斯进一步把"活动分析法"精致为"工作分析法"，为评价目标及其实现提供了一套详尽的操作程序。20 世纪 50、60 年代，美国心理学家布鲁姆、克拉斯沃尔（D. R. Krathwohl）等人建立起"教育目标分类学"，用一套层级性的行为动词评价学生，并赋予每一个动词以详细的解释和说明。20 世纪 60、70 年代，美国教育家梅杰（R. F. Mager）、波法姆（W. J. Popham）认为布鲁姆的"知道""理解""运用"的评价目标仍然不够"精细"，没有指出行为表现的条件，于是对目标进行了更为具体、精确的分解，并发起了"行为目标运动"（behavioral objectives movement）。可以说，20 世纪的评价领域是"行为主义""客观主义评价"占支配地位的时代。

行为目标取向在推动评价科学化的进程中做出了巨大的贡献。应用科学方法编制一套明确详细的评价指标体系，获取精确的数据信息，以便做出客观准确的评价。但是"行为目标"在本质上是"技术理性"的，对指标、量表、曲线的"科学"追求，放弃了对评价意义的深层次思考，忽略了评价活动的本体意义——人的发展。用英国课程专家斯腾豪斯（L.Stenhouse）的话说"误解了课程的本质"。"唯科学主义"的教育价值观以对学生行为的效率、控制为目标，这种典型的工程学模式，将课程、评价演变为非价值的技术问题。课程目标被演化为一系列行为动词，当用行为标准去评价和约束人的时候，会发现人似乎变成了机器。比如斯金纳提出的"机器教学"，桑代克为小学数学学习列出的 3000 个特定目标，贾德（Charles H. Judd）类化研究获得的小学生掌握两个一位数加法的 21 个标准化题目。在泰勒"学校如同工厂"的隐喻下，用统一的精确化动作标准和机械操作去框定和塑造人的心理和行为，去衡量有思想、有创造力、有个性的人，评价标准就成为规训和统治人的"座驾"。

针对上述评价领域的做法，哈佛大学名誉校长埃利奥特（C. W. Eliot）一针见血地指出，"教育目标的标准化是与真正的教育目的相悖的，真正的教育目的是个体的能力得到最大限度的发展，不仅是在童年期、青春期，而且在整个人生中得到发展。在劳动、学习和家庭生活方式中固定的标准，是人的身、心和精神充分发展的敌人。"① 这一评价可谓一语中的。具体分析，行为主义评价存在如下五个问题。第一，人是目的，不是手段。人自身的价值是第一位的，是一种教育的元价值，是教育的终极目的。第二，人是自由的积极的存在。作为主体的人的行为具有创造性，这种行为具有很大程度的不可预知性。而行为目标的精确控制，将课程开发、教学设计、人的学习过程变为一个可预先确定和可操纵控制的机械过程，根据预先确定好的蓝图，用物理学或生物学的科学方法去规定，这就把学习者的自主性、创造性泯灭了，将复杂的、生成性的教育活动、精神活动演化为机械的行为训练，"忽视人的解放、自主、思考、判断和创造的需要"②。第三，人是总体性的存在，全面地占有自己的本质，对行为的肢解、分割、精细化，会把完整的人肢解了。第四，人的很多高级心理品质，比如情感、态度、价值观、审美等，很难通过外显的、可观察的行为表现出来，很难预先确定和具体描述，这些高级心理素质不只是行为反应，更是思想意识问题，所内隐的东西恐怕要比表现出来的东西多得多。第五，行为目标作为统一的评价标准，需要具有高度的统一性、普遍性、一致性，这就是传统评价专家所致力于的类化研究，但是人具有不可重复性，个体的心理倾向、认知特点、行为习惯都具有特殊性与丰富性，整齐划一的行为极大地限制了个性的自由与潜能的发展。

于是，从 20 世纪 60 年代开始，在人本主义哲学的影响下，教育领域开始对实证主义进行系统的反思和批判，超越行为和数据指标的技术层面，对评价的意义进行深层次的思考，开始从人的发展的视角来理解评价，呈现出人文主义的倾向。20 世纪 60 年代美国著名评价专家斯塔弗尔比姆提出形成性评价的概念。形成性评价改变了评价概念的重心，修正了评价的核心功能。形成性评价的目的在于给师生提供课

①　施良方：《课程理论》，教育科学出版社 1996 年版，第 89 页。
②　黄郑杰：《课程设计》，东华大学出版社 1991 年版，第 174 页。

程实施中的反馈信息，以便发现薄弱环节，矫正教学，有效地促进学生的学习。他明确提出，"评价最重要的意图不是为了证明，而是为了改进"（The most important purpose of education evaluation is not to prove, but to improve）。在此基础上，斯塔弗尔比姆把评价界定为"为决策提供有用信息的过程"①，认为评价不应局限于已确定目标的达到程度，而应当为管理者、教师、学生和其他人提供反馈信息，从而更好地为教育服务。日本教育家青木诚四郎明确指出评价的目的，"考查不应该只是对学生进行测试，然后评价学生到底学到了多少，也不是为了给学生们打分，更不是要威胁学生要他们好好学习才进行评价的。考查是让教师很好地实施自己的教学，以便使今后的教学更加完美"②。维根斯（G. P. Wiggins）对 assessment（评价）从词源学的角度进行了分析，它的词根是拉丁动词 assidere，意思是评价者"坐在某人旁边"（to sit with），这暗含评价者的行为不仅仅是收集证据、评判学生的水平，更是为了帮助和支持学生，为他们提出指导建议。③

在这些评价理念的推动下，评价领域涌现出一系列新的评价模式，斯塔克（R. E. Stake）的应答评价模式、艾斯纳（E. W. Eisner）的教育鉴赏教育批评模式、古巴（E. G. Guba）和林肯（Y. S. Lincoln）的自然主义评价模式以及在此模式基础上发展起来的"第四代教育评价"思想等。同时还开发了很多质性评价的方法，如学生的表现评定法、档案袋方法、苏格拉底式评定法等。这些方法相比于过去偏重客观测量的标准化考试和量表来说，弱化了评价的甄别功能，强化了评价促进人的发展的功能。

人本取向的评价模式实现了由事实到价值的飞跃。它不仅研究教育事实，更关注事实、信息、现象背后的意义；不是着重于获得纯粹客

---

① ［美］斯塔弗尔比姆：《方案评价的 CIPP 模式》，陈玉琨等译，见瞿葆奎主编：《教育学文集·教育评价》，人民教育出版社 1989 年版，第 298、301 页。

② ［日］青木诚四郎：《为什么要进行考查》，《新教室》1948 年第 2 期。

③ Arleh Lewy, "Postmodernism in the Field of Achievement Testing", Studies in Educational Evaluation. Vol, 22, No.3, 1996, pp.223-244.

观的实证数据，而是研究人格、情意、审美、创造等教育中更为重要与核心的内容；其评价目标超越对学习者认知的改善，向着形成完整人格、促进学生全面发展的更为广阔和本质的领域推进。

评价首先不是技术或操作层面的对与错、可行与否的分析，而是在技术理性基础上的形而上的价值追问，是对评价标准的善、正当、合理、应该与否的反思。人在教育中不断建构自己的意义，成为一个不断向前发展的主体。"评价是人为了自己的生存和发展而揭示人自身以及与人相关的一切存在的意义、价值和根据的基本存在方式。"[①] 人的历史就是人追求和实现这些价值、意义和根据的历史，当人反思价值和意义时就是在进行评价，评价的目的就是使人不断探寻意义，获得全面自由的发展。这就超越了西方自笛卡尔以来所确立的着眼于控制的主体性原则，使提升教师和学生的主体性，帮助他们获得解放与自由成为课程与评价的本质反映，课程与评价由此具有了解放旨趣。孔子曾说"君子不器"也表达了同样的道理，意思是君子不应像器物那样，应该是一个具有人文精神的人，摆脱人的工具性倾向，回归人的主体性。

三、为了发展的评价改革

20 世纪 90 年代以来，我国积极推进素质教育改革，从课程评价的目的和指导思想上，对传统评价进行了变革。以往的应试教育把考试的选拔功能放在了头等重要的位置，以考试分数的高低作为评定学生学习优劣和教师教学质量的唯一标准，通过竞争，选拔精英进入高一级的学校。特别是受教育资源有限性的制约，考试成为整个教育的指挥棒，形成千军万马过独木桥的现象，这导致评价促进学生发展的本体性功能被淹没了，考试由手段成为目的，选拔成为评价的主要功能或者说唯一功能。针对应试教育评价的弊病，我国在一系列教育政策和文件中，鲜明地提出了进行发展性评价改革的要求。《基础教育课程改革指导纲要》

---

① 康宏：《高等教育评价标准的价值反思》，华中科技大学博士学位论文，2010 年，第 31 页。

中提出，要改变课程评价过分强调甄别与选拔的功能，建立促进学生素质全面发展、促进教师不断提高、促进课程不断发展的评价体系。《纲要》还明确指出："评价不仅要关注学生的学业成绩，而且要发现和发展学生多方面的潜能，了解学生发展中的需求，帮助学生认识自我，建立自信。发挥评价的教育功能，促进学生在原有水平上的发展。"国务院在《关于深化考试招生制度改革的实施意见》中明确指出，把促进学生健康成长成才作为改革的出发点和落脚点，扭转片面应试教育倾向，坚持正确育人导向，培养德智体美全面发展的社会主义建设者和接班人。教育部在《关于全面深化课程改革，落实立德树人根本任务的意见》中提出，全面落实以学生为本的教育理念，将教育教学的行为统一到育人目标上来，加强考试招生和评价的育人导向。

基于核心素养的评价具有强烈的人本性，紧紧围绕"培养什么人，怎样培养人以及为谁培养人"的根本问题展开，以培养德智体美劳全面发展的社会主义建设者和接班人为目标，落实立德树人根本任务。《普通高中思想政治课程标准（2017 年版 2020 年修订）》明确指出："本课程紧紧围绕思想政治学科核心素养的形成与发展，建立激励学生不断进步的发展性评价机制。"发展性评价是一种以促进学生发展为目的的评价，以人为本是发展性评价的核心。虽然不能忽视评价的鉴定与选拔功能，但是从根本上讲，选拔功能要服从和服务于促进学生发展的目的。发展性评价不着眼于学校、教师、学生之间的横向比较与竞争，即通过正态分布的数据对学生进行打分、排队，而是由对考试分数和曲线工程的关注，转向对人本身发展的关注和关怀，由对竞争胜负之分的评判，转向对人的成长的关怀。即使作为国家人才选拔、实现社会纵向流动的重要途径的中考和高考，也要在选拔功能之外，积极拓展和充分体现评价的育人功能。发展性评价是"为了学习而进行的评价"，是"以改善孩子学习状况为第一要务而设计并实施的评价"。通过评价了解学生的兴趣和需求，充分发掘受教育者的潜能，提出适合学生发展的具体建议和改进意见，激发创造性，唤醒学生的主体意识，发挥评价的教育功能。

当然，评价的选拔、激励、发展、诊断等功能，并非彼此对立的关系，不能因为发展一个或一些功能而摒弃其他功能。目前，作为社会人才纵向流动的机制，评价的选拔功能有其存在的社会需求，同时诊断、激励和发展的功能也需要测验分数帮助做出判断，适度的选拔和竞争也可以激发一定的学习动力。因此，教育评价要做的是使评价的这些功能有机结合起来，朝着促进学生全面发展的目标努力。

第三节　生成性评价

一、从预设走向生成

传统评价具有严格的预设性。预设性评价是指依据教育本质和规律，事先设定目标，使评价活动按照设想的轨道向预期的目标前进，用预设目标来规范和衡量不断发生着的、变化着的教学活动。在这里预设性思维既是时间上的先在，即目标在评价活动开始之前已经设定，更是逻辑上的"预成"，在评价活动之前已预先明确"可以完成""应该完成"和"需要完成"的结果。预设性评价是本质主义思维。本质主义思维是"一种先在设定对象的本质，然后用此种本质来解释对象的存在和发展的思维模式。"① 本质主义认为本质先于存在，根据规律确定的因果关系规定事物的发展过程和结果。泰勒的目标评价模式就是典型的预设性评价。泰勒认为评价就是将教育结果与预定目标相对照的过程，是根据预定目标对教育结果进行客观描述的过程。他提出评价过程的四个步骤（见图3—3）：一是确定教育目标；二是依据预先规定的教育目标中期望学生变化的行为，去设计评价情境；三是选择和编制相应的评价工具；四是依据预定的教育目标分析、评价学生最终的行为。泰勒认为评价就是首先确定评价目标，然后围绕这个预定目标，展开评价活动，以判断学习结果与目标是否一致。

---

① 李文阁：《回归现实生活世界》，中国社会科学出版社2002年版，第41页。

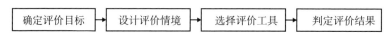

图3—3　泰勒目标评价模式

　　预设目标是必要的，凡事预则立，不预则废。评价活动是一种有目的、有组织、有计划的教育活动。在评价活动之前，清晰地设定评价目标能够为评价活动指明方向。但是传统评价活动过于强调预设性，让整个评价活动完全受控制于预先设计好的固定目标，这就会导致绝对化的预设性评价，使评价产生如下问题：（1）先在性。预设是在评价活动之前对学生表现和教育结果的预测，但是所有的结果不可能事先都被准确地全部预测出来，过程中即时发生的种种情况无法事先估计，有的目标还会存在偏差、错误，以及空场性的"不完全估计"。如果严格局限于预设目标，评价过程中涌现的新颖性创造就不能得到体现。（2）外在性。规律外在于评价的过程。目标由学科专家根据教育教学规律制定，他们常常会从社会发展和学科角度制定目标，而忽视了作为评价对象和评价主体的教师和学生的参与和需求。（3）确定性。确定性就是确实性、明确性。绝对化的预设性评价的确定性主要表现在三个方面。一是评价的本质、规律、特征是客观存在的、确定不变的。二是客观存在的本质、规律和特征等能够在评价活动中被准确地把握和执行，即依据规律制定目标，使评价活动具有因果关系的线性的确定性。三是预设目标确定后，会在评价过程中严格地执行。比如泰勒模式所有的评价步骤均必须围绕目标确定不移地展开，保证目标的确定性和执行过程的确定性，从而实现结果的确定性。这种绝对的确定性力求实现评价的有序性、因果性、必然性，但是排斥了教育过程中的偶然性、具体性、无序性和不确定性的因素，比如教育过程中学生的错误回答、兴趣转移、突发事件的价值都作为目标之外的节外生枝被剔除了。（4）统一性。规律具有普遍性、普遍适用性，一切皆可重演、可迁移、可复制，体现为规律的预测目标一般是全校、全年级、全班学生所要达到的共同目标，目标对所有学生是统一的，但是会存在对学生个体需要、独立思考、独特表现考虑不足的情况。（5）控制性。目标的绝对确定性是为了有效地控制整个评价过程，确保结果的实现。用预先设定的精密目标去控制评价的每一个步骤、干预事物的发展，严格规训和控制师生的行为，确保他们精准地按照设想的轨道和目标前进，会使原本充满意义的评价活动变得机械而冰冷。不是人创造性认识和利用规律，而是让人的发展严格服从于规律确定的目标和结果，这会扼制学生主体的激情与创造。(6) 封闭性。不能对评价过程具体的、复杂的、变化的情况，开放地纳入新的目标，灵活地调整和采用弹性的成分，"它不接受不在或超越预先设定中的意外和始料不及"。

针对绝对化的预设性评价的问题，1967 年，斯克里文（M. Striven）提出了"目标游离模式（goal-free model）"。他认为教育活动除了收到预期的效果外，还会收获各种"非预期效应"，也可以叫"第二效应"。这种"非预期效应"对教育活动有着深刻的影响，应当在评价中得到反映。斯克里文提出"去目标性"，主张抛开目标对评价的约束，在评价活动中不把决策者预定的目标告诉评价者，以便评价者全面地收集全部的、真实的成果和信息。当然，目标游离模式走向了一个极端，导致了评价活动的无目的性，但是它为紧紧束缚在既定目标中的教师和学生松了绑，使评价活动具有了弹性和应变性。在"目标游离模式"之后的"当事人中心评价"和"全貌评价"改革也都延续这一思路，强调评价的生成性，使评价范式由简单、先在、划一、封闭、确定、线性，走向复杂、过程、差异、开放、不确定、网状。

二、人的生成性

人的生成性的本质决定了基于素养的评价在本质上是生成性评价。预设性评价的人性观是一种既成性思维，"是其所是"，强调存在者"是什么"的结果和本质，以既成的、已完成的事物作为逻辑起点，这是一种绝对性、还原性、线性、终极性的思维方式。生成性评价认为事物及其本质是在其发展过程中生成的，事物永远处于未完成中，它试图揭示人是一个动态发展的"存在"。德国哲学家、人类学家兰德曼（M. Landmann）曾说："实际上人处在一种不断'生成'的状态中……人的本质不能被想象成一个结果，而是一个产生结果的过程，一个不断地放弃原始的不完善性的过程"①。马克斯·舍勒（M. Scheler）关于人是"精神趋向的 X（未知者）"的界定，"人永远不会停留于此在（Dasein），都在不断地探索事物的所在（Sosein），做人就意味着在旅途中"。② 马克思从生产的生成性和社会关系的生成性，揭示了人的生成性。他认为人并没有一个现成的、固定的、不变的抽象本质，人只有现实的、具体的、历史的本质。马克思指出："不是在已有观点之外又增加了一种观点，而是从根本上转变了探索问题的方向，即从统治西方哲学两千多年的预成论的思维方式转向了生成论的思维方式。在这一全新视野中，不仅自然、不仅人，而且一切存在、整个世界都不再是等待解释的现成性存在，而是生生不息、变动不已的生成性的存在。"③ 马克思深入到思维方式层面，在人的本质问题上实现了由预成性到生成论范式的转变，他的生成论是实践生成论。我国著名学者韩震明确指出，人是"生成的存在"，人性"不是抽象的既定性质，而是在历史中生成和发展的东西，它处于永恒的流动之中。人性也不仅仅是流动的，而是一个不断迈向未来的开放性生成的过程。人是一种生成的存在，是自我创造的存在，所以永远也不可能一劳永逸地把握人的本质。如果说人有本质的话，那么生成性就是其本质，至于生成一种什么样的存在，则是在特定的历史背景中决定的"。④ 人具有无限的发展可能，人的存在始终都处于不断地否定自我、超越自我、创造生成的过程中。人从来都不是完成时和既成的，永远处在更新、更高、更完美的趋向中。如果教育和评价硬要为人设定一个固定的轨道，或者为不同人框定相同的目标，就会如麦科南

---

① [德]米夏埃尔·兰德曼：《哲学人类学》，张天乐译，上海译文出版社 1988 年版，第 4 页。
② [德]马克斯·舍勒：《人在宇宙中的地位》，陈泽环、沈国庆译，贵州人民出版社 1989 年版，第 21 页。
③ 《马克思恩格斯选集》第 3 卷，人民出版社 1972 年版，第 44 页。
④ 韩震：《生成的存在——关于人和社会的哲学思考》，北京师范大学出版社 1996 年版，第 2 页。

（J. Mckernan）所指出的，"在某种意义上，设定目标就意味着为人的思考和发展设定了限制"①。

三、生成性思维下的素养评价

教育乃人之生成，作为人的生命质量的完善而存在的社会实践活动，教育必然也是一个不断生成的活动。基于素养的评价在本质上是生成性评价。生成性评价不是用"一切既成"的观点或思维来看待和开展评价，而是主张用"一切将成"的生成性思维来对待评价。生成性思维认为事物及其本质和规律不是在其发展过程之前就存在的，而是在事物发展过程中生成的。它从复杂性思维和关系型思维出发，以建构主义思想为基础，关注预设，但是更强调超越预设的过程中的变化、丰富和拓展，注重评价的过程性、差异性、相对性、非预设性、不确定性，倡导多元、创造与自由，关注在情境中生成、在互动中生成、在关系中生成、在探究中生成、在反思中生成。

（一）创造性

素养旨在发展和弘扬人的创造性。生成性评价在本质上意味着创造。在教学和评价过程中，课程目标、评价目标、内容与结果不仅是预定的，更是多重教育主体的能动行为创造的。裴娣娜教授对生成的创造本质进行了分析：第一，生成是具有新质的综合物的形成，是创造。它包含现实实有的独特性、复杂性和统一性；第二，生成不是简单的流动，是从一个阶段进展到另一个阶段的过程，其中每一个阶段都是后继阶段走向完善的现实基础；第三，生成是通过新生事件的创造性活动，将正在消失的事件的许多因素引入新的过程。也就是说，生成，是实践的生成。② 生成内含着新质的形成，是一种不断产生某种新的东西的

---

① J. Mckernan, Curriculum and Imagination: Process Theory, Pedagogy and Action Research, London and NewYork: Routlegde, 2008, p.1994.

② 裴娣娜：《现代教学论生成发展之思——怀特海过程哲学方法论启示》，《教育学报》2005 年第 3 期。

创造。

　　"生成"的英语 create，generate，produce，在《牛津高阶英语词典》中的解释是"to produce or createsomething"①，即"使形成，使产生，造成，引起，导致"②。汉语中《辞海》将其解释为"变易""产生"，含有"创造"之意③。可见，生成就是进行主动建构，创造某种新的东西的活动。生成也是哲学研究的重要概念。胡塞尔指出："一方面，生成即创造，与其他存在者相比较是彻底的、自主的创生。另一方面，所有生成的产物都是已存在的另一事物的产物，由过去孕育并指向未来。"④ 胡塞尔将生成置于新旧事物、过去与未来的发展之中。"生成"也是海德格尔思想的核心，构成海德格尔的思维方式。海德格尔使用"Ereignis（转让）"一词，阐释人与存在的"相互转让"。Ereignis 意指任何一个事物都不是现成的，都是在一种相互引发、相互作用的行为过程中产生和成为自己，这种行为过程实质上就是"建构生成"的过程。Ereignis 表明任何一个事物都不是"实体性""现成性"的存在，而是"建构性""生成性"的存在，只有在建构生成的活动过程中使自身成为自身。人是一个不断生成的存在，他不仅接受外部环境对其施加的影响，还对环境进行选择、改造与创造。

　　（二）过程性

　　生成性评价不仅追求存在者"是什么"的结果，更关注追问存在者"如何存在""如何演化"的过程。生成性本身内含着一种有起点、有方向的无限延伸的过程性。恩格斯说："世界不是既成事物的集合体，而是过程的集合体，是一股绵延不绝、奔腾不息的涌流……一切都处在产生和灭亡的无限过程中。"⑤ 生成是世界的本质。正如怀特海所言，"世

---

① 韦迈尔：《牛津高阶英语词典》，商务印书馆 2004 年版，第 534—535 页。

② 李华驹：《21 世纪大英汉词典》，中国人民大学出版社 2003 年版，第 970 页。

③ 《辞海》，上海辞书出版社 1979 年版，第 3955 页。

④ 方向红：《生成与解构——德里达早期现象学批判疏论》，南京大学出版社 2006 年版，第 35 页。

⑤ 《马克思恩格斯选集》第 4 卷，人民出版社 1995 年版，第 244 页。

界是现实实有的生成过程"①。任何事物都是一个变化发展的过程，事物的变化发展都是在过程中实现的。评价系统是一个动态演化着的"过程系统"，真正的教育目的不是外在于过程的结果，而是就存在于教育和评价的过程之中。正如施瓦布说的："脱离特殊的实践情境的抽象的结果是没有意义的，真正的意义的结构是在适应实际的兴趣、需要和问题的过程中实现的，是内化于过程之中的。"② 斯腾豪斯提出以过程为中心，用教学活动中生成的目标去消解过程与结果、手段与目的之间的二元对立。

生成性目标将过程与结果内在地统一起来。第一，评价目标不再仅仅是由专家和教师预先设定，而是通过学生在教学活动中积极地参与，不断增添新质，提升自己的素养。第二，评价不再是预先存在的自然规律的客观反映，素养强调人与环境互动中的问题解决能力，因而是在人与自然、社会相互关联时的意义构建、反思、探究的过程。它不是规定性的，而是人在与问题的"际遇"中围绕议题学到什么的过程。第三，评价结果也是生成的。除了书本上统一的预设知识，过程中还生成了与具体情境互动中构成素养的重要成分——个体性的社会理解力和责任感、与他人的交往能力、坚定自信的个性品质，对于不断变化的事物的积极接受态度和适应性等。

（三）复杂性

预设性评价是简单线性思维，用规范性、确定性、划一性和绝对性的目标，去规范和衡量不断变动着的教学活动。作为数学概念，"线性"具有等比例性（各因素成比例地均匀变化）、稳定性（同一系统条件不变，变化的比例是固定的）、单值因果性（一定的原因导致一定的结果）等特征。预设性评价的简化线性思维，一是将教学和评价过程中复杂的相互作用理解为简单的单向作用；二是将教学和评价过程中复杂

---

① ［美］费劳德：《怀特海过程哲学及其当代意义》，王治河、曲跃厚译，《求是学刊》2002 年第 1 期。

② 张华等：《课程流派研究》，山东教育出版社 2003 年版，第 238—239 页。

的关系理解为单值因果关系；三是认为学生的发展是多种单因素作用简单累加的结果。

生成性评价是复杂性思维。教学和评价过程是一个多种因素相互交织、相互作用的复杂过程。任何一种结果都是多种因素作用的结果，作用的方式和机制也是多向的、非线性的、不确定的。作为师生共同作用的教学和评价过程，不可能百分之百地按预定的轨道展开，总会出现一些意料之外的新情况、新因素，会产生新的行为与预期之外的效果，需要根据新情况做出相应的变动与调整。尤其是当教育主体的能动性、积极性充分发挥的时候，实际的教育和评价过程远远要比预定计划中的丰富、生动得多。

当今自然科学和社会科学对复杂系统的研究为教育评价的发展提供了思路和方向。超循环理论、耗散理论、突变理论、混沌学、协同学的发展，使复杂性思维已成为一种思维方式。复杂性思维"要求我们在思维时永远不要使概念封闭起来，要粉碎封闭的疆界，在被分割的东西之间重建联系，努力掌握多方面性，考虑到特殊性、地点、时间，又永不忘记起整合作用的总体"[1]。普利高津（I.Prigogine）曾说："经典科学强调有序和稳定性。现在，反过来，我们在观测的所有层次上都看到了涨落、不稳定性、多重选择和有限可预测性，像混沌这样的思想已变得相当流行，影响着从宇宙学到经济学，实际上所有科学领域的思想。"[2] 海森堡（W. K. Heisenberg）关于微观粒子动量和位置量不确定性的"测不准原理"，玻尔（Niels Henrik David Bohr）关于不确定性和模糊性是量子世界的基本特征的"互补原理"，洛伦兹（E. N. Lorenz）的"蝴蝶效应"对偶然性力量的巨大作用的揭示，以及后现代主义不确定哲学和复杂思想，都揭示了事物发展不确定性、复杂性、多元性的一

[1] ［法］埃德加·莫兰：《复杂思想：自觉的科学》，陈一壮译，北京大学出版社 2001 年版，第 151 页。

[2] ［比］伊利亚·普利高津：《确定性的终结——时间、混沌与新自然法则》，湛敏译，上海科技教育出版社 1998 年版，第 3 页。

面。事物不都是必然地、确定地朝着既定的样子发展，在过程中存在诸多的不确定性和多种可能。

　　教育领域亦不例外。对评价的认识不能采用简化还原的思维方法，简单地用结果对照预定目标，而应从多视角、多层面、多关系等角度去观察和反思。教育不是复制，而是人能动的创造，创造就意味着不可预知性，意味着会在评价目标的清晰性、评价过程的有序性、评价结果的契合性之外，产生目标和认识的模糊性、过程的变化性、结果的非预期性等看似无序的现象。方向是预设的，过程和终点是开放的、多元的、差异的，充满了复杂性、动荡性、矛盾性、不确定性。这正是多尔在《后现代课程观》中表达的，"不应将课程视为一系列相邻单元的观点，一系列预设的规范动作，而应将其视为丰富的、开放的多层次经验组合，视其为随我们注意力的转移而不断变化中心的复杂的马赛克"①。应当接纳变化，鼓励流动、允许"干扰"。

　　要正确看待"无序"和"不确定性"。一方面，要看到复杂性、不确定性的风险。德国科学哲学教授克劳斯·迈因策尔曾耐人寻味地提醒到，在一个非线性的显示中，线性思维是危险的，它可能导致教育过程"种瓜得瓜，种豆得豆"的天真梦想，以为将预设的课程目标灌输给学生，学生就必然获得发展，而完全不去考虑学生自己的兴趣和需求，特别是对一些过程中产生的与预设不一致的负面后果估计不足。"教育不是一种可以预料的活动，它不像工程计划那样，人们能够准确地预测其结果。虽然信任是教育成功的必要条件，但是由于被信任对象的行为是自由的，因而其效果是无法预料的，并不像自然规律那样具有必然性。所有的信任都可能会落空，这就是教育意图的失败。"② 所以在课程实施的时候，需要及时发现洞察过程中生成的危险性。

---

① ［美］小威廉姆·E.多尔：《后现代课程观》，王红宇译，教育科学出版社2000年版，第52页。

② ［德］O.F.博尔诺夫：《教育人类学》，华东师范大学出版社1999年版，第47—48页。

　　另一方面，不能简单地认为混沌、无序只会带来危险和伤害，相反，它可能是促使系统走向更高有序性的推动力。混沌潜藏着秩序的因子。普利高津说："非平衡（即物质的和能量的流）可成为有序的源泉。"[1] 大卫·吕埃勒（David Ruelle）在《机遇与混沌》一书中阐述："混沌已经给予我们一些非常丰富意义的结果和洞见。"[2] 混沌孕育着机遇、发展与创造。莫兰指出："无序性有两个方面：一方面它代表着破坏性，另一方面它意味着自由、创造性。"[3] 评价过程中存在着广泛的、大量的非线性互动，特别是素养评价中对于问题情境的冲突性、非结构性、非平衡性的创设，改变了传统的固定性思维和静态秩序观。混沌、模糊、不确定性是有序、清晰、确定性的前奏与通达路径。

　　当然，生成并不排斥预设，二者不是对立的关系。预设与生成的两个方面是同时存在的。预设是计划性、方向性、指导性，生成是动态性、过程性、开放性。预设是对结果的先在设计，生成是基于现实过程的动态调整。一方面，生成不是随意的，生成的趋势和方向是预设的，在一定程度上是预设目标的表达、补充、调整和发展，生成的质量也依赖于预设的质量。另一方面，要从预设走向生成，在生成中超越预设，预设也要为生成预留空间。总之，要形成生成与预设互为补充的关系，把目的性与过程性、计划性与变化性、可预测性与不可预测性有机地整合在一起。

---

[1]　[比] 伊·普利高津、[法] 伊·斯唐热：《从混沌到有序——人与自然的新对话》，曾大宏、沈小峰译，上海译文出版社 2005 年版，第 3 页。

[2]　[法] 大卫·吕埃勒：《机遇与混沌》，刘式达等译，上海科技教育出版社 2005 年版，第 75 页。

[3]　[法] 埃德加·莫兰：《复杂思想：自觉的科学》，陈一壮译，北京大学出版社 2001 年版，第 82 页。

第四章　评价维度

从本章开始，进入操作层面，研究素养评价如何在实践中落地的问题，因此，会有更多的案例分析和关于实际问题的阐释。

对素养进行评价是一个国际性难题。从当前素养评价的实践研究来看，国际有影响力的大型素养测试项目都致力于建立一套完整的、有层次的、可操作的评价框架。清晰界定学科核心素养评价的维度、参数和操作标准，以评价框架作为评价的基础和依据，能够有效保证评价的效度和信度，并帮助教师准确理解课程和评价的要求。

素养评价的框架是一个多维立体的复杂结构。如前所述，素养具有复杂性、抽象性、综合性、内隐性，特别是素养所包含的高级心理品质、态度、价值观和行为层面，通常不可直接观测，这就需要通过可操作、可观察的、具体的领域或维度，加以确定和表现。而且素养的综合性决定这一评价体系必然是一个多维的复杂结构。PISA 在阅读、数学与科学评价框架中指出，"不是一个单一维度的技能"[1]，而是"一个多维的领域"[2]，"是一个涉及多个方面的动态的过程"[3]。也就是通过一组相互关联的维度，建构多维立体、结构清晰的评价框架，使得素养变得可测。

---

① OECD, Measuring Student Knowledge and Skills: The PISA 2000 Assessment of Reading, Mathematical and Scientific Literacy, Paris: OECD Publishing, 1999, pp.20-21.

② OECD. PISA 2009 Assessment Framework: Key Competencies in Reading, Mathematics and Science, Paris:OECD Publishing, 2009, p.25.

③ OECD. The PISA 2003 Assessment Framework- Mathematics, Science, and Problem Solving Knowledge and Skill, Paris: OECD Publishing, 2003, p.108.

我国一些学者将素养评价分为四个可操作的维度——情境（Situation）、任务（Task）、内容（Content）、行为表现（Act Performance），形成 STCA 系统（见图 4—1）。其中，执行任务是将内在的学科核心素养外显为可观测行为表现的媒介，情境是运用学科内容、执行任务，展现学科核心素养发展水平的平台，学科内容是印证与考查学科核心素养发展水平的依托。①STCA 是一个关联的、动态性、综合性、关系性的评价系统，是各维度之间有机结合与相互作用的统一体系。评价就是通过控制情境、过程（任务）、内容的三维一体的框架来进行检测的。

图 4—1　我国课程标准学科核心素养评价的基本维度图

本章将以 PISA 等大型国际素养考试、我国新课标基于学科核心素养的测试等为例，结合案例分析，探讨以下三个问题：第一，确定素养评价的维度，这些维度支撑起素养评价框架的四梁八柱。第二，明确每个维度的指向、内部结构和构成要素，即对各维度进行结构分解，明确维度下的二级甚至三级测试点，并进行具体的水平描述。第三，明确这些维度与核心素养之间的关系、这些维度之间的关系，及其相互作用的

---

① 　陈友芳、朱明光：《核心素养本位的思想政治学科学业质量评价的策略与指标》，《中国考试》2016 年第 10 期。

机制，这涉及框架内各要素的关联性和结构性问题。对这三个问题的回答可以将素养评价框架从宏观的"基本理念"，经过中观的"基本维度"，再深入到维度下面的结构、要素等"毛细血管"确定下来，有效地避免评价的随意性与模糊性，增强了可操作性。本章围绕问题情境、学科知识、过程等基本维度及其关系进行分析，建构核心素养三维一体的评价体系。

第一节 情 境

情境对于素养的发展和评价具有重要意义。学科核心素养是以问题解决为导向的，是一种把所学知识和技能迁移到真实生活情境中解决问题的综合性品质。发展学生的素养意味着学习应该在基于真实生活情境的问题、活动或项目中，通过体验、探究、发现等过程，形成正确价值观、必备品格和关键能力。可见，素养发展是以促进人和真实生活情境之间持续而有意义的互动为条件的，评价也必须置于问题情境下才能够实现测评目标，问题情境是素养评价的关键维度。

一、何为情境

何为情境？《韦伯斯特词典》对情境的解释是"与某一事件相关的整个情景、背景或环境"。在《辞海》中，"情境"是指一个人在进行某种行动时所处的社会环境，是人们社会行为产生的具体条件。[①] 也就是说，情境是指一个人进行某种行动或活动时所处的自然和社会环境。在《现代汉语词典》中，"情境"与"情景"是同义的，都被解释为"（具体场合的）情形、景象或境地"。在教育实践中，"情景"和"情境"有一定的区别。"情景"更侧重于"景"的具体和直观。"情境"更加强调"境"，指在环境中那些相互交织的因素及其相互之间的关系，涉及

---

① 夏征农主编：《辞海》，上海辞书出版社 2002 年版，第 1362 页。

"景"的表象背后更复杂的因素和更抽象的本质。

在英文中，用来表示"情境"的词汇主要有 situation，environment 和 context。其中，situation 这个词的使用最为广泛，很多研究对"情境教育"一词的翻译是 situational education。在陆谷孙主编的《英汉大词典》中，对 situation 的解释是：（1）地点、位置；（2）情况，处境；（3）情节。① 《MIT 认知科学百科全书》中对"情境认知与学习"的翻译是 situated cognition and learning。② Environment 一词更多地被翻译为"环境"，也有一些教育文献把 environment 当作"情境"使用。比如，D.A. 库伯在《体验学习》一书中，就用 learning environment 表示"学习情境"。context 源自拉丁语 contexere，本意是"编织在一起（to weave together）"，意指和自我有关的所有情景、背景和环境糅合在一起。《英汉大词典》将 context 解释为：（1）在语言学中，指上下文的语境、文脉；（2）指（人、事、物存在于其中的）各种有关情况，来龙去脉、背景和环境等。③ 这个词突出表达了中心事物与其周围的要素相互交织在一起的特点。因此，这三个词相比较而言，用 context 表达素养评价的"情境"维度更为贴切，它更加体现了情境学习中学习者与其所处的环境相互作用的关系。而 situation 的词根是 site，在意思上更加侧重的是地理上的位置、地点、情况、处境等外在因素。Environment 作为"环境"更加强调了外在于人的客观环境。context 则把环境与人联系起来，体现了作为主体的学习者与周围环境、背景、要素的糅合、互动的关系。

二、情境在素养评价中的意义

（一）从传统认知到情境学习

传统教育重视的是知识，这种知识通常是脱离其情境的符号表达，

---

① 陆谷孙主编：《英汉大词典》，上海译文出版社 2007 年版，第 1876 页。

② 王同亿主编：《英汉大词典》，国防工业出版社 1990 年版，第 4904 页。

③ 陆谷孙主编：《英汉大词典》，上海译文出版社 2007 年版，第 397 页。

即对某一事实、原理或规律的学习孤立于其从中获得意义的情境。这种脱离情境的被简化了的知识，导致抽象的、机械的学习。学生能通过考试，但却不能将这些知识应用于日常生活的情境中。这种学习和评价方式极易造成比利时评价专家罗日叶所说的"功能性文盲"。所谓"功能性文盲"是指，"年轻人上了几年学后，不能将他们所学的知识能力运用于日常生活情境中，这种学习太理论化并脱离他们的生活实际"①。并不存在抽象的知识和抽象的能力，学生的素养需要在真实的情境中得到发展和评估。能力是"对于某一个体而言，为了解决某类问题情境（情境族）整合调动一套资源的可能性……只有当我们在有意义的情境中对已学习过的东西整合地加以调动的时候，我们才算是有能力的"②。如果硬要把知识、能力、素养与环境分开，就像精神离开躯壳，是无法存在的。

传统认知心理学把学习看作是"信息加工"的单纯心理表征，或者刺激——反应的简单联结。情境认知理论与之不同，认为学习是一种人与环境的互动，是"一种嵌入情境中得以发生的思维"③，学习从以往的"怎样加工和表征"转变为"表征怎样被创造和被赋予意义"。威廉姆·J. 克兰西（W. J. Clancey）指出，知识不是一件事情或一组表征，也不是事实和规则的云集，而是一种动态的建构与组织；知识还应该是人类协调一系列行为的能力，去适应动态变化发展的环境的能力。④ 这也就是说，知识不是事实、原理和规律的静态的抽象物，而是以在社会情境中的实践活动为基础，通过个体与环境交互作用的过程建构的。

---

① ［比］易克萨维耶·罗日叶:《学校与评估：为了评估学生能力的情境》，汪凌、周振平译，华东师范大学出版社 2011 年版，第 1 页。

② ［比］易克萨维耶·罗日叶:《学校与评估：为了评估学生能力的情境》，汪凌、周振平译，华东师范大学出版社 2011 年版，译者前言。

③ Kimberly D. Elshach, Pamela S. Barr, Andrew B. Hargadon, "Identifying Situated Cognition in Organizations", Organization Science, Vol16, No.4（August 2005）, pp.327-451.

④ William J. Clancey, "A tutorial on Situated Learning", in J. Self（eds）, Proceedings of the International Conference on Computer and EducationCharlottesville, VA: AACE,（January 1995）, pp.49-70.

学习就是个人与环境之间的相互调适的一系列行为和适应环境变化的过程。

情境认知理论把"情境化"作为知识和学习的首要特征，是从一个更宽泛的视野和更深的价值层面去理解"知识的产生"，或者说超越知识和学习，在人与文化的层面来理解，认为知识是作为活动和文化的副产品出现的，知识的产生不是纯客观的接受，而是一种与环境互动的文化适应。情境认知的主要目的不是分析不同实体之间的差异关系，而是把系统的情境、人、文化、语言以及主体间性看作一个共存的和共同进行意义建构的整体。人、文化和环境是作为整体共存和建构的，情境不仅建构了知识和所学东西的意义，更在文化创造、实践共同体的层面建构了人的"身份"和"本质"。这正是麦克·德莫特（Mc Dermot）说的，"情境并不是一个人所强加的事物，而是人作为其中一部分的行为状态"[①]。这一观点超越了二元论的方法，不仅仅只看到环境，或者只看到人，孤立的方面破坏了"互动"，知识是个体在与环境交互过程中建构的，不是客观决定的，也不是主观产生的，而是相互建构、相互协调的动态、交互的作用系统和机制。

（二）情境的意义

从核心素养的内涵来看，核心素养在本质上是一种面对真实的生活情境，分析和解决情境中问题的能力。素养不是先天的禀赋，也不是某种抽象的力量，而是在人与真实生活情境之间持续而有意义的互动过程中建构的。人的素养的形成离不开真实的情境，人在对生活现象的观察中，形成理解周围事物的思想方法和理性精神，在对社会问题的探究中，凝练社会态度和价值观念，在社会实践的积极参与中做出自己的行为选择。生活情境是素养形成的源泉和沃土，素养是人们生活经验和生活智慧的结晶。

"情境"被美国教育学家约翰·布朗福斯特称之为教学的"锚"，并提出了著名的"抛锚式教学"，即把故事、事件或一系列生活问题

---

① 转引自王文静：《理解实践：活动与情境的观点》，《全球教育展望》2001年第5期。

的情境作为整个课程的支撑物。对素养的发展和评价而言，情境作为"锚"的作用更加明显，因为我们总是在一定的情境中做出思想和行为的决策，情境是激发素养的基质，也内含着素养的任务和目的。

具体情境构成一个人观察与理解自然和社会的视角，它不仅决定思想的外部形式，也就是知识的表面状态，也指向思想结构中质的成分。因此，学习者如果不关心自己生活时代的变化、社会的发展、周围的人与事，就不能从不同主体、事物和关系中去思考问题，就无法获得对社会文化的真正理解，自然就不会有"人文化成"意义上的人的发展和素养的提高。人存在于情境中，情境构成了我们具体的存在样态，也就渐次在环境和关系中构成了"我"。情境所具有的深层的教育功能也在于此，在情境中迁移和建构的知识不仅是客观的、事实的、实证的，也是主观的、可理解的和有意义的。情境学习不是讲授和接受一般规律和原理，它是在人、知识、环境的互动过程中，帮助我们真正理解自我、他人、社会和世界。情境与人是"互成"的关系，这是情境之于人的素养发展的本质意义。

人在生活中总是处于各种各样的环境中，总要面对这样那样的问题，教育的目的就是帮助学生把握这些问题的本质，运用在学校学到的知识和技能成功地解决生活中真实的问题。因此，教育要把影响学生个体发展的现实因素的多样性，以及各因素相互之间关系的丰富性揭示出来，把学生置于社会时代、文化背景、生活环境之中，通过与实际生活相联系，促进学生素养的提高。真实的情境可以激发学生的求知欲和学习动机，主动参与，积极探索，不仅改变了被动的学习状况，也能在实际生活中体会和感受所学知识的应用价值；具体的现实问题往往与多种概念和原理相关，问题的综合性和复杂性远远超越了简单的知识记忆和技能训练，促进深度学习和高层次思维能力的形成；真实问题的探究避免了直接接受知识和固定化、模式化的方法，亲身经历探索的过程，围绕生活问题和社会议题探讨改造世界的方案，能够培养学生的科学精神、创新意识和实践能力。

在这里，要注意避免一些关于情境的错误理解。在实践中，一些教师还是在传统知识教学的意义上认为，情境就是一些材料和案例。材料、案例的作用要么被作为证明所教授知识正确性的根据，要么是易于学生理解知识的手段，抑或是活跃课堂气氛的插曲，此时情境是点缀性的（见图4—2）。在情境作为"锚"的教学和评价模式中，知识因情境而被调动、筛选、重组在一起；思维围绕具体情境展开分析、判断、评价等一连串过程；求知的欲望、探究的热情因情境而被激活，还包括更高层次的基于对问题的透彻思考而引发的积极改变现状的社会责任感等（见图4—3）。因此，情境不仅是一种客观事实或环境，更是思考的前提。正是由于情境的存在，使得面向问题情境解决的知识不再是高高在上、供人记忆的抽象符号，也不是事实的简单再现，而是由静态知识或惰性知识，变为动态的、建构的、生成的知识。知识与"求知"紧密结合起来，就提升为一种人类去适应复杂变化的环境的思考、决策和行动的能动性和素养。

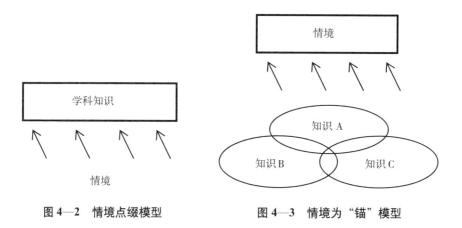

图4—2　情境点缀模型　　　　图4—3　情境为"锚"模型

三、情境的类型

（一）用途列举

情境是多维的、复杂的，具有多种分类方法。对于面向问题解决的素养而言，按照实际生活的需要和用途进行分类，是最恰当的分类方法。以阅读素养的情境分类为例，PISA、PIAAC（Programme for the International Assessment of Adult Competencies，国际成人能力测试项目）、NAEP（National Assessment of Educational Progress，美国教育进展评价）、PIRLS（Progress in International Reading Literacy Study，国际阅读素养进步研究）等国际大型素养考试，都认为阅读情境与生活中的阅读目的和需要完成的任务直接相关。当代阅读心理学强调阅读行为不会凭空发生，人们日常生活中大多数的阅读行为是在具体意图的推动下发生的。阅读者只有在具体计划或目标的指引下，才能够有效地选择文本、理解文本、比较与整合文本信息，并最终完成自己的计划，实现自己的目标。因此，上述 4 个考试都是以阅读目的进行分类的。其中 PISA 和 PIAAC 作为 OECD 开发和组织实施的考试项目，对阅读情境的分类是比较一致的，认为情境包括个人的、教育的、公共的、职业的四个方面。NAEP 与 PIRLS 基本上是一致的，分为"为文学体验而进行阅读"和"为获取信息而阅读"两类。可以说 PISA 和 PIAAC 对阅读目的的理解更为广泛，更贴近素养，不仅仅聚焦于阅读活动本身的文学体验与获取信息，而是具有"大阅读观"，将阅读作为个人的生活与发展、参与公共活动、学习其他内容的工具的目的进行理解。

表 4—1　PISA 等国际教育评价项目的阅读情境分类 [①]

PISA	个人的	教育的	公共的	职业的
PIAAC	个人的	职业的	教育培训	社区与公民身份
NEAP（1992—2007）	为获取文学体验而阅读	为获取信息而阅读	为完成任务而阅读	
PIRLS	为文学体验而进行阅读	为获取和使用信息而阅读		

　　PISA 和 PIAAC 分别对四类阅读情境的具体内容和表现进行了解释与描述。PISA 的"个人的"方面，主要指满足个体日常生活和社会交往需要的情境，涉及书信、电子邮件、小说、旅游、娱乐等。在"公共的"方面，包括获取公共信息的通知、新闻网站、公告规则、小册子、

---

① 　王湖滨：《PISA 测试的"情境"及其带来的启示——大型国际教育评价项目对"情境"的述评》，《外国中小学教育》2014 年第 1 期。

报纸等。在学校接受教育和学习新知识方面，涉及文章、地图、表格、数据等文本。"职业的"是为了做工作或完成某项任务而阅读，情境包括报告、手册、时间表、数据、图标等。2000—2018 年，PISA 阅读素养测试框架中的四大情境类型没有变化，但是在情境的具体内容上变化较为明显，列举的内容越来越多样和丰富。比如，2009 年，在公共情境类文本中增加了论坛、博客、新闻网站和在线公告等，在教育情境类文本中加入了互动学习软件，在职业情境类文本中增加了在线招聘广告、工作场所指南等（见表 4—2）。PISA2018 年强调数字阅读，增加了广告、目录、索引、表单、创作网页等。

表 4—2　2009 年 PISA 阅读纸笔测试的情境类别与比例 [①]

	个人的	公共的	教育的	职业的
目的或用途	好奇 与他人交往 审美方面的好处	获取公共信息	学习新知识	做某件事或完成某个任务
内容 （有些类型的阅读材料可以归到不同的情境中，还要看具体内容）	书信 电子邮件 小说 传记 如何……的书籍 或杂志 地图 博客	通知 规则 计划 小册子 报纸 表格	文章 地图 图表 表格 数据表 （曲线图）	说明书 手册 时间表 备忘录 报告 数据表 图表
所占比例	30%	30%	25%	15%

（二）要素分析

在大的用途类别下，还可以进一步分解情境的结构与要素。在欧洲影响广泛的《欧洲语言学习、教学、评价共同参考框架》（The Common European Framework of Reference for languages: learning, teaching, assessment，CEFR），在个人的、公共的、全球的情境类别下，进一步将情境分解为地点、机制、人物、客体、时间、活动和文本等不

---

① OECD, PISA 2009 Assessment Framework:Key Competencies in reading, mathematics and Science, Paris: OECD Publishing, 2009, p.26.

同要素。这不仅使分类更加细致，而且抓住了情境或问题的关键点与核心构成要素。比如机构与组织（Institutions or Organisations）在"公共的"层面，涉及政府当局、政治实体、法律、公共卫生更为具体的关键要素。运用这个共同参考框架，学生在情境中处理问题时，会有意识地关注地点、机制、人物、客体、事件等方面。表4—3为共同参考框架中有关公共情境的部分。①

表4—3 《欧洲语言学习、教学、评价共同参考框架》（摘录）

情境	地点	机制	人物	客体	事件	活动	文本
公共的	公共空间	政府当局	公众	钱、钱包	事件	购买和获取公共服务	公开的通告和通知等
	街道、广场、公园	政治实体	官员	表格	事故、病情	使用医疗服务	标签和包装材料
	公共交通	法律	商店职员	商品	公开会议	通过公路/铁路/轮船/飞机旅行	传单、涂鸦
	商店市场（超市）	公共卫生	警察、军队、保卫部门	武器	诉讼法院审讯	公共娱乐和休闲活动	票据、时间表

在这里，要注意对于情境的划分，人们常常有两个误解。一个是认为情境是根据活动发生的地点来区分的，认为发生在个人生活场景下的就是"个人的"，发生在课堂上的就属于"教育的"，这是错误的。比如，教科书在学校和家里都可以阅读，但是无论阅读活动发生在哪里，阅读的目的都是一样的，都被归为"教育的"。而文学作品在课堂中常常被使用，其学习和评价的目的主要不是为了教育，而是为了读者个人的喜爱、欣赏和获得体验，所以更多地被归为"个人的"。同时，还有很多的文本类型，在不同的情境中都会涉及，比如图表、数据等，这些

---

① 转引自王湖滨：《PISA测试的"情境"及其带来的启示——大型国际教育评价项目对"情境"的述评》，《外国中小学教育》2014年第1期。

都需要结合目的来判断属于哪类情境。依据目的对情境进行划分，与素养为了提高学生解决生活问题的能力的本质是相契合的。另一个误解是认为不同的情境类别是按"与学生距离"的远近划分的，比如"个人的"情境离学生最近，其次是"教育的"，然后是"社会的"，最远是"全球的"。在PISA最初的情境分类中提到了这一点，后来遭到一些人的反对，认为每个学生的经验都存在很大的差异，距离远近对于不同的学生是有差异的。于是，PISA没有采用这种描述，而是通过很多例子，说明不同类别的指向，指明分类代表对素养而言至关重要的领域。

通过对PISA和CEFR的分析，可以看出对于素养评价而言，要注重把握情境的用途与目的，并尽可能地将情境的内容和要素细化，列举其丰富多样的现实表现形式，以明确评价的要求。

四、情境的特征

在评价中，需要明确情境作为评价维度应该具备的基本特征，即一个好的情境的标准是什么，以帮助教师提高情境创设的能力。

（一）真实性

真实性是素养评价"情境"的最大特点。核心素养是一种现实问题的解决能力，不能脱离生活实际，要让学生在与情境的深入而持续的互动中理解学科知识，掌握学习技能，形成态度品格。当然，"真实性"不是说教师要把生活原原本本地搬到课堂，而是说情境源于现实生活，但是要根据教学任务和素养发展目标，对真实的情境进行加工。比如，道德与法治学科在"收入与支出"的教学中，开展"这周我当家"活动，让学生了解家庭收入的真实状况，并根据实际生活需求，管理家庭生活一周的开销，从中体验家庭收入、消费结构与消费水平的关系，设计家庭生活消费方案。

（二）典型性

核心素养的"核心"强调了"关键"和"必备"，这种能力和品格的形成对应着生活中重要的和典型性的现实问题。因此，教师应当根据社会发展和个人成功的生活需要，从纷繁复杂的生活问题中选择反映课程的本质与核心的典型情境，这将有利于学生发展这种"关键""必备""核心"的能力和品格。比如，考试评价可以设置反映国家经济社会发展与科技进步、脱贫攻坚、抗击新冠肺炎疫情等情境，加强对学生理想信念、爱国主义、品德修养、奋斗精神等方面的评价。

2021年文科综合能力测试全国乙卷第43题以云南元阳阿者科村的旅游扶贫开发模式的鲜活事例为情境，呈现了在精准扶贫政策指引下，激发乡村的内生发展动力，保护传统村落，通过智力援助，提升村民的文化水平和技能，让学生感受到中国减贫的制度优势和中国智慧。

(2021年文科综合能力测试全国乙卷第43题)

地处云南元阳哈尼梯田世界文化遗产核心区的阿者科村，保留着完好的梯田生态系统、独特的哈尼传统民居和文化。曾经有的村民将传统民居出租给外地经营者，自己搬出村寨。为了保护哈尼传统文化，改变贫困落后状况，2018年某科研团队应当地政府邀请，经多方调研和探索，提出阿者科村实行内源式村集体企业主导的开发模式：不租不售、不靠外来资本介入；通过智力援助和当地政府支持，组织村民成立旅游发展公司，自我经营和管理，公司收入归全村所有，村集体公司留成30%，村民分红占70%。村民分红按传统民居40%、梯田30%、居住20%、户籍10%执行。

说明阿者科村实行村集体企业主导的旅游开发模式的优势。

(三) 思考性

情境是思维的开始阶段，只有在与一定情境的互动中思维才能产生，因此，情境打下的锚点要能够为思考提供有意义的延伸，促进深度思考。好的情境富有思想张力，产生发人深省的效果。在情境中蕴含着有意义的问题，充满丰富而复杂的教育隐喻，引导学生去探究发现，并领悟问题背后的方法和意义。

(四) 开放性

生活是开放的，充满着流动、变异、不确定性和多元性的挑战，应该摒弃过去一元论教育对唯一正确答案的追求，要在开放的情境中鼓励学生独立思考，积极探究，尝试多角度分析和解决问题，在不同观点的复杂而多重的认识中提高认知能力。

素养评价更适宜采用开放性问题，封闭的任务更多是结构化的，且由教师控制、答案单一。开放性任务由于没有明确的参数、固定的方法，也不止一个正确或合理的答案，或者存在多种解决路径，能够让学生决定使用什么样的信息或如何运用信息解决问题。在大规模测试中，问题形式通常是封闭式问题和开放式问题的有机结合。比如，北京思想政治高考试题引导学生思考"互联网是否使我们变为更强大的物种"，问题具有开放性，给学生思考的空间，学生可以赞同也可以反对这种说法，关键是要能够运用所学知识充分而有条理地论证自己的观点。

（五）复杂性

真实的情境是复杂的，具有全息性的特征，常常会涉及个人的、社会的多个层次，包含个人、他人、政府、社区等多重主体，折射出经济、政治、文化、历史等更为广阔背景的领域综合，牵涉跨学科的广泛的内容，对问题的分析包含着知识、态度和价值观的综合"投入"，这是生活世界本身的特点，也是生活情境生成素养的真实机制。

（六）趣味性

好的情境应该能够激发学生的学习兴趣，勾起学生对问题的惊奇和惊讶，形成一种探索冲动。情境包含着图景、现象的"吸引人"的意思。素养情境要能够吸引学生的关注，使其与情境持续地互动，这也就是 PISA 在素养定义中所说的"投入"，包括兴趣、动机、热情、时间、关注等。比如，在讲授商品价格的影响因素的内容时，可以引导学生思考"为什么冬天的西红柿比夏天的贵"，或调查"十一"期间酒店价格的变化，并绘制价值升降变化图，探究其背后的原因，等等，能够引发学生的兴趣和疑问，营造主动学习的环境。

（七）价值性

选择何种情境作为教育资源渗透着教育者的价值理解，具有"意义"的内涵。要引导学生在对问题深入分析的过程中，出于爱和理想，感到自己应该为问题的解决做些什么，从而生发出一种责任感和担当意识。当知识、能力通向美好的情感，就充盈了生命的意蕴，显露出情境这个词语中"有情之境"的本意，情感活动和认知活动自然而然地结合在一起，"理蕴"与"意远"融为一体。

（八）挑战性

问题是给定信息和目标之间存在一定距离、需要克服障碍的一种刺激性情境。马秋斯金指出："问题情境是主体与客体在思维上相互作用的一种特殊类型；它的特点首先是当主体完成要求发现（揭示或掌握）新的、主体前所未知的知识或动作方式的作业时产生的一种心理状态。"[①] 问题情境存在着认知冲突，学生想要得到结论，但是当前的状态与目标状态之间存在一定距离，两种状态之间的差异激励学生探索思考、创新创造，发现学科内容之间的联系，发现解决问题的策略和方法，揭示未知的东西，提高高级认知思维能力。

第二节 过 程

PISA2012 数学作为主测科目，其中一个重要变化是用"数学过程"（mathematical process）代替以往的"能力群"作为评价维度。为什么用"过程"代替"能力"？什么是"过程"？下面从评价发展的不断"扬弃"的过程，揭示"过程"成为评价维度的必然性与合理性。

一、理论的演进

传统评价"重结果、轻过程"。传统评价用行为目标作为评价标准，关注目标的达成度，注重学生是否按标准"作为"了，或者说学生的"作为"是否符合标准的要求。结果取向使教学只关注学习结果，或者说只关注测验的结果。易于测验的学习结果更多是记忆性的知识

---

① ［苏］马秋斯金：《问题教学的理论问题》，见 A.B. 彼得罗夫斯基主编：《心理学文选》，人民教育出版社 1986 年版，第 32 页。

和外在行为技能，于是可测的知识和可观察的行为表现就成为评价的中心，而不易测量的内在的情意目标和价值观的培养就被摒弃在评价之外。只关心什么可测、什么能测，而没有全面考虑对学生来说什么才是重要的，比如人的创造精神、独立思考、问题解决能力和增值发展等。

随着现代认知科学和哲学的发展，素养评价不仅关注可测量的学习结果，更将视野投向学习过程，即面对问题情境，完成学科任务的过程。过程作为一个无限丰富的概念，包含着可测的和不可测的学习成果，也包含着传统纸笔测量结果中无法表现的或者不能表现的体验、智慧和实践能力。传统评价观强调学生知道多少、理解多少、能完成多少、完成的准确性如何。素养评价强调学生观察到什么、做了什么事（任务）、表现了什么、有多大变化、有多少创造、思维的开放性如何。传统评价认为学生学习的目标作为要到达的结果应由教师、专家等外在因素来确定，学生只能朝着这个统一的方向和标准努力。素养评价则认为学生学习的目标应当主要由学生自己决定，通过发现自我的兴趣、动机、习惯、思维特点，实现自我反思、自我调节、自我监控的学习过程。任何结果都是过程孕育的，有什么样的过程才会有什么样的结果。任何结果都只是过程中的一个暂时的终点，是下一个过程的开启，结果也是过程的一个构成部分。因此，纵观评价理论的发展，从布鲁姆的金字塔的六层认知结构、SOLO的一维学习结果评价，到马扎诺的认知、元认知、自我系统的发展，到PISA数学素养从过去三大能力群评价框架到过程评价的整体思路的转换、阅读素养从能力层级的维度调整为"文本过程"与"任务（自我系统的监控过程）"的评价系统……评价理论和实践的发展共同将评价维度指向了"过程"。

（一）布鲁姆的教育目标分类学

布鲁姆和他的团队率先对教育目标的分类框架进行研究，1956年出版了《教育目标分类学：第一册认知领域》，其基本理论认为教学目标是学生经过学习之后所能达到的结果表现（行为表现），较复杂的行为包含较简单的行为。"可以把教学过程看作建立在较简单的行为过程的基础上，简单行为的组合导致较复杂行为，复杂程度提升到一定程度之后就质变为与作为基础的简单行为有本质区别的新的、高级的行为。"① 基于学生学习成果水平层次的假设，布鲁姆提出了呈阶梯状递进的教学目标分类体系：知识、领会、运用、分析、综合、评价六大类别（见图4—4）。

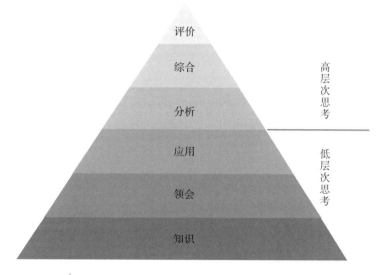

图4—4 布鲁姆认知领域教育目标

布鲁姆分别对六类教学目标进行了界定，指出其关键性动词，并通过交通事故的例子，进行说明。

知识（knowledge）是指对各种具体事实、方法的记忆。关键词是识别、记忆、列出、辨认、定义、陈述、重现。比如，说出一起事故中的受伤人数和经济损失。

领会（comprehension）是指把握知识材料的意义，对事实进行组织，从而搞清事物的意思。这一阶段只是对事物初步的认识，不要求达

---

① B. S. Bloom et. Al., Taxonomy of Educational Objectives: Handbook I: Cognitive Domain, New York: David McKay, 1956, p.27.

到深刻的程度。关键词是转化、解释、说明、总结、论证、举例。比如描述这起事故的经过。

应用（application）是指运用所学习的知识理解事物或解决问题。这里的应用只是初步的直接应用。关键词是实验、操作、实践、制造、建模、举例说明、解决等。比如，运用相关法规、条例的规定解释这起事故的性质。

分析（analysis）是指把整体材料分解为各构成要素，并理解各要素之间的关系，明晰材料的组织结构，包括要素分析、关系分析和组织结构分析。关键词是比较、拆分、辨别、区别、选择。比如，分析造成这起事故的原因。

综合（synthesis）是指将所学的零散知识整合为有机的体系，或发现事物之间的联系，创建新的思想和模式，预测可能的结果。综合以分析为基础，将被分解的各要素组合成整体，从而创造性地解决问题。综合设计制定合理的计划和可实施的步骤，根据情境推出某种活动等。关键词是创造、归纳、预测、重构、计划、系统。比如，假设如何避免这起事故。

评价（evaluation）是认知领域里教育目标的最高层次。它不是凭借直观感受或现象观察即可做出的评判，而是对事物的本质做出的理性、深刻、有说服力的判断，或综合内在与外在的资料和信息，做出符合客观事实的推断。关键词是评论、辩护、证明、支持。比如，评判现行法规条例与实际防止事故发生之间存在的差距。

布鲁姆的理论框架具有巨大的理论和实践价值。布鲁姆的教育目标分类学，从心理学和认知理论的高度，提出了学习成果阶梯递进的理论框架，为了将六个递进的水平描述清楚，又提出和界定了很多新概念，清晰地梳理了它们之间的关系，使得原本纷乱、无序、庞杂的评价目标和现象变得有序化，形成一个从低层到高层、从简单到复杂的评价体系。在第二次世界大战后各国亟待提高教育质量的时候，布卢姆的分类体系迅速而广泛地传播，成为20世纪教育评价领域影响最深刻的事件之一。

　　但是，布鲁姆的目标分类体系也存在明显的缺陷。这个体系很难直接照搬用于素养评价。

　　1. 分类维度不能反映素养的"综合性"。布卢姆将教育目标分为认知、情感和动作能力三大领域，这三个领域是彼此分割、缺乏关联的。实际上，认知目标中始终具有情感的成分；情感目标也总是带有认知成分。当然布卢姆后来增加行为领域以统合认知、情感和技能，其思路是对的，但是并没有进一步展开深入研究。

　　2. 行为主义的描述方式不能体现素的高级思维活动和态度价值观的维度。作为泰勒的学生，布卢姆使用了泰勒的行为目标模式，在其体系中使用和界定了大量的行为动词。用具体、明确、可操作的行为动词去描述和刻画显性行为是可以的，但是当去表达情感态度、意志品质等内隐性、价值性的学习成果，或者认知领域的高层次的思维活动的时候，这种实在的、直白的、机械性的行为动词也常常显得浮于其表、难以表达。安德森所指出，"布卢姆陷入了目标行为的复杂性、隐蔽性与目标指示物的简单性、明显性之间的矛盾之中"。[①] 素养作为正确的价值观念、必备品格和关键能力，布鲁姆的行为表现描述方式显然无法表达这些高级的复杂的思维活动和心理特征。

　　3. 累积性层级结构缺乏理论基础。布卢姆的认知教育目标分类的理论前提是学生的学习结果呈现一个阶梯状的水平层次结构，后面的类别比前面的类别更高级、更复杂，这些行为是由简单到复杂、从具体到抽象的连续性分布，形成一个累积性层级结构，即"要掌握一个较复杂的行为，就必须掌握层级结构中复杂程度较低的行为。掌握复杂程度较低的那些行为被假定为学习较为复杂行为的必要但不充分条件"[②]。这是一个极为严格的标准。但是在现实教学和评价中就思维过程来说，这六

<hr />

① ［美］洛林·W. 安德森：《布卢姆教育目标分类学修订版——分类学视野下的学与教及其测评》，蒋小平等译，外语教学与研究出版社 2009 年版，第 11 页。

② ［美］洛林·W. 安德森：《布卢姆教育目标分类学修订版——分类学视野下的学与教及其测评》，蒋小平等译，外语教学与研究出版社 2009 年版，第 227 页。

类行为未必总是这样的排序。安德森努力从理论和数据的相关性分析中为其找到根据，但是都没有太大的收获。比如对最高的两个类别如何排序？安德森和原编小组人员辩论了很长时间，大家也是仁者见仁，智者见智，最后修订版中对创造（综合）与评价进行了颠倒的排序，认为"'综合'（创造）应该是最高的类别。涉及创造的归纳是比演绎更为复杂的过程，演绎包括把整体分解为若干部分对部分进行评价，以及确定部分是否满足准则。归纳涉及发现能够彼此适配的部分，判断部分是否适于组合，然后以最能满足准则的方式把部分组合起来，这似乎是一个更为复杂的认知过程"[1]。有相当一部分的研究者认为归纳与演绎作为两种思维方法，很难说"分析"就一定要低于"综合"。特别是对于素养评价，面对复杂的问题，理解、分析、综合、评价等行为常常是混杂在一起的，分不清哪一种比另一种更高级。

4.过于繁复。布卢姆对教育目标的划分过细，设立的子目标数量过多，对每一个子维度的界定也与实践中广大师生的日常理解存在出入，从而造成使用上的不便，影响了教学和评价的实际使用效果。在我国一些省份和地区的考试中曾经以布卢姆的六大行为指标建立试题的评价标准，结果不仅对应水平结构编制量表的过程耗时巨大，而且写出量表后，中学教师不易理解，需要进行大量的专门性的解读。这启示我们，第一，建构素养框架的时候，对素养的维度和子维度的划分是必要的，但是，不宜过多过细。第二，尽量不要用概念解释概念，而是采用实践中人们易懂的描述方式。第三，使用的概念尽量与实践中大家的普遍认知相一致，不要为了理论的自圆其说，人为地限定概念的使用意义。

（二）安德森的新目标分类法

随着认知心理学的发展，对布鲁姆行为主义评价框架进行修正成为一种趋势。安德森运用认知心理学的发展成果，于2001年出版了

---

[1] ［美］洛林·W.安德森:《布卢姆教育目标分类学修订版——分类学视野下的学与教及其测评》，蒋小平等译，外语教学与研究出版社2009年版，第233页。

《学习、教学和评估的分类学：布卢姆教育目标分类学》。

1.用认知心理学代替行为主义心理学作为分类体系的基础。在这里安德森提醒人们不要将行为主义与行为混为一谈。在评价中详述学生的行为是必要的，这有助于把概括和抽象的学习目的变得明确而具体，教师能够明确所要求的学生预期行为表现，并在实际学习中辨认学生的这些行为。行为主义在本质上是用行为去操控整个教学和学生发展。所以，安德森在修正版中，一方面仍然使用了大量行为动词，另一方面，为了纠正实践中行为主义的偏差，修正版用"认知过程"替代"行为"作为维度的名称，以消除与行为主义的混淆。

2.由一维到二维结构。安德森用知识（认知内容）与能力（认知过程）二维分类框架替代布鲁姆的一维框架（见表4—4）。

表4—4　安德森认知领域教育目标[①]

知识维度	认知过程维度					
	1. 记忆/回忆 Remember	2. 理解 Understand	3 应用 Apply	4. 分析 Analyze	5. 评价 Evaluate	6. 创造 Cerate
A. 事实性知识 Factual Knowledge						
B. 概念性知识 Conceptual Knowledge						
C. 程序性知识 Procedural Knowledge						
D. 元认知知识 Metacognitive Knowledge						

新目标分类法重新思考了布鲁姆框架中知识所扮演的角色。将知

---

① ［美］洛林·W. 安德森：《布卢姆教育目标分类学修订版——分类学视野下的学与教及其测评》，蒋小平等译，外语教学与研究出版社2009年版，第21页。

识的名词部分和动词部分分开。将知识的名词作为"认知内容"独立出来，知识的动词"记忆""理解"等成为"认知过程"，形成一个包括"知识维度"与"认知过程"的二维结构，将学习者知道什么（知识）以及他们是如何知道（认知过程）这些知识的过程联结起来。

3.考虑了操作性。评价框架必须考虑现实的可行性与操作性，为帮助师生在教学中准确理解目标的含义，编写过程吸纳了大量教师加入，并运用真实的教学案例作为示例，加以详细解释。

安德森的修订，让框架更为完善。但是因为整个框架仍然建立在布鲁姆认知阶梯结构的基础上，"认知复杂性增加的连续体"的理论前提导致布鲁姆体系存在的本质问题依然没有得到解决。同时，二维分类表虽然在一定程度上处理了知识和能力的关系，但是依旧忽略了情感态度价值观的维度。安德森也意识到这个问题，于是在《学习、教学和评估的分类学：布卢姆教育目标分类学修订版》的最后，讲到他的框架中忽略了问题解决和批判性思维的能力，而这两个能力正是素养的重要内容。

（三）SOLO 理论

在一维的评价框架中，比较有影响力的有加涅、彼格斯和斯塔尔的模型。其中对素养评价而言，SOLO 分类学非常值得借鉴。SOLO 分类体系是英文 Structure of the Observed Learning Outcome 首字母的缩写，即"可观察的学习结果结构"。SOLO 理论是由澳大利亚教育心理学家彼格斯（John B. Biggs）在 1982 年提出的一种学业水平分类方法，它是一种对学习结果的结构性分析。SOLO 分类学的理论基础是皮亚杰发展模型，它强调人的认知的发展是阶段性的，总是从较低水平向较高水平、从较低层次向较高层次发展。SOLO 评价是基于学生对某一具体问题表现出来的可以观察到的认知反应，划分为由低到高五个层次（见图 4—5）。

前结构层次（prestructural），指学生不明白题目所指，没有任何理解，对问题的回答与试题无关，没有应答，或者同义反复。

单点结构层次（unistructural），指学生解答问题时只能联系单个素

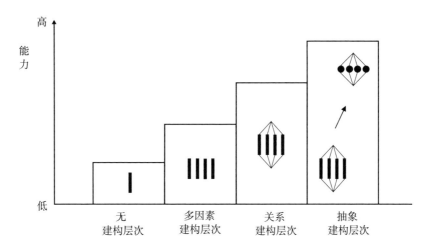

图 4—5 **SOLO 分类系统的五个层次**

材，只能使用一个信息，或者只涉及构成问题的众多要点中的一个。

多点结构层次（multistructural），指学生能够联系多个信息或在学习结果中涉及解答问题的多个要点，但是这些信息和要点是孤立的，并没有在它们之间建立关联。

关联结构层次（relational），指学生能够理解多个信息之间的相互关系，能够把这些零散的信息和要点组织成一个有逻辑的、连贯一致的整体。

抽象结构层次（extended abstract），指能够在关联结构的基础上，进行合理的抽象化和概念化，对未经历的情境进行概括和推理，拓展知识结构，或将观念迁移、发展到一个新领域。

SOLO 描述了一个复杂性依序递增的结构等级，它不是简单的线性发展模型，水平 1—3 有量上的区别，但是关联结构，表现出质上的跃进，从而合理地解释和评价了学生的学习结果。目前澳大利亚和许多英联邦国家都采用这种分类法，构建教学目标和考试评价的框架。

但是 SOLO 分类法仍然是基于知识的评价标准，没有涉及情感态度方面，而且评价的对象主要是学生的解答结果所呈现出来的思维结构，而不是心智、心理发展水平，因而视野和深度受到一定的局限，也不能完全用于素养评价。

（四）马扎诺分类体系

20 世纪 80 年代以来，脑科学与学习本质方面的研究取得了巨大的进展。马扎诺汲取最新的研究成果，于 2000 年出版了《设计一种新的教育目标分类学》一书，提出了人的学习行为模式。该模式将学生的学习过程分为三个系统——自我系统（the self-system）、元认知系统（the metacognitive system）和认知系统（the cognitive system）（见图 4—6）。

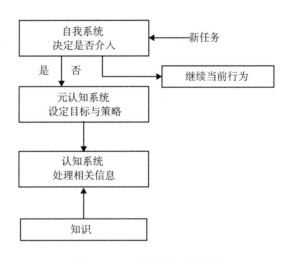

图 4—6　马扎诺的行为模型

这三个系统依次发挥作用：当接到一个新任务时，首先自我系统判断任务的意义，自我系统是激发个体投入任务的动机的力量，如果认为任务十分重要，个体就会有意愿并热情投入到新任务中去，反之，动机水平则低。当个体决定接受新任务后，元认知系统就启动了，提出相关的学习目标、方法和策略，然后进入认知系统去处理相关的信息，三大系统相互联结，以学习者的知识系统作为共同的基础和前提。

基于学生学习的行为模式，马扎诺在 2007 年的第 2 版中进一步提出了教育目标分类的二维模型——知识维度和加工水平维度（见图 4—7）。图的右边是知识维度，包括三个领域的六个类目：信息（事实、组织理念）、心智程序（智力技能、心理过程）和心理动作程序

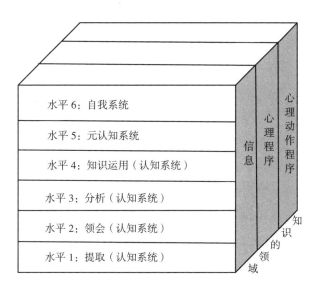

图4—7　马扎诺的新分类法的二维框架[①]

（心理技能、心理过程）。左边"加工水平"从低级到高级，包括三个系统的六种水平运作。其中认知系统包括水平 1 到 4 的四个子系统——提取（再认、再现、执行）、领会（整合、符号表征）、分析（匹配、分类、错误分析、概括、具体应用）、运用知识（决策、问题解决监控、实验探究、调研），水平 5 为元认知系统（明确目标、过程监控、明确清晰度与准确性），水平 6 为自我系统（重要性检验、效能检验、情意检验和动机检验）。

　　马扎诺与布鲁姆的分类法是基于不同的理论基础建构的。布鲁姆按照认知难度建构评价框架，马扎诺则是基于人的行为模式建构起模型体系。马扎诺的模型由于不是理论抽象或逻辑分析的结论，而是采用过程分析的范式——基于主体接受任务、完成任务、信息加工的完整行为过程，体现了发生认识论和建构主义思想。由于真实地反映了学生学习的过程，对教学实践具有更强的指导性和操作性。马扎诺的分类框架具

---

① ［美］罗伯特·J.马扎诺、约翰·S.肯德尔：《教育目标的新分类学》，高凌飚等译，教育科学出版社 2012 年版，第 56 页。

有很好的内在层次性，三个系统之间形成从认知系统到元认知系统、自我系统的由低到高的结构层次，相互联结、内在贯通。认知系统内部的四个子维度也呈现出有序性。最为关键的是马扎诺的自我系统的加入，将评价视角延伸到了动机、情感、态度、价值观层面，通过三个系统的运作将知识、技能、态度价值观很好地融合进过程系统中，使评价框架具有了多视角的统合功能。SOLO评价对象针对学习结果的认知领域，因此更多地运用于纸笔测试中。而马扎诺模型的评价对象涉及知识领域、认知领域、元认知领域和情感态度领域，评价的领域更加全面、丰富，基本囊括了学校教学所要达到的目标，因而更加广泛地用于教学、评价、课程设计与实施中，这在一定意义上为素养评价提供了很好借鉴。

从评价理论发展的历程，可以看到"过程"相比于行为目标和能力层级，涵盖了更为丰富的、内隐的内容，不仅涉及认知维度，也包含自我系统和元认知系统，这就将过去没有重视，或者意识到但不知如何纳入评价体系中的情感态度价值观也有机包容进来。"过程"的丰富、融通、动态、开放更加适用于复杂的、综合的素养评价。

二、实践的发展

在实践领域，可以看到在国际大型素养考试PISA项目中，几个考试科目在最新的评价框架中都不约而同地使用了"过程"这一维度。

（一）PISA2015财经素养测评

PISA2015财经素养测评框架，建构了内容、过程、情境三个基本维度（见表4—5）。

表4—5 2015年PISA财经素养测评框架

维度	含义	指标	关注点
内容 (Content)	指有关财经素养必须具备的相关知识与理解力	货币与交易	关注与个人经济生活相关的各类主题。
		规划与理财	关注与个体财务规划与管理相关的各类主题。
		风险与回报	了解能控制投资风险的某些财经产品（如保险），了解为什么有些投资的风险大于其他投资，如何使投资风险最小化，理解多样化投资的益处与回报，了解不同信用卡的类型，了解拖欠账单及信用协议的后果等。
		财经环境	关注学生对财经环境中的各类经济行为及相关事务的了解情况。
过程 (Process)	指个体在检视材料进行思考的过程中所运用的心理策略	识别财经信息	关注学生对各类经济文本，如合同、广告、表格所传达信息的掌握情况。
		分析财经信息	关注掌握一定的阐释、比较、分析能力情况。
		评估财经问题	关注学生能否根据已有的知识与理解力基础，对财经问题进行解释、评估与总结。
		运用财经知识与理解力	在掌握财经信息、分析财经信息、评估财经问题的基础上，运用以往的财经知识与理解力有效解决特定情境下的相关经济问题。
情境 (Context)	指财经知识、技能及理解力所能运用的不同环境	教育与工作	教育情境下的经济活动有购买教育保险、储蓄教育基金、办理教育贷款等，工作情境下的经济活动有储蓄工资、管理工资收入与消费支出等。
		家庭与居家	包含维持家庭生活相关的开支，了解家庭与持家相关的各类经济生活与经济事务的运作为以后独立生活打下基础。
		个体活动	个体经济生活包含个体生活的方方面面，例如衣、食、住、行及投资等。
		社会活动	现代经济生活日益多元化，个体的许多经济决策、经济事务都受到社会的影响，如群体习惯、政府税收、通货膨胀等。

在PISA2015财经素养评价框架中，确定了四个过程——识别财经信息、分析财经信息、评估财经问题、运用财经知识与理解力。首先是

个人了解各种财经文本所传达的信息的识别信息过程，进而是比较、综合与推断这些信息的分析财经信息活动，接着是评估财经问题，即对金融有关问题进行解释和评估，最后是运用相关知识与理解力，采取有效行动解决相关经济问题。虽然这四个步骤看上去与布卢姆的教育目标分类法有相似之处，但是一个重要的区别是财经素养评价中的过程不是技能等级或能力层级，而是描述了学生认识和应用相关知识，理解、分析、推理、评估和提出解决方案中的素养要求。过程的顺序是典型思维和行为的顺序，而不是一个难度挑战的顺序。

(二) **PISA2012 数学测评**

PISA 数学测试十分重视"数学过程"(mathematical process)。"过程"到底是什么?"过程"与"能力"是什么关系? 对于这些问题的思考一直是数学测评研究的重要内容。

> 数学过程是通过一般数学能力来定义的，包括运用数学语言、建模和问题解决的技能。然而，这些技能在不同的测试题目中没有被分开，因为它假定执行任何给定的数学任务时，需要一系列的能力。相反，问题是依据定义需要的思维技能类型的"能力群"来组织的。[①]——PISA2003

报告虽然只有寥寥数行，但是清晰地表达了过程与能力、能力与技能、能力与问题的关系，以及各项能力之间的关系。要与产生数学问题的真实世界发生联系，就必须激活数学能力；在各种情境中解决现实问题的"过程"是通过一系列能力来定义的。这些能力在解决问题时，不是孤立出现的，而是多种能力综合起来的能力群。

PISA2012 数学再次成为主测科目。一个来自美国的机构"成就组织"加入进来，与原来主要负责的澳大利亚 ACER 一起合作，共同研究新的数学框架。专家们深入反思数学能力意味着什么，以及能成功地解决各种各样包括显性和隐性的挑战问题的人具有什么特点等核心问

---

① OECD, The PISA 2003 Assessment Framework Mathematics, Science, and Problem Solving Knowledge and Skill, Paris: OECD Publishing, 2003, p.16.

题，希望通过反复磨合与讨论，达成对框架的共识。PISA2012数学测试结构的一个重要创新，在于其不仅对"过程"进行了更为明确的界定，而且建构了一个"过程模型"（见图4—8）。

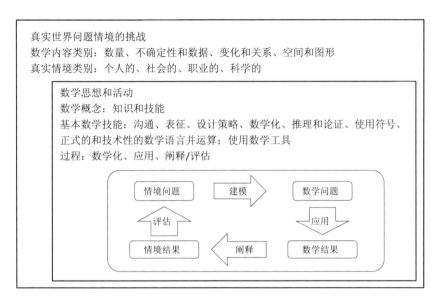

图4—8 2012年PISA数学评价模型

过程：由三种类别来定义（将情境数学化；运用数学的概念、事实、步骤和推理；阐释、应用和评估数学结果，简称为数学化、应用和阐释）并描述将现实情境和数学相联系的过程中，以及解题的过程中应该做什么。三个过程中的每一个都包含七种基本数学技能——沟通、数学化、表征、推理和论证、为解决问题设计策略、使用符号形式、技术语言和运算、使用数学工具。它们反过来又刻画了解题者针对特定主题的详细数学知识。——PISA2012

2012年数学测评框架显示，"数学思想和活动"可以从三个部分加以描述：一是"数学概念"，包括知识和技能；二是"基本数学技能"，涉及数学活动的数学行为；三是"过程"，包括将实际问题转化为数学问题（formulate）、应用数学知识解决数学问题（employ）、从实际情境出发，对得到的答案进行解释（interpret），并且可以将"数学基本技能"纳入"过程"之中。

图4—8最里面的方框创造性地描绘了一个解决问题的简化模型，展示学生数学素养的形成和发展的过程。（1）数学素养通常开始于一个"情境问题"，学生需要识别相关情境中的数学问题，利用数学概念，辨别变量及它们之间的关系，做出简化假设，对情境问题"数学化"，也就是将真实世界的问题转化为数学问题，从而运用数学方法加以解决。（2）图示最内框的向下箭头描述了"应用"，这个阶段是在数学世界中解决问题的过程，应用数学概念、事实、步骤和推理，获得数学结果的过程。（3）"数学结果"将在情境问题中被"阐释"，从而获得"情境结果"。这些结果是否充分和确切，需要进一步地在情境问题中被"评估"。这两个阶段可以合并为一个过程"阐释／评估"。下面以一道PISA数学试题为例，加以说明。

M154比萨：一个比萨店提供两种不同尺寸、相同厚度的圆形比萨，小的直径为30cm，价格为30zeds，大的直径为40cm，价格为40zeds。

M154Q01：哪种比萨更划算？说明你的理由。

M154是OECD2006b、2009b的测试题。试题引导学生思考在现实生活中，人们去购买比萨时，购买哪种尺寸的比萨更划算的问题。首先，我们需要将这个生活世界的真实问题通过"数学化"的过程转化为一个数学问题，用数学的方式表达，即单位价格可以购买多大面积或体积的比萨。接下来是"应用"，这是一个运用数学知识和技能解决数学问题得到答案的阶段。运用面积、直径与价格的线性增长速率的关系，比较平均1zed可以购买的面积，从而确定现实世界解决问题的方案，让单位价格可以购买到更大的比萨，运用数学知识计算后，答案是大尺寸的比萨更划算。下一步是回到现实问题"阐释／评估"：虽然购买大比萨更合适，但是买得太多，是不是吃不了，或者大比萨的口味可能并不是我喜欢的。因此，PISA2013a将这道数学题进一步转化，在现实生活要举办一个聚会，如果派对需要5个不同的比萨，需要根据这个情境开展一个新的建模过程。

PISA 评价框架发展的最大贡献，是面向真实问题的解决，有效地将知识和能力嵌构在"过程"中表征学生素养发展的状况。PISA2012 报告指出，"过程"的每一步都包含着数学概念和七种基本数学技能的综合运用。这个过程是问题解决的实施过程，反映了学习和思维的过程，它展现了问题解决是通过哪些环节、步骤、策略，一步一步或回旋、交错完成的，这些过程形成一个连贯的清晰的结构。抓住了"数学化""应用""阐释／评估"的过程及它们之间相互促成、相互转化的机制，就能够获得数学素养的提升。很明显，上述"过程"区别于布鲁姆由易到难的认知序列，它是围绕问题解决展开的流程。

三、过程统合下的问题解决模型

经过上述理论和实践研究的梳理，在此基础之上，尝试建立"过程"维度统合下的问题解决评价模型。

（一）以问题解决为中心

首先，需要确定框架建构的总体思路。在这方面学者们有很多不同的探索和选择：有一维结构（加涅、比格斯、斯塔尔、奥苏贝尔、SOLO），也有二维结构（安德森、汉纳和米凯利斯、威廉斯、梅里尔）、多维结构（德布洛克、德柯尔特、奥米尔以及威廉斯和哈拉戴纳的系统是三维结构，马扎诺的系统是五个维度）；有目标倾向的评价（豪恩施泰因关于教育目标的概念性框架），有过程倾向的评价（奎尔马尔兹的认知过程分类法），也有结果倾向的评价，结果评价中有侧重结果行为的评价（马扎诺），有侧重结果的结构复杂性的评价（SOLO）；有从低到高的累积线性评价（布卢姆、安德森、格拉克、梅特费塞尔），也有平行性评价（马扎诺）。这些评价框架建立的理论基石也不相同，有行为主义、认知主义、建构主义、学习层次理论、学习结果分类理论和学习过程理论等。

通过对这些框架的梳理与比较，可以发现评价素养与评价知识的框架在总体思路上是不同的。如果是评价知识，可以采用布鲁姆、安德森、格拉克、奥苏贝尔关于认知方面的层级架构，即根据思维水平和行为表现从低级到高级、从简单到复杂、从具体到抽象的累积性层级结构。素养评价则不同，评价框架应围绕问题解决的过程展开。在布卢姆、安德森、奥苏贝尔的框架中，并没有出现"问题解决"。安德森在附录 A 的最后也表达了内心中对这一处理的"不安"与对今后进一步研究的期待：

> 我们将"领会"更名为"理解"……因为"问题解决"和"批判性思维"具有"理解"类似的特征，虽然这两个术语被广泛使用，而且同样地也越来越有可能成为检验课程重点的标准。一般地说，"问题解决"和"批判性思维"，包括可以归入分类表中完全不相同方格的各种各样的活动。换言之，在任何情况下涉及问题解决和批判性思维的目标都很可能要求认知过程维度上几个类别的认知过程。例如，批判性地思考一个问题可能涉及运用某些概念性知识去分析该问题，然后可能会依据准则评价不同的观点或创造一种新的、经得起质疑的关于该问题的观点。

> 因此，与理解相比较，"问题解决"和"批判性思维"往往跨越分类表的几行、几列以及多个方格，例如，就问题解决而言，所选择的具体的行、列和方格，以及预期要使用的具体的认知过程和认知亚类的排序，在很大程度上取决于所要解决的问题的具体类型和具体的学科内容，因此与"理解"不同，"问题解决"和"批判性思维"，似乎不是本框架中任何一个类别的最佳替代者。所以尽管我们有兴趣使用教师的术语，但我们未能找到一种途径，从而将问题解决作为一个主要类别切实地纳入到本修订版中。①

通过上述两段话，可以看出安德森并没有找到一种合适的途径将"问题解决"纳入他的评价体系中。实际上，"问题解决"并不是安德森所讲的是否使用教师熟悉术语的语言层面的问题，而是一个本质性的框架建立的基点问题。安德森没有进一步思考，为什么"问题解决"在他

---

① ［美］洛林·W. 安德森：《布卢姆教育目标分类学修订版——分类学视野下的学与教及其测评》，蒋小平等译，外语教学与研究出版社 2009 年版，第 248 页。

的框架中找不到一个合适的位置来放置，为什么"问题解决"会跨越多行、多列和方格，为什么面对不同的问题，会运用到他的评价框架中不同的、多个能力，"问题解决"之所以具有如此大的包容性，恰恰因为"问题解决"是框架的核心。识记、理解、运用、分析、创造、评价都是为问题解决服务的，都是在问题解决过程中运用或者说得到发展的能力。人类掌握知识的目的在于解决生活中面临的实际问题，这也是马克思说的："哲学家们只是用不同的方式解释世界，而问题在于改变世界。"①

"问题解决"在很多研究者的框架中被予以高度重视。比如，在加涅的学习层次结构中，"问题解决"是作为"终极目的"出现的。加涅曾说："教育有一个重要的终极目标，那就是培养学生的问题解决的能力——无论是数学问题、物理问题、健康问题、社会问题，还是个人适应问题都是如此。"德布洛克的分类系统的三个维度框架中，第三个维度是"学习迁移的一般性（generality of transfer of learning）"，强调学生要将所学的知识迁移、应用到新情境中解决问题。马扎诺的学习维度框架包括五个维度，最后一个维度是"有意义的运用知识"（meaningful use of knowledge），其类别包括"决策（decision making）"和"问题解决"。在他们的框架中，问题解决均作为目标或高级层次出现。

面向"问题解决"与面向"知识"的评价框架是不同的，是两种不同的思路／维度——"过程"与"认知"。布卢姆的评价目标是认知，因而采用思维和相关行为层级的评价框架，素养评价面向问题解决的目标，应采用"过程"这一更具包容性和统合性的评价维度。一个复杂现实问题的解决是一个过程，"过程"能够围绕素养的发展，将数学知识、技能和情境等多种因素紧紧围绕问题解决有机地整合在一起。

（二）如何处理情感、行为的问题

素养是一种综合性品质，在评价框架中如何处理情感、价值观和行为，是一个重要而充满挑战的问题。安德森在修订版中写了这样一段

---

① 《马克思恩格斯文集》第 1 卷，人民出版社 2009 年版，第 502 页。

话，表达他们在这方面研究的成果与遗憾，这为后续研究留下了伏笔。

由于言语的描述一次只能针对事物的某一方面，因此描述就有多个方面的目标需要对目标进行组织和简化。《手册》作者们对此的处理，是把目标体系划分为认知、情感以及动作技能领域。这种划分决定理所当然地受到批评，因为它把同一目标的不同方面分离开来，而几乎每个认知目标都具有情感的成分。例如，英语教师希望学生不仅学会评论好的文学作品，而且也学会评估它，欣赏它并寻找机会去发现好多文学作品。

认知领域的广泛发展，它与学科内容之间的紧密关系，以及在完成教材教学方面教师所受的压力经常导致对学习认知方面的强调，而这种强调以牺牲其他方面（尤其是情感方面）为代价。此外，即使当教育者不忽视情感方面时，他们也往往会避开经常伴随大部分情感目标的情绪方面的问题，教育者没有把情感纳入教学计划，在遇到这类问题时常常以无计划的方式处理。要是本分类体系能够更好地整合各个领域的内容，那么它就会有助于使情感方面成为教学计划的正常部分。

本修订版有意以认知领域为中心，从而忽视了这一问题，但我们的工作确实包括了某些为情感方面的未来发展所做的安排，前面曾经提及在某些方面，元认知知识跨越认知与情感两个领域。元认知知识的掌握者能够从一定距离审视监控和调节自己根据分类表其他方格的教学和测评而产生的行为。这涉及诸如此类的一些问题：我是否应该在这个情境中使用这一策略？如果应该，那么，该策略成功的机会有多大？使用该处理的动机是什么？最后一个问题，显然跨入情感领域。

现在我们选择二维，而不是三维的分类体系。但是，随着时间的推移，我们也许会更愿意接受情感维度。这会使分类体系变得更加复杂，但也可能使它涉及更广更有效，现在看似过于复杂，而一时无法被广泛采用的框架，也许会被人们认为更有优势。

另外，第十五章所描述的某些相异框架或者包含情感的成分或者豪恩施泰因的系统那样（Haustein, 1998），提供情感的分类法（豪恩施泰因还提供了动作技能的分类法）。但这些框架中没有任何一个至今得到了广泛的支持。我们希望这些框架包括这本书能够有更多的人了解。有些相异框架提出的观点也许将来才能够被证明具有魅力。①

安德森作为研究者从自身理论框架的局限到与相异理论框架相互借鉴的角度，指出了自身框架对情感、行为领域重视不够以及关系处理不当的问题。安德森承认将目标分为认知、情感以及动作技能三个领域的处理方式"理所当然"地受到批评，因为它把同一目标的不同方面分离开来。同时，他对情感、行为等其他广泛的领域和维度持开放和接纳的态度，认为框架在未来的发展中，应该将这些方面纳入进来。

素养应该包含有情感态度价值和行为的因素，这是无可置疑的，

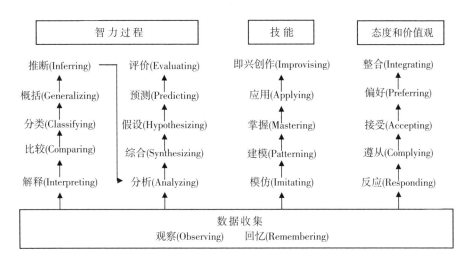

图4—9 汉纳和米凯利斯的教育目标综合框架②

---

① [美] 洛林·W. 安德森:《布卢姆教育目标分类学修订版——分类学视野下的学与教及其测评》，蒋小平等译，外语教学与研究出版社 2009 年版，第 238—239 页。

② Larry S. Hannah & John U. Michaelis, Comprehensive Framework for Instructional Objectives: A Guide to Systematic Planning and Evaluation. Reading, MA: Addison-Wesley, 1977, p.16.

149

关键是以何种方式将认知与情感两个领域有机结合起来。就像安德森认识到情感领域的重要性，但是没有找到合适的方式将二者融合。梳理评价理论研究的文献，在情感领域的评价方式上，主要有如下三种做法。

1. 采用"认知"与"情感"分别独立的表达方式。以布鲁姆的教育目标分类学和加涅的认知发生理论为代表，分为"认知""情感""动作技能"三个领域呈现。

2. 将"情感"纳入"认知"的体系中呈现，即让"认知"包含"情感"。以斯塔尔的框架为代表，将"情感"作为"认知"的高级层次呈现。

3. 将"情感"与"认知"通过一个共同的基础连接起来。比如，汉纳和米凯利斯的教育目标综合框架，将"认知"与"态度和价值观"共同奠基在"数据收集"的"观察"和"回忆"上。或者通过"元认知"的方式将"认知"与"情感"统合起来，以罗米佐斯基的"扩展技能"框架和马扎诺的教育目标新分类学为代表。

以上三种方式存在一个共同的问题，就是割裂了"认知"和"情感"之间的本质联系，"认知"的过程本身也包含着"情感"，它们是一体两面的关系。虽然第二和第三种方式看似将"情感"与"认知"建立了一定的关联，但是二者在本质上仍是割裂的。比如，汉纳和米凯利斯的教育目标综合框架虽然为"认知"与"情感"找到了"数据收集"的共同基础，但是在"数据收集"之上，二者没有交叉与勾连，仍然是分立的两个序列。

那么"认知"与"情感"的连接机制是什么？本研究认为在更准确更本质的意义上讲是"过程"。"认知"和"情感"是在问题解决的过程中共同孕育出来的。

设计"过程"维度的目的不仅在于明确问题解决的不同阶段、不同环节与流程，同时要探寻过程中不同领域、不同因素的形成、联系、相互作用的机制，以及产生的结果。"过程"可以超越单维的"认知"，产生更为丰富的内容，比如主体的动机、情感、态度、意志品质、价值观等，并且有机地将这些因素关联性地组织在一起、相互作用促进素养的发展。所以，这个过程除了包括汉纳和米凯利斯的"数据收集"，还包括更为广泛的环节，而且还具有学科本质的独特表现，比如PISA数学素养评价框架的三个过程：数学化、应用、阐释/评估。同时，随着过程的展开，接触问题、对问题形成初步的认识，决定是否接受任务，涉及动机、态度的自我系统，接着对问题进行探究，形成对问题本身的意义、解决问题的责任感，以及探究的兴趣与热情等丰富的情感态度价值观。

所以，有必要在此回到"过程"，分析其包含的丰富内涵。"过程"是一种手段，通过该手段可以把人、知识、技能、方法、情感进行集成，以产生所期望的学习结果。"过程"在哲学中的定义给我们启示——the means by which people, procedures, method, equipment, and tools are integrated to produce a desired end result，过程是指人、程序、方法、设备和工具的综合，以产生预期的最终结果。所以，"过程"勾连着诸多的教育要素，孕育着丰富的教育成果，通联了学习的过程性评价和结论性评价。

最后，关于"过程"还需要指出今后有待进一步研究的问题。选择"过程"因为其围绕"问题解决"展开，兼容了知识、技能和情感的不同维度，同时回避了累积性层级划分的质疑，更加贴近了教学实际，具有更强的实践指导性。"过程"包容了过去框架和体系无法体现的诸多丰富的内容，也同样由于其广泛性，使其似乎什么都说了，但又过于宽泛、没有明确的指向，似乎不能成为一个具有实质内容的维度。所以，还需要对"过程"进一步聚焦，研究其发生作用的机制，使其不断澄明和清晰。

第三节　知　识

知识贯穿于一切教学环节之中，被奉为教育活动得以开展的"阿基米德支点"。知识是教育的内容与载体，围绕着知识的教与学，教师和学生展开他们的日常活动和主要行为，进而他们的生命体验和生存意义也在这一过程中得以建构、形成和实现。由此，自学校教育诞生以来，对选择什么知识进行教育、怎样组织知识，以及如何实现知识价值的探索始终没有停止过。从 17 世纪夸美纽斯（J. A. Comenius）提出"把一切知识教给一切人"，到 19 世纪斯宾塞（H. Spencer）提出"什么知识最有价值"，再到 20 世纪中后期阿普尔（M. W. Apple）提出"谁的知识最有价值"，波兰尼提出"个人知识""缄默知识"，20 世纪中叶以来后现代主义提倡的多元性、开放性、不确定性、境遇性的知识观，知识就一直是课程理论话语和研究视域的中心，几乎所有的教育家都在努力表达自己对知识的见解。特别是核心素养成为各国教育改革的趋势后，教育的培养目标从使学生成为有知识、能够继承文化传统的人，转变为具有问题解决能力和创新精神的人，以往教育强调学生接受多少知识、理解多少知识、记会多少结论，现在成为能够发现知识、理解知识、创造知识、转识成智。人们明显地看到发展素养与传统知识教育的区别，引发了一场关于素养与知识的讨论，形成新的知识观。

一、素养与知识的关系

为了发展学生素养，一些学者旗帜鲜明地提出教育要由"知识中心"转向"素养中心"，培养学生形成高于学科知识的学科素养[1]，发展学生核心素养就要"克服学科知识本位"[2]。在这样的"宣言"下，一些人想当然地把素养与知识对立起来，认为"核心素养"是对学科知识的取代，既然"核心素养"是本轮课程改革的中心，"知识"就成为被改革所抛弃的旧事物，似乎坚持素养改革就必须跳出知识的窠臼，强化知识教学是一种错误的落后的教育观念。

---

① 习姜宇、辛涛、刘霞等：《基于核心素养的教育改革实践途径与策略》，《中国教育学刊》2016 年第 6 期。
② 柳夕浪：《从"素质"到"核心素养"——关于"培养什么样的人"的进一步追问》，《教育科学研究》2014 年第 3 期。

对上述认识进行分析，会发现其犯了两个错误。一是混淆了"知识"与"知识本位"的关系。"知识本位"是指以学生占有和获得知识作为教育的终极目标。发展学生核心素养是对知识本位的超越与纠正，在这个意义上说，认为素养改革是对"知识中心"或"知识本位"的宣战的观点是正确的。二是把对传统教学和传统评价的批判，混淆于对"知识"本身的批判。在传统教学和传统评价的实践中，存在着对知识的不当处理，受片面追求升学率的应试教育的影响，强调知识的死记硬背和对知识结论的刻板考查。知识成了死寂的、枯燥的教条，成为抽象的、与人的生活相异的东西，成为剥离了情感的纯粹客观事实，知识走到了人的对立面。这样的知识不是解放人，而是压制人、束缚人。于是从对知识的顶礼膜拜、"知识就是力量"的呐喊，滋生出对知识的反感和厌恶，甚至认为"'是……还是'的提法，将传授知识与培养人视作非此即彼的关系，如果要培养人，就不应该专注地传授知识，甚至也消解了'通过传授知识来培养人'的可能性。当知识不再神圣，不再是正当的、可以理所应当地追求的东西的时候，其他内容就可以轻而易举地取代知识的地位，成为课堂教学新的追求。"① 一些人把实践中对知识的不当操作当成知识本身的"恶"，把对传统教学和评价实践中对知识的不当处理的批判，当作对知识本身合法性的批判，从而质疑知识作为教育教学内容的必要性。

素养与知识究竟是什么关系？知识是否是素养的有机组成部分？有没有不包含知识的素养？知识与文化、智慧、方法之间是什么关系？这些是我们进行素养改革必须回答的问题。

PISA 关于科学素养的界定对上述问题的解答具有一定的借鉴价值，2015 年对科学素养内涵的新概括，包括以下四个方面：

（1）能够拥有一定的科学知识，并利用这些科学知识识别科学问题、获取新的科学知识、解释科学现象、基于证据得出与科学有

---

① 周序：《核心素养：从知识的放逐到知识的回归》，《课程·教材·教法》2017 年第 2 期。

关的问题的结论；

（2）能够理解科学作为人类认识自然、探究自然的形式，具有一定的特殊性；

（3）能够意识到科学和技术是如何形成经验、培养智慧、营造文化环境的；

（4）作为一个有反思意识的公民，愿意用科学的思想，参与讨论与科学有关的问题。

可以看出，在 PISA 关于素养的定义中，"知识"是素养的有机组成部分，甚至是素养的基础性的元素。科学素养定义的第一条直接指出，具有科学素养的人要能够拥有一定的科学知识，当然这种知识不是死记硬背的知识，而是强调要学会应用知识去"识别科学问题、获取新的知识、解释科学现象"。在第三条中更加明确地指出，要能够将科学知识转化为经验和智慧，领悟知识背后深刻的文化价值。可见，素养并不排斥知识，素养以知识为基础，知识可以转化和形成素养，素养在知识学习和运用的过程中孕育生成。

素养的形成离不开知识。知识是素养的必备元素，是素养形成的沃土和条件。一般而言，知识和技能的积累越丰富、越深厚，就越有可能生发出相应的学科素养。比如，要提高学生的数学素养，如果学生连基本的几何、代数、图形的概念和原理都不具备，就根本谈不上个人在不同情境下形成、应用和阐释数学的能力，识别数学在世界中所起的作用并做出有根据的数学判断和决定的数学素养。再如，关于环境保护的素养，如果一个人在日常生活中，对哪些垃圾是可回收的、哪些行为是低碳的基本知识都没有，一个连垃圾都不知道如何投放的人，当然不是一个环境素养高的公民。因此，虽然不是有知识就有相应的素养，但是没有知识，肯定不会具备相应的素养。只有具备一定的知识，学生才能深刻理解特定的情境，形成解决问题的思路，顺利完成任务。

既然知识与素养并非对立的关系，知识是素养生长的基础，那么要发展素养就不能让知识"让位"或削弱，而是要重视知识，努力让知识内化为学生的力量，促成素养的发展。杜威曾说："今天比以往任何时候都在更大程度上要依赖自然科学和社会科学的事实和原理的知识。"① 可见，杜威对"活动"和"经验"的强调，并不是以牺牲知识为条件的。比如，"国家认同"是"中国学生发展核心素养"的九大素养之一。如何形成"国家认同"，就需要学生了解我国的政治制度、社会主义核心价值观、文化传统等基本知识，了解了我国政治制度的独特优势、灿烂的历史文化、丰厚的自然条件，有了这些知识，民族自豪感、国家认同感会油然而生。可见，知识和素养之间不是此消彼长的关系，而是相互促进的关系。如果将知识和素养对立起来，以素养取代知识，那么素养就会成为无源之水、无本之木，所以只有打牢了知识基础，素养的发展才有充足的动力。

二、知识观的转变

既然发展素养必须以知识为基础，那么问题的关键在于如何恰当地认识知识，使知识转化为求知者的素养。只有具备正确的知识观，才不会出现上述实践中由于知识处理不当而使知识成为素养发展的"障碍"的问题，才能发挥知识的"力量"。

素养导向下的知识观强调几个转变：由关注知识到关注知识与人的关系；由关注知识的结论到关注知识的发生和获得过程；由关注一个一个的知识点到关注知识结构；由关注单一性的知识到实现知识客观性与主观性的统一、显性知识与隐性知识的统一、个人知识与社会知识的统一、科学知识与人文知识的统一。

下面通过回溯课程知识观演进的历史脉络，探索面向新的时代我们应该持有怎样的知识观。传统教学与评价基于知识客观主义的立场，认为知识是客观的、普遍的、中性的、一元的，认为知识就是主体对客体的正确反映，是心灵对外部世界本质和规律的正确表征，这是一种认

---

① ［美］约翰·杜威:《学校与社会·明日之学校》，赵祥麟等译，人民教育出版社2005年版，第337—338页。

识主体与认识对象相互分离的二元对立的知识观。从课程的鼻祖拉莫斯开始，经夸美纽斯、赫尔巴特、培根、笛卡尔、康德，这种思想从文艺复兴跨越近三个世纪，成为影响课程知识的主导思想。

16 世纪后期彼得·拉莫斯（Peter Ramus）掀起了"知识教科书化"运动，把知识以教科书的形式加以呈现。他主张对各学科知识进行分类，把知识分割为细小的碎片，以至覆盖到该门学科的全部内容，形成有序的排列分布。正如教育史学者史蒂文·特里奇（Stephen Triche）所说的，"拉莫斯的成就便是发现了可以将知识区分、排列成严密的目录，由此更容易去教"。① 将知识进行分类、排序和组织，按照知识逻辑形成系统的教科书，这使学校课程具有了相对独立、系统的知识样态，超越了之前个别人的只言片语的碎片化的学习，开启了现代教育的先河，极大地加快了知识的学习与传播效率。但同时对知识简单化、去情境化、静态性、切分化、固态化（Fixed）的处理，也使教科书知识带有强烈的不能打破的秩序化、绝对化的意味，成为一套客观的、确定性的普遍规律的摹本。

夸美纽斯承袭拉莫斯的思想，认为科学是对世界的客观真实地反映与表征。同时，他也与培根一样对知识持有自信乐观的态度，认为人能够完全地认识这些知识，从而彻底地把握这个世界。所以，他在《大教学论》中，提出教育要"把一切知识教给一切人"的"泛智论（Panso-phism）"思想，认为整个宇宙的真相都可以被教科书正确无误地定义和表达，同时，受拉莫斯"知识地图"简单化、清晰化、去情境化思想的影响，夸美纽斯"成功"地分离了课程知识与外部世界的联系。

其后，赫尔巴特在心理学的基础上，建构起近代教育史上第一个具有严密系统的科学教育学体系，使教育从初期的某个人物、某种思想或某个实践行为，发展为学术性、系统性的学科。但是这种教学体系建

---

① Stephen Triche, Douglas McKnigh, "The Quest for the Method: the Legacy of Peter Ramus", History of Education, Vol.33, No.1 (January 2004), pp.39-54.

立的基础是科学主义的工具理性，赫尔巴特坚信自然科学的准确性，他借鉴自然科学的研究方法，特别是依据刺激——反应（S-R）的行为心理学理论，建构起教育教学的一般法则与方法。他指出教育体系的建立必须依据一种"科学"标准，这个标准是自然科学性质的，人的整个精神活动、心理活动都可以用数学公式来表达和阐释。因此，杜威把赫尔巴特基于学生的兴趣的教育学称之为客观主义认知兴趣的课程知识体系，披着兴趣的"外衣"，但本质上是一种外在于学生的客观的知识逻辑，教育是"知识从外部压人的心灵的过程""心灵的塑造完全是一个提出恰当的学习材料问题"[①]。

　　综上所述，客观主义知识观是笛卡尔的现代认识论哲学、夸美纽斯的"印刷说"、洛克的"白板说"、赫尔巴特的四阶段灌输理论、启蒙理性的核心知识观共同依皈的学术圭臬。探究这种知识观产生的原因，是科学和理性使人们摆脱了中世纪神学和经院哲学对人的思想的束缚和统治，对神学"祛魅"后，科学知识创造了过去无法想象的社会进步，于是人们表现出对科学知识的无限崇拜和坚定信念，"只有通过知识的增长，心灵才能从它的精神束缚即偏见、偶像和可避免的错误的束缚中解放出来"[②]，发出"知识就是力量"的宣言和呐喊。

　　在认识论的角度，客观主义知识观认为知识是主体对外部世界本质的正确反映，知识是不以人的意志为转移的客观真理的化身。教科书知识是普遍有效、绝对正确、客观真实、静态不变的，教育的目的就是传递这些知识，课程的核心逻辑就是通过精致化地编制和组织教科书提供这些客观性、科学性、真实性、体系化的知识；通过四阶段、五步法、技能训练等确保受教育者全部接受这些知识；通过记忆、再现等考查方式，使学生能够如同复印机般正确地复制这些知识。由此，知识代

①　John Dewfy, Democracy and Education: An Introduction to the Philosophy of Education, New York: The free press, 1916, pp.70-148.

②　[奥] 卡尔·波普尔：《通过知识获得解放》，范景中、李木正译，中国美术学院出版社 1998 年版，第 179 页。

表教育，知识讲述的一切，受教育者要无条件地接受这些知识，严格地按照知识行事。课程知识变成杜威所比喻的被搬运的"砖头"，作为传递物从教师手里原封不动地传到学生那里，也像弗莱雷比喻的"银行储蓄"，教师把钱存进去，学生原封不动地取出来。脱离个人理解、生活情境、实践参与的知识，必然引发认知与身体、知识与行为、情感与理性、科学与人文、知识与情境的分裂，使知识与人彻底分离。而且也只有与人性分离，知识才能保证其准确、客观、中立和简明，才能更有"效率"，也更"可靠"。

当知识以"科学""真理"的面目出现，便顺理成章地成为支配教育的中心力量。知识为教育立法，一切教育都以知识为基础，依据知识的逻辑建立起教育规范，知识的法则就是教育法则。无论是教育目的，还是教育内容、教育方法和教育评价，都以知识作为核心。知识控制着学校的一切和身处其中的人，教师与学生都只是围绕知识运行的机器，人按照知识的逻辑被塑造和规训。鲁洁深刻揭示了这种教育样态，"知识被看成是人的唯一规定性和人之本质。学生是用知识一片一片搭建起来的，充塞于学生心灵的唯一就是知识。学生的存在要由他所拥有的知识来确证，当他们不具有可以被确认为存在的知识时，他们也将失去学生的资格；他们的价值也只能以所拥有的知识来做出判断，他是个优等生还是劣等生，他在学校、班级中的地位与身份全在于其知识学习之优劣，至于其他品性如道德品质之类，是经常可以为'一好'（知识学习好）所替代。知识也是能够表达他们发展状况的唯一'语言'，对于他们的发展水平和发展之优劣，知识拥有绝对的发言权"。[1] 知识成了目的，而学生成了手段，成为掌握课程的工具性存在，他们在教育场域存在的意义与使命就是接受书本上预先为他们设计好的知识。知识规定了学生存在的价值与意义，成为判定他们是"好学生"或"差学生"的标准。不仅儿童听由知识对自己宣判，教师也遭受着同样的命运，他们看似是支配整个教学活动、控制学生的权威，但实际上他们只是知识的代

---

[1] 鲁洁：《一个值得反思的教育信条：塑造知识人》，《教育研究》2004 年第 6 期。

言人、忠实的传递者，是知识的"傀儡"。这正是海德格尔所说的知识意识形态化，知识成为统治教育的中心，知识本是引导人进行思考的载体，其目的在于解放人和发展人，但是当绝对化、真理性、客观性、权威性的知识成为教育中心和主宰的时候，人就失去了思想的自主性与自由，知识成为统治人、压迫人的异化力量。知识凌驾于人之上，人在知识面前只能唯唯诺诺。

经过历史与现实的反思，在素养课程改革的背景下，我们需要超越认识论，在生存论和价值论的视域下来重新审视知识，即回到知识的本体问题，在促进人的发展的教育目的下看待知识，在知识与个体的生存境况、社会的文化内涵、人与人交往对话的关联中，来理解和阐释知识的意义。在生存论视角下，人首先是一个追求生存意义的存在者，其认识者身份是在存在者下的，也只有在存在者的总体性存在中，才能把握认知者的意义与使命，即"认识的目的已不是获取一种确然性的知识，而是对生存意义的领悟，认识论的意义不是对自然科学的认识，而是对生存意义的领悟"①。知识不是目的，知识为人的本体存在服务。在这里需要区别两个观点："为了知识的教育"与"通过知识进行教育"。前者的逻辑起点与目的是"知识"，后者的逻辑起点与目的是"人"。近现代课程知识观颠倒了知识与人的逻辑关系，素养改革正是要复归人在教育中的主体地位。

发展学生的核心素养在本质上是一种"成人"的教化活动，它最终要实现的不是使儿童占有知识，成为一个"移动的书橱"或者"百科全书"，而是使儿童在知识学习过程中实现精神的提升和心灵的解放，成为一个本真的人，成为知识的主人。这正是尼采发出的呐喊："控制知识冲动！回到生命！"知识在本质上是人表达生命的过程，知识的意义在于实现人作为主体的自由与解放，这是知识与人应然状态的相处图景。

---

① 李龙：《认识论的先验转向和生存论转向——以生存论维度重新理解认识论》，吉林大学博士学位论文，2004 年，第 109 页。

三、学习什么知识

在探讨"知识的价值是什么"之后（这是关于知识地位和作用的一个基本定位），接下来的问题是明确"什么知识是有价值的"或"应该学习什么知识"的问题。面对知识经济时代，知识体量激增、知识爆炸的现实，以及学科本位、应试教育长期影响下的教育现状，需要思考对于素养发展而言应该学习什么知识。

针对当代知识的特点与要求，汲取当代知识研究、学习观的最新成果，本研究认为在素养评价中，应该强调过去被忽视的如下三类知识——元认知知识、缄默知识和结构化知识。

（一）元认知知识

元认知知识也被称为反省性知识，是指关于一般认知以及关于自我认知的知识，即影响自我的认知活动过程和结果的因素有哪些，这些因素之间是怎样相互作用获得知识的认识。元认知知识体现了新皮亚杰模型、认知和信息加工模型，以及文化情境学习模型等理论的成果，它对于学生认识自我和促进学习具有重要意义，所以，尽管将元认知知识在知识分类体系中作为一个主类别，单独提出来的处理可能并不得当，因为元认知中自我调节、自我控制的部分似乎超越了"知识"而属于"过程"的内容，而且元认知知识与事实性知识、概念性知识和程序性知识之间存在一定的交叉重叠，但是马扎诺、安德森、杜威等著名教育家都在自己的知识体系中特别强调了元认知知识，将其作为一种新的知识思想和独立的类别予以突出，特别是这类知识是构成素养的重要内容。

元认知知识包括关于策略的知识、关于认知任务的知识（情境性知识或条件性知识）和关于自我的知识三个亚类。

策略性知识是关于学习和解决问题的一般策略的知识。素养是解决问题过程中形成的综合品质，解决问题的策略性知识在素养形成中十分重要，学生要知道进行认知活动可以采取哪些策略，不同认知策略的适用条件和情境如何，不同策略的优点和不足是什么，针对不同的任务和认知活动，什么样的策略更为有效，等等。

关于认知任务的知识，是指知道不同的任务（识记、理解、应用、分析、评价、创造等）的不同难度和具体要求；知道不同的认知任务所要求的不同的认知策略；知道何时和为何适当使用这些策略的条件性知识，即使用各种策略的具体情境。比如关于认知材料，应当认识到，在教学和评价中，所提供的材料的形式（如图形、文字、表格等）、材料的长度、材料的熟悉度、材料的结构（如单一文本与多重文本）、材料的呈现方式（如纸制与数字形式）、材料的逻辑性（是组织有序的，还是杂乱无章的）等因素对认知活动过程和结果的影响。

关于自我的知识，是关于自我认知水平和影响认知活动的各种主体因素的认识，比如，了解自己在认知方面的兴趣、爱好、习惯、广度、深度、强项和弱项，知道自己完成学习或某项任务的目的，以及如何克服自己在认知方面存在的不足等。反思是对自己的思维过程、思维结果进行再认识的过程，它是学习中不可缺少的重要环节。黑格尔说："自我意识是在意识之内产生的存在与存在之间主奴关系的解放意识。"[1] 这句话指出自我意识是一种能够将自我解放出来的意识。当代建构主义理论认为学生要对自己的活动过程不断反省、思考和调整。学习中的反思如同消化食物和吸收养分一样，是一个内在的别人无法代替的过程。

下面展示几个关于元认知知识的评价案例，以帮助大家更好地理解。

[案例1] 关于策略性知识

在政治学科的学习中，我发现绘制章节、单元，甚至整个模块的知识结构图是一种有效的学习策略。在对概念、原理进行记忆的基础上，我会努力思考和发现所学的概念、原理等知识之间的关系，在宏观上建立起基本架构，形成清晰的逻辑主线，同时又在框架的系统中领会

---

[1] 陈宣理：《知识教育论——基于多学科视域的知识观与知识教育理论研究》，人民出版社2011年版，第99页。

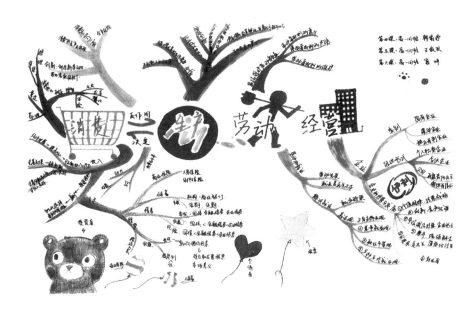

图 4—10　策略性知识示例（知识结构图）

每一个具体的知识点，做到"宏观在胸，微观在握"。这样的知识组织架构图（见图 4—10），能够帮助我去回答和应对复杂的问题的解决方案，我可以根据具体的问题情境，灵活地从架构中提取相应的知识，将它们综合地运用到问题解决过程中。

　　这是一个关于学习策略的元认知反思。这个学生在学习过程中积极探索适用于政治学科的学习方法。他发现将知识要素之间的关系梳理清楚，将知识体系化和系统化，在组织结构中把握各要素及其关系是该学科学习的重要认知策略。学生不仅要积极反思学科的学习策略，体会这些策略的优势与不足，而且要在实践中运用这些策略，将不同的策略（比如记忆策略、组织策略和问题解决策略等）有机结合起来，让它们相互配合发挥作用。

　　[案例 2]　关于任务的认识

　　（1）默写李白的《静夜思》。

　　（2）例举一首以"夜"为主题的古诗，结合自己的亲身感受，谈谈你对这首古诗的理解，并对其进行评价。

认知任务有多种类型。某些认知任务的答案是唯一的、确定性的。例如，第（1）题的考查，"默写李白的《静夜思》"，学生要知道这道题的认知任务是考查记忆，要求是默写的答案与原文一致，且只有一个正确答案。第（2）题的任务类型学生要能判断出来是考查分析、理解和评价能力，要知道这道题比第一题的认知要求更高、难度更大，也要知道这类任务的特点是要求结合自己的生活状态、具体情境和文化理解，将自己与诗人描绘的事物建立联系，把所学知识运用到具体情境中，理解、阐释、挖掘其意义。第（2）题考查的不是陈述性知识和一般的程序性知识，完成这样的任务的知识和答案很难是统一的、确定性的。结合自己的感悟和思考，不同的个体会形成差异性的答案，有不同的理解、不同的内容，也表现出不同的水平，因此这类任务的评价不仅仅是对与错的简单衡量标准，而是体现出结合不同境遇的丰富内容。

[案例3]　关于自我认识（某学生的期末反思）

升入初中半年了，我觉得自己还能够胜任和应对。这学期我选学了6门课程，其中数学是最令我着迷的学科。我总能在严密的逻辑推理和问题的解决过程中，体悟到数学思考的快乐，欣赏数学学科区别于其他学科的独特的美。下学期我将选学数学和物理两门学科最高的荣誉课程，我相信自己具备这方面的实力。对于文科，特别是法律课程我还存在一些茫然。在学习法律常识的时候，我习惯于用日常生活的思维或者伦理思维去考虑问题，有时情感大于理智，还不能一以贯之地运用法治思维去思考问题和解决问题。

我感觉自己在理性思维、逻辑思维、数量思维、计算能力等方面具有优势。但是对于社会科学、人文学科的学习，似乎还不能完全地领会和把握其思维方式。学习中我总是不自觉地将这两类学科进行比较，发现它们在内容、思维方法、创造性要求上都存在着很多差异。我希望自己能够在比较中对不同学科的特点获得更为清晰的认识，不仅找到自己的兴趣和潜能，而且能够在更加全面的意义上，去学习人类文化的丰富内容。

我不希望自己只是一个会计算的理科男，而是期待自己成为一个有文化、有修养、高素质的人。所以，后面我会在发挥理科所长的基础上，加强人文领域的学习，增强自己的领悟力和感受力，也注重提高艺术方面的审美情趣。

这是一个元认知的案例，表达了一个学生对自己认知的认知，它包括对自我兴趣和发展潜能的认识，对自我学习过程中优势与不足的客观分析，以及发展目标和解决措施的思考，元认知包括认知活动而产生的认知体验、情感体验以及自我效能感，包括对自我发展的设计，自己在学习上或者更大的意义上要成为什么样的人的目的与动机。可以看出元认知是对自身认知过程的反思，以及思考结果正当性、合理性的再思考，具有强烈的主体性和建构性。从这个案例也可以看出，关于自我认知的知识，具有明显的个体差异。

[案例4]

在一次考试中我使用了学校附近文具店买的印有"孔庙祈福"字样的笔，大获成功。于是，这支笔成为我的考试专用笔，用了它我就能有最佳表现。

有时关于自我的认识可能是错误的。上述事例中学生对考试成功的原因做出了错误的判断。虽然元认知不一定正确，但恰恰是元认知的反思意识，能够促使学生审视自己观念和信念的正当性、合理性与可行性，帮助他们学会自我监控和自我评价。

（二）结构化知识

1. 从碎片到结构

从把知识切割成小块、小点的传递，向强调知识整合与关联的迈进，是当代课程知识的突出特征。《普通高中物理课程标准》强调："重视以学科大概念为核心，使课程内容结构化，以主题为引领，使课程内容情境化，促进核心素养的落实。"这说明课程内容的结构化是素养改革的重要内容。

传统教育在知识形态上更加关注具体的内容要素，习惯于对知识进行细分，形成一个个细小的、孤立的知识点。在本轮课改前的《考试大纲》和《考试说明》的"考查范围"部分，有的学科非常详尽地罗列出300多条知识点。但是在调研是否需要将这些内容适当整合为更为综合和上位的概念和观点时，遭到了相当一部分老师和学生的反对，他们习惯于教学和复习时拿着这些知识点一"点"一"点"地"攻克"，哪个落实了就在旁边画一个勾，没落实的画一个叉，重点的画一个星，这样"心里有数"。这些"点"状的知识就像断了线的珠子，彼此分立，被单独地一个一个地学习和掌握。不是有了珠子就有了美丽的项链，有了树木就能拥有广袤的森林。具有迁移性的知识不是零散的知识，而是结构化的知识。

"结构（structure）"，是指系统内部各元素之间按照一定的关系组合形成一个整体。素养本身具有综合性和整体性，通向素养的知识绝不是一些碎片化的零散概念或公式，要想熔铸为一个人的综合品质，必须在学科的事实、要素、片段、节点之间建立有机联系。无论是在知识的内在逻辑方面，还是在知识的应用层面，都要将知识置于一个更大的系统中，形成一个融会贯通的整体，结构化、体系化、联系中的知识具有更强的综合性、融通性和转化性。

2.结构化知识的作用

第一，有助于形成认知图示，提高思维和建模能力。学科知识由基本概念、规律和方法构成。对纷繁复杂的术语、概念、规律进行分类、梳理，运用系统论思想将这些知识结构化，能够帮助学生"化繁为简"，形成带有学科整体思维方式的知识谱系，发展建模能力。结构化的知识图式中既包含了最基本的概念、原理等知识形式，也包含了综合性和方法性的知识，还带有了人们对某些知识抽象后形成的思维方式和总体观念，是人对事物及其环境、策略、方法等形成的综合认知和整体映像。

第二，有助于迁移到具体情境中解决问题。零散的、支离破碎的知识，或者按照固化结构建立的知识，很难用于解决实际问题。一个复杂问题的解决通常需要灵活综合地运用多个知识，只有结构良好的知识才能有效迁移，面对情境重新组织起各要素，在它们之间建立新的联系。认知迁移理论的代表人物美国学者罗耶（J.M. Royer）认为，迁移的可能性取决于在记忆搜寻过程中遇到相关信息或技能的可能性，任何增加信息间交互联结的方法都有助于提升迁移的可能性。①知识结构性越强，关联度越大，对问题理解得越透彻，越能有效提高学生运用知识解决问题的能力。

第三，有助于理解和创新知识。素养作为高级心理层次的认知，核心是激发人的创造性，由已知创造新知。结构化的知识不仅仅是知识的系统化、条理化，很多时候关联、结构的建立本身就是新的知识的创生。比如，1867 年，俄国化学家门捷列夫（D. I. Mendeleev）创制的元素周期表，揭示了化学元素之间的内在联系，构成了一个完整的元素体系，甚至对尚未发现的元素做出了预测。这说明知识结构本身就是一种学科规律，结构化意味着创造。《信息简史》的作者格雷克（J. Gleick）有句名言：真正造就大脑的并不是知识量，甚至也不是知识的分布，而是其中的互连通性。知识联结本身也是知识生产。

3. 结构化知识的新特点和要求

进入 20 世纪以来，随着知识形态的变化，知识结构由以往的层级式，发展为更加柔性化和动态性的网状结构。

知识从树形结构到网络结构。现代知识不仅数量激增，而且知识的复杂性、交叉性、综合性急剧增强，具有跨学科、跨领域、跨主题的特点，以往一维的线性结构和二维的树形结构已经无法应对。树形结构虽然能够清晰地表现知识之间的隶属、分类和层级关系，但是也相对简单，树形结构一般局限于一个系统内部。一片树叶只能在一个枝条上，不能同时在其他的树枝上，这就无法表达不同系统之间的关联与交叉。立体多向的网状结构，能够使知识跨越单一领域，展现不同要素、不同系统之间的关系。

---

① James M. Royer, Glenn W. Cable, "Illustrations, Analogies and Facilitative Transfer in Prosy Learning", Educational Psychology, Vol.68, No.2, (April 1976), pp.205-209.

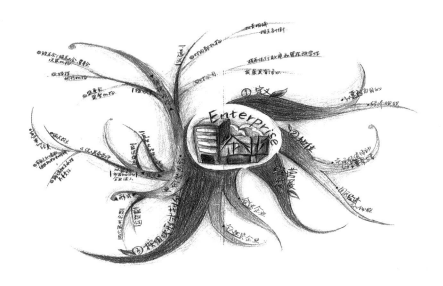

图 4—11　知识结构图

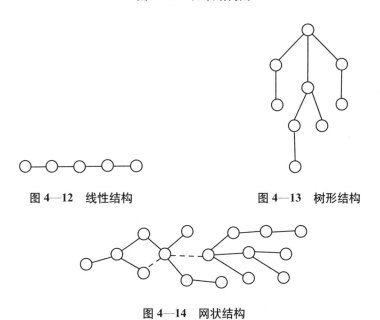

图 4—12　线性结构　　　　　　图 4—13　树形结构

图 4—14　网状结构

　　知识从静态结构到动态开放的系统。结构化的过程是不断把新学的知识与已有知识建立起联系，嵌构进认知系统的过程；是新的知识要素不断纳入，寻找不同知识群之间关联的节点的过程；是知识不断融合、重组、分离、进化、发展、选择、淘汰的过程；是从无序到有序、不断同化与顺应、不断拓展丰富的过程……这是一个开放、动态、灵活、不断衍生的知识结构。

（三）核心概念

1. 聚焦"核心概念"

当前，在世界各国新修订的课程标准中都出现了一个明显的趋势，围绕"核心概念""大概念"来组织课程内容。

2011 年，美国国家科学院（National Academy of Sciences）发布了《K—12 年级科学教育的框架：实践、跨学科概念与核心概念》（A Framework for K-12 Science Education:Practice, Crosscutting Concepts and Core Ideas，简称《框架》），在《框架》的指导下，2013 年发布了《新一代科学标准》（Next Generation Science Standards，简称 NGSS），《框架》和新《标准》都明确提出各学科应围绕"核心概念"来组织学习内容，并且详细规定各个学段对"核心概念"应达到的掌握程度。

"核心概念"的提出是美国针对教育现实问题的回应。美国理科教师协会组织的调查显示，有 78.2% 的人认为国家科学教育标准中包含的内容过于广泛，覆盖面广但是缺少聚焦、深度不够，学生只是浅表地接触诸多知识，缺乏深入思考，使美国课程内容呈现出"一公里宽和一英尺深"的现象。同时，各学段的知识彼此独立，缺乏联系，不能随着学段的发展持续地拓展和深化。针对上述问题，《框架》和新《标准》对课程内容进行了重构，改变了细碎的知识点教学，聚焦于少数核心概念，以核心概念建构学科知识架构，形成小学、初中和高中 12 年的"学习进阶"。这种知识组织方式能使课程内容不再是浅层次的贪大求全，而是用更加充裕的时间深入地学习核心知识，并且通过小学、初中和高中 12 年关于核心概念的"学习进阶"，使上一阶段的学习为下一阶段打下基础，实现各学段的连贯一致。

综上可知，确定并围绕核心概念组织课程内容，是美国修订课程标准的重要特点，修订后的课程知识数量更少，结构简洁，但重点更加突出，有效地解决了现实中课时不够、难以深入的问题。

我国新版课程标准也在内容方面明确地提出了"大概念"与"核心知识"。

> 本课程的设计和实施追求"少而精"的原则，必修和选择性必修课程的模块内容聚焦大概念，精简容量，突出重点、切合年龄特点、明确学习要求，确保学生有相对充裕的时间主动学习，让学生能够深刻理解和应用重要的生物学概念，发展生物学学科核心素养。
>
> ——《普通高中生物课程标准（2017年版2020年修订）》

物理学科核心素养，主要包括物理观念、科学思维、科学探究、科学态度与责任四个方面。其中关于"物理观念"，课程标准明确指出，"是从物理学视角形成的关于物质运动与相互作用、能量等的基本认识；是物理概念和规律等在头脑中的提炼与升华；是物理学视角解释自然现象和解决实际问题的基础。物理观念，主要包括物质观念、运动与相互作用观念、能量观念等要素。"[1]

生物课程标准中明确提出了课程内容追求"少而精"的原则，要聚焦"大概念"学习。物理学科课程标准界定了物理学科"核心观念"三点标准：一是物理学科的基础知识，二是对物理概念和规律的提炼与升华，三是这些观念是解释现象和解决实际问题的基础。并在此基础上提出物理学科具有三大观念"物质观念""运动与相互作用观念"和"能量观念"。

2."核心概念"的内涵及特征

"核心概念"最早是由西方科学教育界提出的，在理论研究和教育实践中，也经常使用"关键概念（key concept）""基本概念（fundamental concept）"等不同的词语表示，但是近年来使用最多的还是Big Concept/Core Concept，即"大概念"或"核心概念"。"核心概念""大概念"是指经过检验的，处于各学科中心位置的概念，它对于学科研究的事物和现象具有广泛的解释力，在本学科的知识体系中能有

---

[1] 《普通高中物理课程标准（2017年版2020年修订）》，人民教育出版社2020年版，第4页。

意义地整合其他概念、命题和理论，具有一定的包容性与概括性，学生要经过较长时间的学习不断深化对其的理解和认识。

NGSS 提出了 4 条遴选学科核心观念（Disciplinary Core Ideas）的标准：①对科学或工程学等多学科领域都有重要价值，或者是某一学科重要而关键的概念；②可作为理解和探究更复杂的概念及解决问题的重要工具；③与学生的兴趣和生活经验相关，或者与社会/个人所关注的需要运用科学知识加以解决的问题相关；④能在不同的年级进行讲授与学习的内容，并呈现出深度和复杂性上的水平层次。至少符合上述 2 条标准的概念，才能被视为学科核心概念，基于此标准，NGSS 制定者在标准文本对上述四大学科领域提炼出 13 个核心观念。

具体来看，大概念、核心概念具有如下几个特征与作用。

第一，大概念具有聚合性，能够以少带多，形成学科结构。核心概念不是孤立的，它关联着学科中众多的知识，看似数量少，但是作为一种聚合性概念或方法，有限的大概念能够归档、统整、带动、联结起众多的小概念，使它们有序纳入学科内容的结构体系中。大概念具有强大的整合功能，它能在学科内部甚至学科之间建立起有意义的联系，使知识不再是一些片段性的术语、概念、事实、方法和命题，使繁杂的主题、问题、悖论、原则、理论等学科内容形成一个连贯的整体。克拉克（E. Clark）在给大概念下定义的时候，将其定义为小观念的联结，"大概念是构建认知的框架"[1]。怀特利（M. Whiteley）指出，大概念就像理解的"建筑材料"，使人们能够将其他零散的知识点联结起来。[2] 大概念能够超越琐碎、零散的知识，以少带多，通过自身的包容性、生成性、核心性，建立知识之间联结的通路，形成知识的关系网络，学习了大概念就如同拿到了一张"学科地图"，由核心的点带动面，不断向外

---

[1] E. Clark, Designing and Implementingan Integrated Curriculum: A Student-centered Approach. Brandon, Vermont: Holistic Education Press, 1997, p.48.

[2] M. Whiteley, "Big ideas: A Close Look at the Australian History Curriculum from a Primary Teacher's Perspective", Agora, Vol.47, No.1(2012), pp.41-45.

延展开去，贯通成为体系和系统。大概念群在本质上必须是学科支柱性的、能够展现当代学科基本图景的学科结构和学科本质的主干部分，是能够代表学生整体素养的观念和知识。

第二，大概念具有深刻性，"少而精"能够促进深度学习。"少而精""少而深（less is more）"的大概念能够促进知识从浅层到深度理解。大概念是对现象的整体认知，是对于现象本体的、方法的和价值的综合性的观点，这要求学习超越具体事实、经验、操作进行抽象、概括，上升为概念、思想和方法。这些深度的东西，具有普遍的效力和广泛的适用性，具有穿透一切的力量。复杂问题的解决需要学生具有高级层次的心理认知能力，需要深度思考。美国课程专家埃里克森（Erickson）在《概念为本的课程与教学》一书中，指出概念是人脑对客观存在的事物、事实或现象进行概括，反映代表一类事物的共同特征，要从表面现象、个别事物、具体知识，上升到以"概念"为本的教学，用大概念的"基本理解力""重要思想""深层认知""综合思维"统筹学科内容。因此，素养目标导向的课程与评价，要整合、提炼出能够反映各学科本质的大概念，通过大概念习得有价值、有深度的思想方法，使学生具备面对自我、自然、社会的态度、观念等素养。

第三，大概念具有持久性，能够促进终身发展。大概念作为学科的核心观念，是对学科基本思想方法和基本观点的深入理解，因而超越了具体的知识点和记忆性的事实信息，对学生产生深远持久的影响。在这样一个知识浩瀚如海、飞速更新的时代，面对"吾生也有涯，而知也无涯"的困境，我们希望学生通过一门学科的学习学到些什么，或者说经过多年之后一门学科留给他们"什么"？大概念与核心观念无疑是"什么"的重要组成部分。大概念凝聚着学科的思想精华，集结着学科具有普遍适用性的方法，它对人的影响是深刻而持久的。奥尔森（Joanne K. Olson）将大概念（big concept）称为"能带回家的信息（take-home message）"，这是说从终身学习来看，大概念是在具体的经验和事实忘记之后，还能长久留存并对学生产生影响的中心概念（central concept），它能够用于解释学生学校学习和毕业以后生活中遇到的事件和现象，贯穿学生的一生。

第四，建构核心概念的学习进阶，实现各学段的连贯一致。如前所述，核心概念有一条标准是要在不同的年级进行教学，使上一阶段的学习为下一阶段打下基础，让学生经过多年持续的学习，不断拓展深化。美国国家研究理事会（NRC，2007）指出，学习进阶是对学生在一段相当长的时间跨度内学习和探索某一主题时，所遵循的连贯的、逐渐深入的思维路径的描述。很多国家的课程标准都围绕核心概念及其学习进阶来组织课程内容，通过跨越各学段的学习进阶，对大概念的理解由浅入深、从有限到丰富、从低级到高级，最终能够在更大的范围内，更抽象本质的意义上去理解。

华盛顿州修订后的科学标准规定了学生在高中毕业时需要掌握的核心概念，对物质科学、生命科学和地球与空间科学等三个领域确定了少数几个核心概念，并具体规定了每个核心概念从幼儿园到高中的各个学段的学生关于核心概念应达到的理解程度。表4—6展示了物质科学领域的三个核心概念——力和运动、物质的性质和变化、能量的转移、转换和守恒，及其学习进阶。

表4—6　华盛顿州科学学习新标准中的物质科学领域核心概念及其学习进阶[①]

物质科学领域	力和运动关注的是物质宇宙中的各种力和运动。在最高水平上，学生应用牛顿运动定律和引力定律解释诸如叶子下落和地球在空间中的运动等现象。	物质的性质和变化涉及到物质的根本性质，包括能够解释物体的宏观性质并能预测化学和核子反应结果的原子分子理论。	能量的转移、转换和守恒涉及能量从一个地方转移到另一地方以及转换形式。能量不能创生或消灭。这些概念在解释所有领域的现象时都有用。
9—11年级	牛顿定律 多个力以可预测的方式影响物体的运动。这些影响可以用牛顿定律来解释。	化学反应 原子结构能解释原子结合并形成化合物的能力。物质变化可能是物理的、化学的或原子核的。	能量的转换和守恒 能量有多种形式而且可以转移和转换形式。封闭系统内能量的总量是守恒的。

① Mary McClellan & Dr. Cary Sneider, Washington State K-12 Science Learning Standards, 2010-3-19, http://www.k12.wa.us/Science/pubdocs/WAScienceStandards.pdf.

6—8年级	平衡和不平衡的力 物体的运动会受到非平衡力的影响。物体速度和方向的变化是由于这些力的作用。	原子和分子 物质基于它们的原子结构而具有独特的性质。当原子在封闭系统内结合，其质量是守恒的。	能量和物质的相互作用 能量和物质的相互作用导致能量的转移和形式转换。有多种形式的能量。
4—5年级	对力和运动的测量 力和运动是可以测量的。	物质的状态 一种物质可以以固态、液态或气态的形式存在。物质是守恒的。	热、光、声和电 热能、光能、声能、电能是能够转移的。
2—3年级	力使物体运动 力作用在物体上能使它们运动，力的变化会导致运动的变化。	物体的性质 一个物体的性质依赖于它的形状以及它是由什么构成的。	能量的形式 能量具有多种形式。
K—1年级	推拉和位置 力是各种"推"和"拉"。运动是物体位置的变化。	液体和固体 不同的物体有不同的性质。	

华盛顿州物质科学领域的核心概念及其学习进阶表，具体阐明了各学段物质科学领域的核心概念及其应该达到的理解程度，呈现出核心概念发展的序列，很好地体现了各学段内容的衔接和连贯性。

（四）缄默知识

1. 冰山下的宝藏

1958年，英国物理化学家和哲学家波兰尼（M. Polanyi）在《个人知识——迈向后批判哲学》一书中首次提出"缄默知识"。波兰尼指出人类有两类知识，一类是能够用书面文字或地图、数学公式进行表述的显性知识；一类是不能用语言表达的缄默知识（tacit knowledge）。[①] 缄默知识是指可意会不可言传的知识。

实际上，人们很早就察觉到缄默知识的存在。早在古希腊时期，柏拉图将知识分为直观感知的知觉、技术性的判断、本质领悟的知识三类，其中"本质领悟的知识"就具有缄默知识的意味。在以体悟、领

---

① Michael Polanyi, The Study of Man, University of Chicago Press, 1958, p.12.

悟、以身体道为认知基本特征的东方文化中，也存在着大量的关于缄默知识的思想与论述。比如，《老子》的开篇语，"道，可道，非常道；名，可名，非常名"。"道"和"名"作为道家学说的核心思想就具有难以表达的特征，正可谓老子所说的，"知者不言，言者不知"。庄子更加明确地探讨了"言"和"意"的关系，提出"只可意会，不可言传""得意妄言""意之所随者，不可以言传也""可言可意，言而愈疏"。庄子认为语言本身是无法达到对"意"的领会的，甚至当人们用语言去表达时，也就离"本真"渐行渐远了。通过这些论述，可以看到古人对缄默知识的发现，并试图揭示和阐明它，只是没有对这种知识形态提出一个明确的概念。无论是波兰尼对言述系统与认识活动关系的理性主义研究，还是老子、庄子等古老东方文化对不可言传知识的昭示，都向人们打开了一个巨大而丰富的知识领域。

传统的客观主义和实证主义知识观认为，知识和语言是不可分割地联结在一起的，只有用语言清晰而明确表达的，才称得上是知识，即言语性是知识必须具备的条件。受这种知识观的影响，在教学中教师只专注于可以诉诸文字和言语的知识，进而局限于教科书上表述的显性知识，而将学生在学习和实践过程中生成的难以用语言表达的经验、感悟、综合性智慧排除在教学之外。波兰尼指出，"客观主义完全歪曲了我们的真理观，它提升了我们能够知道和能够证明的东西，却用有歧义的言语掩盖了我们知道但不能证明的东西，尽管后一种知识被隐含在我们能够证明的所有东西里并最终必然被认可。在试图把我们的心灵限制在可以证明因而也可以外显地怀疑的那少数事物上的时候，它忽视了决定着我们心灵的整个存在的不可批判的选择，并使我们丧失了承认这些充满活力的选择的能力"①。

---

① ［英］迈克尔·波兰尼：《个人知识——迈向后批判哲学》，许泽民译，贵州人民出版社2000年版，第439页。

表 4—7　显性知识与缄默知识的对比

显性知识	缄默知识
规范的、系统的、公共的	非逻辑性、非系统性，有强烈的个人性，与个体经验、感悟，以及所处的环境交织在一起
内容已得到科学证实或检验	背后的道理不甚明了
明确、普遍、能够重复	模糊性、难以捉摸、不清晰、没有定型
已经编码和结构化，可以用概念、公式、原理、原则、规律、制度、规则等方式表达	尚未编码和格式化，更多地以直觉、诀窍，个人技能、习惯、情感、信念等形式呈现
使用者对其有明确的认识	使用者对其只能意会，具有不可言传性
容易被理解、讲授和传递	不容易理解、分享和传递

实际上，显性知识就像冰山的一角，我们看到的显露出来的只是其中很小的部分，缄默知识则是被隐藏在水面下的巨大的冰山体，有些学者甚至认为缄默知识占知识总量的 90% 以上。这正是波兰尼说的，"我们知道的要比我们能够言说得多（We know more than we can tell）"。外显知识和缄默知识两者共同构成人类知识的总体。显性知识和缄默知识的划分，极大地扩展了教育中知识的外延，就像打开了潘多拉盒子的盖子，被隐藏的大量丰富、生动、充满活力、根基性的知识都呈现出来。

（2）缄默知识是构筑核心素养的重要"成分"

缄默的知识因为无法用言语表达，恰恰能够在模糊中通过身心合一的感知，在更加本质、整体、统合的层面上进行理解。素养是在特定情境下解决问题中表现出的综合性品质，复杂问题的解决不可能仅仅依靠显性知识，更主要的涉及动机、情意、态度、信仰、价值观等多方面的"隐而不显"的内在的心理状态和心智过程。比如语文的语感，这种直觉是对语言形式和内容的综合感知和统合把握能力，具有强烈的综合性。使用者在具体的语境中，能够直觉地整体性地领悟各种微妙的意蕴。缄默知识是一种整体觉知（a blend），是对事物及其关系的整合力、理解力、感知一致性（perceiving coherence），是由部分到整体、由细节到综合体的认识转换。当诸多片段性、零散的细节、部分和线索被前后一致地整合为综合体时，对事物整体意义的认识就成为更加深化的知识。缄默知识就像"场"一样弥漫在人的意识活动中，使人的知识能够融会贯通、灵活综合、触类旁通地运用。将各个部分融合为一个整体，使认识者在与环境互动的过程中形成经验，发展素养。

缄默知识是一切显性知识得以发生和发展的基础，海面之上的显性知识只是知识的"冰山一角"，而隐藏在冰山底部的缄默知识则是根基与主干（backbone）。缄默知识与实践活动、生活情境和问题解决直接相连，因而在一定意义上也可以说是认识的源泉。

缄默知识虽然是一种模糊的、尚未编码的、不清晰的经验和感知，但是并不意味不"高级"。缄默知识的直觉和感知并不是简单的、初级的感觉，而是经过理性指导、分析、思考后形成的更高级的体验和感知，是进一步探索中的更高层次的模糊。缄默知识表现为个体可以有效解决问题或达成任务的整体上的理解、感受、领悟能力，贯通了人的理性与感性、逻辑与感知，以及人格中较深层、持久的自我概念、态度情意价值、动机等。即使面对不同的问题或任务，这些潜在的内在本质也能够自如联通，灵活地迁移，帮助解释或做出决策。这种模糊化是一种无法言语的洞察力、理解力、判断力和行动力，是一种穿透一切、洞察一切的智识。在这种意义上，我们说缄默知识是显性知识的"向导"和"根基"。显性知识像是树上的果实，缄默知识是给大树提供营养的树根。如果没有深深扎入土壤之中遒劲有力的根，就没有整棵大树的健康成长。

（五）个人知识

1. 被搁置的个人理解

传统知识观认为知识是绝对客观的，是心灵对外在世界真实准确地反映，因而要确保知识的科学可信，就必须排除个人主观因素的"浸染"，并剥离一切具体条件、偶然因素和周围环境影响的纯粹"镜式"反映，才能保证生产和加工出来的知识是对外部世界客观如实的呈现。科学知识"似乎成为这样一些实体，它们的存在与我们个体对它们的认识毫不相干"①。绝对客观性、价值无涉的才是真理。朗基诺指出，科学知识的表征应该"是一种被广泛地描述为与研究的观念、个体、理论、观察和方法相关的特性，它一般被认为是由事实或由一些公正的、非任意的标准所决定，而不是根据我们希望事情应该怎样的愿望来决定的"②。这种科学知识的标准是价值无涉、去主观性、去个人化、去情境化的，波兰尼将其称为"简单规则"，即在任何条件下都普遍适用的"铁律"。这些知识结论在测试中成为知识的标准答案。在信奉标准答案的教学和评价中，学生的个人理解就被顺理成章地搁置在一边，甚至作为干扰因素加以清除。发现学习的提出者布鲁纳，虽然主张"探究"和"发现"，但是"发现"仅限于过程和方法，在知识结论上仍然是封闭的，"发现"仅仅是为了更好地接受书本上给定的知识。这正是批判教育学代表人物吉鲁（H. Giroux）指出的，"传统课程范式中的知识主要被作为一个客观'事实'的领域而对待。也就是说，知识好像是'客观的'，因为它是外在于个体或强加于个体的……在这种情况下，知识就从生成自我意义系统的自我形成过程中被剔除了"。③

　　无论是古代，还是近现代，在总体上个人知识始终没有获得合法地位或者说被充分认识到其重要性。虽然智者派孕育了个人知识的萌芽，卢梭的经验课程也包含着对个人知识的尊重，但是这些思想都只是停留在观念层面，没有现实地影响教育的实践。

　　20世纪50年代末，随着波兰尼提出个人知识的概念，个人知识理论才开始真正出现。70年代以后，随着建构主义、后现代主义知识论、批判教育学的兴起，人们越来越认识到个人知识的重要性，开始将个人知识引入课程内容，加之经验课程和活动课程的发展，个人知识逐渐在课程中获得合法地位。其后，个人知识在过程性评价中开始受到

---

① Gerald Holton, "How to think about the 'Anti-Science' Phenomenon", Public Understanding of Science, Vol.1, No.1 (January 1992), pp.103-128.

② Helen E Longino, Science as Social Knowledge: Value and Objectivity in Scientific Inquiry, Princeton: Princeton University Press, 1990, p.62.

③ 张华等：《课程流派研究》，山东教育出版社2000年版，第309页。

重视，开发了成长记录袋、真实性作业、录像、作品等个人知识的评价方法。

2. 知识的个人系数

波兰尼提出了"个人知识（personal knowledge）"这个概念，"所有的科学知识都是个体参与的"或者说"所有的科学知识都必然包含着个人系数"，个人的参与不是要加以克服、摒弃的缺陷，而是研究和学习中必不可少的知识内容和构成因素。波兰尼认为，知识是一种信念，一种寄托。① 科学家在进行科学研究时，带着自己的情感、强烈的信念，形成的科学结论是个人所肯定的判断。"知识不仅仅是外部实在的反映，它更是自我知识取向（self-knowledge oriented）。"②

3. 将个人知识纳入课程与评价中

个人知识与人的素养有着内在的联系。个体学习知识的过程是与个人的需要、动机、性格、气质、兴趣、理想、信念等紧密结合的，与个体的独立思考、质疑反思、创新精神、实践能力、对世界的意义理解等融为一体的，主体价值观念、必备品格和关键能力的发展都是素养的内在构成要素。人们在生活、学习的实践活动中，获得的经验和感受都是不同的，形成诸多独特的感觉、想法、习惯、观念和信仰，形成每个人独特的思维特点和认识倾向，这直接决定着他们观察世界、思考问题和行为的基本模式。

个人知识具有自我建构性，这会促进个体创造性的发展。知识的建构不是简单的搬运或者"授——受"，任何知识的学习都必须经过学习者的主动参与、独立思考和积极创造，是主体自主自觉的行为。面对课程知识，学习者经过个人分析和消化，形成个人对公共知识的体验和理解，以个人独特的方式内化到个体知识中，这样个体知识实际上也就是个性化的公共知识。雅斯贝尔斯说："知识必须自我认识，自我

---

① ［英］迈克尔·波兰尼：《个人知识——迈向后批判哲学》，许泽译，贵州人民出版社 2000 年版，第 79 页。

② 张华等：《课程流派研究》，山东教育出版社 2000 年版，第 309 页。

认识只能唤醒，而不能像转让货物。"① 学生不仅是课程知识的读者和接受者，也是书写者和积极参与者。教材知识不是绝对真理的铁律，而是可供分析的文本，学生可以参与其意义的建构，"它可以被每一位邂逅者重新书写（解读）。它是'阅读者文本'的对立面。后者被人阅读是出于某个特殊信息的考虑，'阅读者文本'是为某个消极的读者预备的，它反对被读者重新书写"。② 学生也是课程知识的创造者，创造本性正是素养的核心要素。

个人知识有助于个体自由与解放的实现，促进个性的发展。个人知识是与个体的认知、情感、态度和价值融为一体的知识，具有提升个人的生活经验和彰显个体生命意义的价值。"教育，归根到底，就是把人类的客观精神转化为个体的主观精神，把人类的文化经验转化为个体的人生经验，形成个体的完整性、独特性，使个体在生活中发展生活的艺术与智慧。"③ 知识是一个人支配自我的力量，其价值在于自我审视和自我把握，即依靠知识来指导生活，提升自身的理解力、判断力和独创精神，促进自我的成长，这也是个人知识的内在价值。

素养改革要积极探索课程知识与个体发展之间的规律，使课程内容符合学生身心发展的特点，满足不同学生的学习需要，促进学生富有个性地学习，鼓励学生独立思考、大胆质疑、反思批判。要把课程视为社会文化与个人生活沟通和建构的中介。在评价时，教师也不再是机械地对照课程统一预定的目标打分，而是深入每个人的具体情况，了解他们的所思所想，开展个性化的学习与指导。

---

① ［德］雅斯贝尔斯：《什么是教育》，邹进译，生活·读书·新知三联书店 1991 年版，第 10 页。

② ［美］罗斯诺：《后现代主义与社会科学》，张国清译，上海译文出版社 1998 年版，第 50 页。

③ 金生鈜：《理解与教育——走向哲学解释学的教育哲学导论》，教育科学出版社 1997 年版，第 118 页。

第五章　多元灵活的评价方法

所谓评价方法，又叫评价策略或评价操作模式，即在教育教学实践中可以采用哪些有效的方式评价学生。由于评价方法涉及评价如何实施和落地的问题，各国教育部门在理论和实践中十分关注这个问题。我国各学科新版课程标准在"评价建议"部分，均结合一般方法论层面的共性问题与学科个性问题，对评价方法进行了具体阐述，鼓励探索和实施多样化的学科核心素养评价方法。

采用科学、合理的评价方式和方法，对教学过程实施有效监控，对学习效果进行适时检测。教学评价应贯穿教学过程的始终，体现在教学实践的各个环节，既包括多途径收集信息的过程，也包括针对教学实践的各类反馈信息。

基于英语学科核心素养的教学评价应以形成性评价为主并辅以终结性评价，定量评价与定性评价相结合，注重评价主体的多元化、评价形式的多样化、评价内容的全面性和评价目标的多维化。评价结果应能全面反映学生英语学科素养发展的状况和达到的水平，发挥评价的激励作用和促学功能，对英语教学形成正面的反拨作用，促进英语课程的不断发展和完善。通过评价使学生在学习过程中不断体验进步与成功，认识自我，建立自信，进而调整学习策略，以此促进学生学科核心素养的全面发展。评价应能使教师获得教学的反馈信息，对自己的教学行为进行反思和调整，不断提高教育教学水平。评价应能使学校及时了解课程标准的执行情况，改进教学管理，促进英语课程的不断发展和完善。

——普通高中英语课程标准（2017 年版 2020 年修订）

　　通过英语课程标准对评价方法的阐述，可以看出素养评价方法与传统评价方法存在根本区别，具有情境性、多样性、整合性、互动性等新特征，是对传统评价的反思与革新。常模参照测验是传统评价最普遍的形式，其选择题和判断题等主要考查学生被动的选择而不是建构答案，考查学生的记忆能力而不是理解和运用能力。1990年，美国测验和公共政策委员会（National Commission on Testing and Public Policy）发表了《从看门人到引路人：美国测验的转化》（From Gatekeeper to Gateway: Transforming in America）的报告，提醒人们要对标准化考试的弊端和局限性有清醒地认识，要限制使用多项选择题的测验形式，因为它缺少让孩子自由发挥的空间，不能把测验分数作为评价个体及其能力的唯一指标，并且呼吁研究和开发新的评价形式以促进全体美国人的进一步发展。需要针对素养的综合性、深层次、复杂性特点，探索新的有效的评价方法，促进学生高质量学习，给教学带来积极的变化。这种"新的评价形式"指向素养的发展，在伦鲍姆对当代评价方法发展的七个新趋势的概括中很好地体现出来（见表5—1)[①]：在问题的真实性上由非情境性转变为情境性和应用性；方法由单一的讲授法转向多样化的适用于不同问题的方法；由主要对记忆、训练等低阶能力的评价转向对创造、反思、运用等高阶能力的评价；智能的维度由单纯的智能的考查转向多元智能的培养；在评价与学生的关系上由彼此分割转向评价与学习的整合；评价的主体由过去单一的教师评价转向多元评价主体协商对话；评价的目的由对学习结果的评价转向为了学习的评价。

---

① Menucha Birenbaum, New Insights into Learning and Teaching and Their Implications for Assessment, inMien Segers, Filip Dochy&Eduardo Cascallar. Optimising New Modes of Assessment: In Search of Qualities and Standards, Kluwer Academic Publishers, 2003, p.23.

表5—1　七维度评价特征变化连续体

考查评价领域变迁的变量	变迁的连续体
真实性	非情境、机械性——情境化/应用技能
测量的方式	单一化——多样化
评价对象的综合程度	低阶能力——高阶能力
智能的维度	片面智能——多元智能
与学习过程的关系	孤立性——整合性
谁对评价负责	教师为主——学生为主
评价的目的	对学习的评价与为了学习的评价之间的平衡

新的评价方法具有多样化、灵活性、整合性、平衡性的特点。人的行为如此复杂，不是标准化测验的一种评价方法就能充分表征的，需要综合运用多种质性与量化、过程性与终结性的评价方法，全面收集学生的信息。这也是泰勒在"八年研究"中明确指出的，评价的方法不应限于纸笔测验，任何能提供有效证据，证明学生朝向教育目标进步的方法都是适合的。

在多种评价方法中，关于传统纸笔测验的改进与拓展，后面将专章论述，本章主要是对纸笔测验之外，应用于素养评价的新方法进行介绍。第一节研究当前流行的真实性评价方法，因为素养要通过学生解决真实问题的行为表现来评价，真实性评价正是以接近"真实生活"的方式去获得和记录学生完成任务的真实表现，并通过一定的标准和量规对这些表现进行评价，所以，在素养评价中具有特别重要的意义。在第二节将研究第四代评价的思想，讨论多元主体协商评价。第三节研究信息技术革命带来的新的评价方法，比如电子档案袋、PISA 考试的模拟情境测验，以及综合素质评价电子平台等信息化评价手段的发展。

第一节　真实性评价

真实性评价（authentic assessment）是伴随着对传统的标准化考试的批判而产生的，作为与标准化的量化评价方法相对立的术语，它也被称为"新评价（new assessment）""替代性评价"（alternative assessment）。

自从20世纪初桑代克开启了标准化测验的编制，客观性和易操作的标准化测验一直在评价中占据主导地位。特别是1983年，美国国家优质教育委员会发布了《国家处于危险之中：教育改革势在必行》的报告，明确将考试作为提高国家教育标准和教学质量的重要手段，要求教师和学校对标准化考试的结果负责，这对整个基础教育阶段的课程、教学和评价产生了巨大而深刻的影响，导致标准化测验风靡于学校。根据"全美公平与开放测验中心"（the National Center for Fair and Open Testing）统计，美国每年实施一亿多次标准化考试，平均每个学生每学年要接受3次标准化考试。人们惊呼，美国已变成一个考试的社会了，并以标准化考试的成绩作为评价学生、教师、学校质量的主要标准和神圣工具。各州均采取强制性措施，媒体对学区、学校的考试结果公开排名，引起地区、学校、教师之间的竞争，教师为了测验而教，学生为了测验而学，追求分数成为教育发展的主要动机。而且标准化测验在科技理性的支配下，强调题目的客观性，脱离知识产生和应用的具体情境，突出知识的记忆和再现，通常也只有一个正确的标准答案，不利于学生的创造性思维、批判性思考等高级认知能力的发展。于是，人们开始反思标准化考试的有效性，西方国家于20世纪80年代开启了一场"评价改革运动"，旨在反思到底什么评价方式能够反映复杂现实生活所需要的素养。

在这样的情形下，真实性评价作为一种质性评价方法，像一股清流应运而生。标准化测验改革是自上而下推进的，真实性评价改革则是自下而上的，由一线教育工作者热情地投入其中，进而影响各级教育行政部门，体现了这场改革的内在动力。真实性评价改革探索了一系列新的评价方式，如表现性评价、档案袋评价、苏格拉底式研讨评价、阐释性评价等，倡导评价要尽可能接近学生的真实生活，让学生参与到评价过程中去。作为一种评价方法和多元化的评价理念，真实性评价体现了从控制走向理解、从脱离情境到关联情境的转向，有机地将常模参照与

183

标准参照、量化表征与质性描述、关注结果与关注过程、关注群体与关注个体统一起来的评价理念（见表5—2）。

表5—2 真实性评价与传统评价的区别

评价	目的	表现
传统评价	分数、等级	常模参照测验、练习、作业
真实性评价	迁移、成长和发展	收集选择反思作品、标准、准则

本节主要分析表现性评价和档案袋评价这两种主要的真实性评价方法的内涵、特点和优势，并通过介绍实践中的典型案例，提供一些操作层面的方法与经验。

一、表现性评价

（一）表现性评价的内涵

表现性评价是一种以真实性、情境性为特点的质性评价，通过观察学生解决真实生活世界问题的行为表现来评价学生，它强调表现（Performance）、档案袋（Portfolios）和成果（Products）评价，也被称为"3P"评价。作为一种新型评价方法，因为较好地克服了标准化测验的一些弊端，近二十几年来受到国内外教育界的广泛关注。

"表现性评价"是从英文performance assessment翻译而来的，至今还没有一个确切的、统一的定义。美国技术评价办公室在收集概括测验史上具有代表性的综合性测验的基础上，深刻把握测验的趋势与变化，在1992年出版的《美国学校中的测验：提出正确问题》（Testing in American Schools: Asking the Right Questions）一书中，将表现性评价界定为，"要求学生创造答案或成品展示他们所知和能做的"①。

萨克斯（C. Sax）认为，表现性评价的一个共同特征就是指向被试执行或完成一项任务的能力，而不是回答问题的能力。他认为是非判断题和多项选择题有其局限性，并不适用于所有的评价。他举例说明绘

---

① U.S.Congress, Office of Technology Assessment.Testing in American Schools:Asking the Right Questions. Washington, DC:U.S.Government，Printing Office, 1992, p.204.

画、音乐、体育、语言和理科的教学评价，常常需要通过对学生具体的绘画、弹唱、踢球、说英语或书写信件论文、做实验的过程与结果进行观察，也就是对学生的表现进行评价。[①]

艾特（J. Arter）和麦克泰（J. Mc Tighe）认为，表现性评价需要学生建构一个答案，创作一项作品，或进行一个论证，而且特别强调表现性评价不只有一个正确的答案或解题方法，对学生的作品或表现的评价要以标准的判断为基础。[②]

美国教育测量专家斯蒂根斯（Riehard J. Stiggins）对于表现性评价的描述得到了普遍的认可，"表现性评价为测量学习者运用先前所获得的知识解决新问题或完成特定任务的能力的一系列尝试。具体来说就是运用真实的生活或模拟的评价练习来引发最初的反应，由高水平评价者按照一定标准进行直接的观察、评判。其形式主要包括建构式反应题、书面报告、作文、演说、操作、实验、资料收集、作品展示"[③]。

综上所述，本书认为表现性评价是指学生运用所学知识，解决真实生活中的问题或者完成与真实情境相似的真实性任务，通过观察学生完成任务的创造性活动的过程与结果，发展学生素养的一种评价方式。表现性评价以建构主义、多元智力理论、情境认知理论为基础，从测量范式走向教育性评价范式，体现了对生活世界的重视，它不是事实性知识识记和再认的简单考查，而是将所学知识与问题解决联系起来，关注学生解决实际问题的能力。评价对象不是学生从已经列好的选项或清单中选择答案的结果，而是学生完成某项任务时的实际表现，学生的表现可以是文字性的作业、报告、论文，也可以是制作的各种成果，比如某

---

① [美] 吉尔伯特·萨克斯、詹姆斯·W. 牛顿：《教育和心理的测验与评价原理》，王吕海等译，江苏教育出版社 2002 年版，第 161 页。

② [美] Judith Arter & Jay McTighe：《课堂教学评分规则》，促进教师发展与学生成长的评价研究项目组译，中国轻工业出版社 2005 年版，第 4 页。

③ Riehard J. Stiggins, "Designed and Development of Performance Assessment", Educational Measurement: Issues and Practice, Vol.6, No.3 (September 1987), pp.33-42.

项手工作品、拍摄的照片、网页设计、录制的视频、创作的音乐等，还可以是参与某项活动（实验操作、社会实践活动）的行为表现或参与某项议题讨论的表现。需要注意，表现性评价也包括某些测验，比如某些任务真实的论述性的测验题也属于表现性评价，只要任务具有真实性和复杂性的特点，能够引起学生的创造性思维，引导他们创新地解决问题，这样的书面测试同样属于表现性评价。可见，表现性评价并不在于它的形式，而在于其任务设计的真实性、复杂性和创造性程度。

（二）表现性评价的特点

与标准化测验相比，表现性评价有如下几个突出特点（见表5—3）。

表5—3　标准化测验与表现性评价的比较

类别	标准化测验（选择题和是非题）	表现性评价
评价对象	能有效测量事实性知识，某些题型也能测量理解、运用和相对复杂的问题，但不适合测量表达个人见解、组织观点、写作能力、某些问题解决能力	能够测量理解、创造性思维、应用能力、组织整合的能力。 能够有效测量贴近现实生活的问题解决的能力
任务的真实性	问题的真实性低	问题的真实性高
任务的复杂性	任务指向明确简单	复杂性的现实问题
实施所需时间	耗时短	耗时长
评分	更加客观	主观判断
信度	设计严谨的测验信度较高	信度通常较低，任务样本少，标准不统一

1.强调评价"能做什么"和"如何做的"

表现性评价不仅评价学生"知道什么"，更重要的是能够评价学生"能做什么"和"如何做的"。

布鲁姆将知识分为三类，陈述性知识、程序性知识和元认知知识，分别指向学生"知道什么""会做什么"和"怎样做"。传统的选择题考试可以有效测量"知道什么"，但是关于"能做什么""怎样做"很难通过在纸上勾选的形式得到有效的评价。比如纸笔考试是在纸面上对学生使用外语的能力做出测量，但事实上，这个学生在实际生活中运用外语进行表达和交流的能力到底如何是不得而知的，需要通过设置与真实生活相关联的完成任务的表现性评价才能表现出来。这就是博里奇和汤伯里指出的，表现性评价要求学生完成的是我们确实想要评价的行为，而不是看上去像而实际上没有发生的行为。[①] 通过设置在真实的生活环境中有意义和有价值的任务，或者是对现实生活的模拟，表现性评价可以直接对学生"能做什么"和"怎样做"的行为表现进行评价。比如，让学生在真实的生活场景中或者模拟场景中实际使用语言与他人进行交流，来评价其"说"的能力。一般而言，评价任务越真实，越能显现学生的素养水平。

案例：英语学科关于"语用知识"的评价

我国高中英语课程标准中明确界定了语用知识的内涵，指出"语用知识指在特定语境中准确理解他人和得体表达自己的知识"，并且在此基础上进一步提出了"语用知识"的评价要求。

评价内容要求：

• 要求学生根据交际场合的正式程度、交际对象的身份，选择恰当的语言表达方式和手势、动作等非语言形式表达问候、介绍、告别、感谢等；

• 能根据不同的对象、时间、地点、情境，综合理解他人的态度、情感和观点，运用得体的语言表达自己的态度、情感和观点；

• 遇到沟通障碍时，通过解释、复述、举例等手段重建交流；

• 进行文化理解，熟悉英美国家的文化特征和思维方式，有效运用得体的语言进行跨文化交流，与不同文化背景的人进行顺利沟通。

对英语口语交际素养进行评价时，要努力创设接近真实世界的交际语境，明确交际的场合、参与人的身份及其之间的关系，可以采取模拟实景的方式开展活动，要求学生根据交际场合的正式程度、交际对象

---

① ［美］Gary D. Borich & Martin L. Tombari：《中小学教育评价》，国家基础教育课程改革"促进教师发展与学生成长的评价研究"项目组译，中国轻工业出版社2004年版，第180页。

的身份，选择恰当的语言表达方式和手势、动作等非语言形式表达问候、介绍、告别、感谢等，并能根据不同的对象、时间、地点、情境，综合理解他人的观点、情感和态度，得体地表达自己的态度、情感和观点。遇到沟通障碍时，能够通过解释、复述、举例等手段重建交流，同时能够不怕出现错误，大胆表达，不断修正自己的错误。①

任务描述：在特定语境中，运用英语清晰而得体地表达自己。

任务样例：

1. 两步式问题，学生选择一个答案或判断正误。

-So kind of you to give a ride to the station.

-_____

A. It's doesn't matter.

B. Never mind.

C. Don't mention it.

D. My pleasure.

正确选项：D

2. 简答题。

请你总结概括有关现实生活中语用知识运用的技巧。

3. 提供模拟交际情境。

假设你独自在家，忽然闻到一股烟味，你打电话给消防队，而接电话的正好是我。现在你假装和我通话，你要帮助我了解各种有关信息（直接对我说，从"你好"开始）。

4. 提供模拟交际情境。

向来自你们学校的外国留学生介绍一种中国菜或者中国的节日，并和他交流他们国家的饮食特点，或某个西方节日。(2018 年北京英语高考试题)

5. 完成真实的交际任务。

_____

① 《普通高中英语课程标准（2017 年版 2020 年修订)》，人民教育出版社 2020 年版，第 29—31 页。

打电话给餐馆预订座位、问路、说服英语老师接纳学生关于教学内容设置的建议等。

以上列举的五种评价任务的真实性从低到高，依次增强。任务1以选择题的形式，考查学生是否掌握根据不同的对象和情境，得体表达个人态度的知识。学生依据交际规则在给出的四个选项中进行选择。任务2以书面形式，要求根据个人经验，总结概括语用知识的技巧，书面回答并不等于学生在实际交际中已经掌握了这些技巧，只有通过真实情境中具体使用这些技巧的行为表现才能准确判断学生的语言表达能力。第3、4、5属于表现性评价，要求学生模拟或真实地完成生活情境中的任务，较好地反映了学生实际运用语言的素养水平。

2. 强调考查复杂与高阶能力

标准化测验的是非题和选择题等客观题，要求学生对给定的句子或选项进行判断和选择，这种题型主要考查学生知识的再认、再现能力，因而在一般情况下，不能展现学生批判性思考和创造性行为的水平。表现性任务要求学生参与一系列复杂任务，考查的主要不是记忆和复制事实性知识，而是创造性思维、反思能力、综合思考、想象力等高阶能力。学生必须真正发挥主体性，独立思考，将所学知识灵活地迁移到真实问题的解决中，开展各种探究活动，包括选择适当的问题解决方法，提出个性化、独创性的问题解决方案，以多种形式与他人的交流分享，从而使自身的深层素养表现出来，而不只是知道和了解某个学科知识或选择答案。因此，表现性评价不仅是对学生某个方面知识掌握情况的测量，更是面向真实生活问题情境的综合素养的评价。

"公共参与"是思想政治学科的核心素养之一，要准确测评这个学科核心素养，不能通过记诵某些相关知识进行考查，而是需要在真实的生活情境中，通过学生关注和分析社会实际问题、探讨行动方案的表现来考查。

[典型例题] 阅读材料，回答问题。

材料一："邻避效应"指居民或当地单位因担心建设项目对身体健

康、环境质量和资产价值等带来诸多负面影响，从而激发人们的嫌恶情绪，滋生"不要建在我家后院"的心理，甚至采取强烈和坚决的反对行为。

材料二：垃圾处理有多种方式，焚烧发电是其中之一。相比需要占用大量土地的垃圾填埋，焚烧发电的优势在于：一是减少了占地；二是避免了对土地与水体的污染；三是如果配合发电设备可以将焚烧的能量储存。

在一些地方，建设垃圾焚烧处理设施陷入政府宣布建设，居民强烈反对，最后项目搁置的困境。

如何走出困境，破解"邻避效应"，请你给出一些建议，并阐述理由。

试题给出了现实生活中的一个难题，要求学生综合运用所学知识创造性地提出问题解决方案。试题情境复杂、开放，涉及多元主体，要求学生多角度思考，提出可行的建议措施。学生可以从经济学角度提出采用利益补偿机制，即由垃圾焚烧厂出让一定的预期经营收益补偿给居民。学生也可以从政治学的角度，政府坚持科学、民主、依法决策，与居民搞好协商，畅通居民意见的表达渠道，尊重民众的知情权、参与权和监督权，增强决策过程的透明度，发挥好政府的公共服务职能进行监督等方面回答。学生还可以从公民个人利益和公共利益协调的价值观的角度回答。

3. 强调评价的过程性

重视过程中学生的表现是表现性评价与传统评价的主要区别之一。在以往的教学实践中，绝大多数评价都是结论性评价，人们只是关注通过纸笔测验学生获得的分数。而表现性评价不仅评价学生行为表现的结果，更关注学生行为表现的过程，强调观察学生运用所学知识完成任务过程中的表现。

对于物理学科实验能力的评价，不能仅仅是对学生获得的实验结果和数据进行评价，更重要的是"基于观察和实验提出物理问题、形成猜想和假设、设计实验与制订方案、获取和处理信息、基于证据得出结论，并作出解释，以及对科学探究过程和结果进行交流、评估、反思的能力"①。通过物理学科对"科学探究"素养的界定，可以看出对"实验能力"的表现性评价是一个包括提出问题、猜想、假设、制订方案、获取信息、推论、解释、交流、评价、反思等一系列环节的评价。可见，表现性评价既包括对学习过程的评价，也包括对学习成果、结论、产物的评价，是一种更加全面的评价方法。

4.强调评价的综合性

由于解决真实世界的任务需要多种能力，表现性评价能够超越知识，给予学生更为完整的、综合的评价，学生解决问题的思路方法、信息处理能力、探索热情、责任感、态度价值观、倾听他人的意见与小组成员讨论的合作沟通能力、创造精神、反思能力、自我评价能力等，都在完成任务的过程中连续地表现出来，这比固定选项的知识性的笔试题目要丰富得多。

案例：北京一零一中学模拟政协活动

在模拟政协活动中，学生通过角色扮演，体会政协委员如何参政议政。通过走进政协、列席常委会等体验活动，让学生深刻理解中国共产党领导的多党合作和政治协商制度的内涵，体会我国政党制度既发扬了民主，又保证了效率的优势。在过程中增强了学生对我国政治制度的认同。

模拟政协促我成长
高二（10）班　李念虞

回首参加模拟政协活动的经历，一路走来，见证了模拟政协从刚刚诞生的新生事物到渐渐走向成熟，我也感到了自己在各个方面的提高。

记得第一次参加社团筹建的工作，听着老师描述着社团发展的愿

---

① 《普通高中物理课程标准（2017年版2020年修订）》，人民教育出版社2020年版，第5页。

景，听着同学们激烈的辩论，我逐渐对政协的知识和模拟政协的主要工作有了了解。社团里每一个人都积极参与讨论，承担工作的氛围强烈地感染着我，让我相信自己能够为社团的发展尽一份力。

渐渐地，我开始积极参与社团核心成员会议，第一次勇敢地从座位上站起来，表达自己对提案的理解；第一次举手主动承担社团工作；第一次面对着一份提案草稿字斟句酌……在参与社团工作的过程中，我意识到，这不是一个简单的课外活动，而是增长了我的知识，锻炼了演讲、写作、与人合作、有效沟通的能力，增强了我对中国民主政治的认同感。

这些方面的提升看起来是泛泛而谈，实际上在现实生活中的作用很大。比如参加模拟政协之后，我在众人面前讲话更加自信和流畅了，我不再需要一字一句地背稿子，听到了题目，就会不知不觉地打好腹稿。这个转变就是由于参加模拟政协的各种讨论，在小到社团日常例会，大到界别讨论会和议政会之中培养起来的。再比如我尽量做事不拖沓，遇到危机能全力应对而不退缩，也是由于模拟政协提案调研工作的紧迫性和时效性，使我感到责任在肩，不得辜负。

我不愿意把模拟政协叫作"比赛"，比赛总有种成王败寇的意思。而我以自己和同伴的经验作证，模拟政协的意义在于认知、能力和情感全方位"升级"的过程，而不是一纸奖状。这些升级的最终目的，都指向培养当代中国社会的理性公民。认知上的进步让我理解政协；能力上的提升让我参与政协；情感上的增进让我认同政协。在模拟政协极强的参与中，观点由幼稚、偏激和主观转变为成熟、理性和客观。

5. 评价标准具有开放性

传统评价的结论是预设的，只需要学生复制或简单推断即可，而表现性评价因为要求学生去努力解决一个复杂性问题，评价的标准也就不是固定的教条，强调问题解决方法的多样性，不囿于唯一正确的答案，而是开放、多样、多维度的，要根据问题的具体情境，从多角度、多方面、综合地、动态地生成评价标准。评价可以发生在课堂上，也可以在校外；可以是对学生个体表现的评价，也可以是对小组表现的评价；可以是最后的成果展示，也可以是某个持续的过程性评价。同时表现性评价关注学生的特长和个性，赋予学生自主权，可以用多样化的方式呈现和展示学习成果，促进每个学生的发展。可以是一个演讲、一个实验操作、一个作品展示，也可以是一项调研活动……表现性评价赋予教师和学生评价自主权，使其个性得到展现。

案例："饮食文化"课程评价

"饮食文化"课程通过了解和学习中国人家常菜的制作，让孩子们领悟中华饮食文化的精妙。课程作业大多是让学生们根据个人的喜好和特点，自行选择和设计作业提交形式（见表5—4）。

表5—4　"饮食课程"丰富多彩的学生作品

序号	作品形式与名称	主要内容
1	故事分享	学生分享自家的东北水饺。今天讲"岁更交子——汉族传统面食饺子的制作"。在动手学习包饺子之前，老师讲了张仲景发明饺子，以及为什么饺子被冠名"更替交子"的故事，我深深感受到张仲景医者仁心的情怀和饺子背后家庭团圆的意味。今天的作业，我想和大家分享一下我家饺子的故事，因为我的父母都是东北人，水饺是我们家的当家饭，所以我来介绍一下东北水饺的特点和制作方法。（略）
2	视频录像	1. 拍摄自己揉好一块软硬适中的小面团儿的经历。过程中打翻了一盆干面，水多了加面，面多了加水，最后终于揉好面团儿的过程记录。 2. 赴老字号、网红餐厅等拍摄美食制作过程，了解美食背后的文化和厨师的匠人精神。
3	制作感悟	撰写学习和实践操作的感悟。学生感悟到父母的辛劳，认为亲身参与是一场很好的劳动教育；感悟饮食背后的家庭团圆与亲情的温暖。
4	家长评语	周六学生做烙饼给妈妈吃，妈妈对孩子劳动实践的评价和寄语。
5	研究论文	学生《民以食为天，饺子传天下》的论文，深入研究了我国各地饺子的文化习俗和不同的制作特点，然后横亘中西，比较世界各地的饺子，比如意大利饺子、墨西哥饺子等。

续表

6	照片集锦	我的创意面点 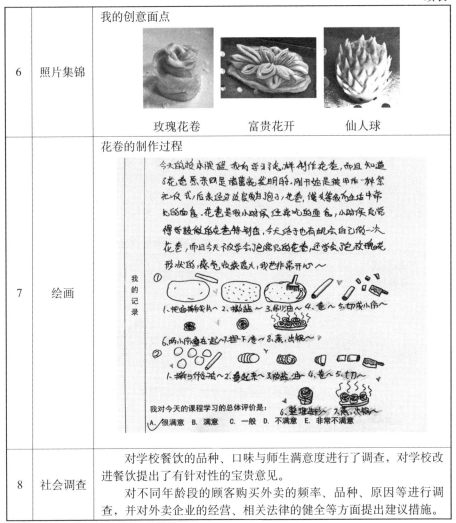玫瑰花卷　　　　富贵花开　　　　仙人球
7	绘画	花卷的制作过程
8	社会调查	对学校餐饮的品种、口味与师生满意度进行了调查，对学校改进餐饮提出了有针对性的宝贵意见。 对不同年龄段的顾客购买外卖的频率、品种、原因等进行调查，并对外卖企业的经营、相关法律的健全等方面提出建议措施。

由于每个人的生活背景、家庭、出生地、饮食习惯不同，他们对于课程内容的感受和体验是不同的。每个人的思维特点和认知特点不同，其表达方式也不同：有的擅长理性分析，以论文研究的方式阐释饮食文化；有的喜欢绘画，用画笔记录制作的过程；有的具有很强的媒介素养，制作相关的视频录像；有的善于观察生活，通过记述自己的故事，表达食物背后的人伦情感；有的乐于动手实践，学习掌握一门生活技能……内容不同、形式不同、表现不同，有课堂内的记录，也

有课外的生成与延展，充满了文化知识、生活技能、劳动观念、自我反思的丰富内容。

6. 强调预先制定清晰的评价标准

在评价之前，需要制定具体、规范的评价标准，并对每一条评估标准，以及学生表现的水平进行描述，让学生明确学习结束时所要达到的目标与要求。在实践中，也可以通过展示和分析具体的范本，让学生知道什么样的是好的作品，以及完成任务过程中的注意事项。评分标准的详细程度，可以根据具体任务和评价对象的具体情况而定。在清晰、明确的基础上，也不要过于冗长。美国评价专家波帕姆指出，在实践中十几页纸的操作规则实在令人厌烦，最好不要超过两页纸。①

相对于传统的纸笔测验，表现性评价的优势十分明显。但是，表现性评价也有其局限性，评价相对耗时长，具有较强的主观性，成本较高等。标准化测验也有其独特优势，由于题量大，考点覆盖面广，答案唯一，评分客观公正，节省批阅时间，效率高，是比较经济的提高考试信度的方法。

（三）一个表现性评价案例

案例：北京市第一五六中学模拟法庭活动　　教师：陈怡

评价目标

1. 在掌握法律基本概念和法律相关规定的同时，增强理论联系实际的能力，学会运用法治思维，进行逻辑推理，分析案件事实，把握法律关系，提高使用法律规则解决实际问题的能力。

2. 增强运用法律术语和知识进行表达，以及与小组其他成员交流合作的能力。

3. 理解法律是国家和社会生活的最高准则，理解公平正义是法律的价值追求。

---

① ［美］詹姆斯·波帕姆：《教师课堂教学评价指南》，王本陆、赵婧译，重庆大学出版社 2010 年版，第 185 页。

4.体会"法治就在我们身边",公民生活与法律密切联系,中学生应该自觉遵守法律,远离违法犯罪,做法治社会的合格公民。

评价任务

组成学习小组,每组8—10人,完成以下任务。

1.学习、探究庭审中有哪些不同的角色?了解这些角色的身份、职责,以及相互关系。

你需要思考这些问题:

(1)为什么要在被告人旁边设立律师辩护席?

(2)为什么要设立检察机关,他们的职责是什么?

(3)作为律师,当捍卫法律公正与维护被告利益之间发生冲突时,应该如何处理?

2.选择本组模拟法庭的案例,并进行深入分析。

(1)案例选择的标准与要求:

• 具有真实性,是真实生活中的案例,贴近中学生的生活或者是社会热点案件,能够激起同学们的兴趣和参与热情;

• 具有典型性,是社会生活中具有代表性的案例;

• 具有教育性,案件对中学生具有教育意义,能够帮助学生树立法治意识,自觉遵守法律;

• 案例也可以是一些错案,可以分析发生错案的原因;

• 难度适当,应注意选取案例的难易度,案例的复杂程度和涉及的法律知识要符合当前学习水平；

（2）运用法律知识、思维与方法，分析案件，要求深入、客观、全面、准确，鼓励新颖的观点。

3.可以通过上网、去图书馆查阅资料，以及访谈专业人员，了解庭审的流程。绘制清晰的庭审程序流程图。

你需要思考这些问题：

（1）为什么要设立自我辩护的程序？

（2）为什么设置补充侦查的程序？

4.小组内划分角色，进行案件审理的模拟演练。充分运用自身和小组团队的力量来完成整个庭审过程。

5.各组展示庭审过程。

6.按照小组评价量表和自我评价量表进行评价。

7.撰写本次活动的收获体会。

评价量规

表5—5 小组成绩评价表

班级： 小组： 姓名：

评分项目		评分标准	得分
模拟法庭剧本展演 （50分）	1	紧扣案件，秩序良好，认真严肃，角色流程恰当有序，用词准确，逻辑性强，总结（体会）能结合所学知识，运用法律思维，观点正确，有独到见解。（40—50分）	
	2	能够围绕案件，秩序较良好，较认真严肃，角色流程恰当有序，总结（体会）基本能结合所学知识，观点基本正确，但见解不深刻。（25—40分）	
模拟法庭剧本展演 （50分）	3	基本能够围绕案件，秩序较差，不流畅，角色流程基本有序，用词比较准确，总结（体会）结合所学知识表现一般，观点较为清晰，但新颖性不强。（10—25分）	
	4	对案件主要争议事实不能把握，展演现场混乱，总结（体会）不能结合所学知识，观点和分析不清楚。（0—10分）	

续表

评分项目		评分标准	得分
学习态度 （两项） （30分）	1	整个过程严格按照规范，认真严肃，无迟到早退，无嬉笑吵骂。（0—20分）	
	2	对待学习任务认真、负责，能较好完成相关任务，如PPT和文稿的制作。（0—10分）	
团队合作 （20分）	1	严格依照诉讼程序，组员配合默契，遵守纪律，无错误，语言流畅，逻辑性强。（8—10分）	
	2	能依照诉讼程序规定，注重组员配合，遵守纪律，无较大错误，语言表达较清楚，逻辑性较强。（5—7分）	
	3	基本能依照诉讼程序规定，组员配合相对陌生，基本能够遵守纪律，无较大错误，语言表达较差，逻辑层次不清。（2—4分）	
	4	基本上不能依照诉讼程序规定，组员配合陌生，不能遵守纪律，庭审中出现较大错误，不能阐明所持的基本观点，逻辑层次混乱。（0—1分）	
总评	评语： 组长签名：		
	评语： 指导教师签名：		

表5—6 自我评价问题表

1. 审理案件的争议焦点有哪些？ 2. 本人所扮演的角色在审判活动中有哪些注意事项？ 3. 法庭辩论过程的成功或不足之处有哪些？ 4. 本人在参与审判模拟活动过程中，完成了哪些任务，有哪些收获与不足？

小组评价与自我评价两项成绩相加的平均分，记入期末成绩，占10%。

这个表现性评价案例完整地体现了表现性评价的三个构成要素，发挥了表现性评价的作用。表现性评价主要由三个要素构成——评价目标、评价任务、评价量规。

评价目标是对学生应该知道什么和能做什么的具体陈述，表达了教师对学生学习结果的期望。合理、正确的评价目标决定了整个评价

图 5—1　北京市第一五六中学模拟法庭活动

的方向。比如在这个案例中，需要准确界定评价目标指向培养学生的
法治意识素养，期望学生运用掌握的知识，深刻地认识公民的权利
与义务，理解法律的公平公正，而不仅仅是记诵某些具体细节的法
律知识。

　　评价任务是指为了实现评价目标而设计的一系列需要学生完成的
任务，学生通过执行或完成任务，展示自己分析和解决问题的能力。
注意要创设有价值的学习任务，任务的设置要与目标相匹配，在本
案例中，评价任务通过一系列切中本质和要害的问题，引导学生探
究庭审中不同角色的身份、职责、相互关系，以及庭审环节设置的
意义。

　　评价量规是重要的真实性评价工具，它是为了判断学生在真实性
任务中的表现而建立的一套任务表现标准和评价等级。量规的使用在一
定程度上保证了评价的有效性和公平性，评价标准要在评价前让学生明
晰，这有助于学生根据标准来制订行动计划，并随时进行自我评价，从

而校准行动。本案例中小组评价表与自我评价表，指向可观察的学习成果，以清晰的描述性标准和等级分数评价学生的表现水平，能够帮助学生清晰地认识和监控自己的行为表现，找到优势与不足，不断地改进和提高。

二、成长记录袋评价

（一）产生背景

"档案袋"的英文是 portfolio，由 Port（携带）与 Folio（页码）组合而成，是"代表作选辑"和"文件夹"的意思。最初使用档案袋这种形式的是画家、服装设计师和摄影家们，为了不断反思自己的艺术作品，也为了让人们更加充分真实地了解自己的创作理念、不同时期的艺术探索的特点，他们将自己的代表作品和创作过程记录下来，并进行展示。后来在 20 世纪 60 年代，这种做法被应用到教育评价领域，形成档案袋评价，即用档案袋收集学生的相关作品资料，用以评价学生在特定领域学习中的表现、成就与进步。

档案袋评价法是西方国家在对传统量化评价方法进行批判的基础上产生的。传统的纸笔测验只能提供一些抽象的分数，为了展现学生的个性发展和创造特色，需要寻求一种更有生命力和表现力的评价方法。在教育实践中最早使用档案袋评价法的是美国哈佛大学教育学院的哥德曼教授开展的"零点项目（project zero）"。在"零点项目"中，儿童们为了追求特定的目标而采用档案袋的方法记录自己的学习历程，并进行多样化的评价。这种评价方法不是对照标准给作品打出一个分数，而是强调学生的自我评价，发展学生对自己学习的理解力与反思力，强调学习和评价是一个统一的过程，帮助学生辨别自己的长处与不足，不断改进和发展。"零点项目"所倡导的学生中心、个性化、过程性的评价观受到世界各国普遍认可，20 世纪 90 年代以后，档案袋评价法在西方国家得到迅速推广。比如 Scott G.Paris 和 Lindar R.Ayres 在《培养反思力：通过学习档案和真实性评估学会反思》一书中，描绘的一堂激动人心的语文课：Jenny 教师和她的学生们一起翻阅、讨论、分享、评价一年来收集的各种学习作品，这些具体、真实、丰富的资料使课堂的每一部分都朝着推进有意义和有价值的教育目标进行，同时所有的教学活动也都是评价活动。这种场景成为当时西方课堂和评价的普遍现象。在日本、韩国等亚洲国家，档案袋评价法在幼儿和其他各类教育中也得到广泛使用，并开发了具有本国特色的"学情卡"和"一页纸档案袋评价法（One Page Portfolio Assessment，简称 OPPA）"。随着信息技术的飞速发展，电子档案袋的便捷性与巨大的容量，使档案袋评价的应用范围得到了极大扩展。在 20 世纪 80 年代，档案袋评价被介绍到我国。

2002 年在《教育部关于积极推进中小学评价与考试制度改革的通知》中，明确提出中小学要建立学生的成长档案。2014 年《国务院关于深化考试招生制度改革的实施意见》也指出："学校要建立规范的学生综合素质档案，客观记录学生成长过程中的突出表现，注重社会责任感、创新精神和实践能力。"越来越多的教育工作者开始关注这种以记录学习过程为特点的评价方式，目前在语文习作、英语阅读与写作、美术，以及综合素质评价中使用相对较多。英语学科在课程标准的"评价建议"部分，专门论述了成长档案袋在英语学科使用的目的、建立步骤、记录内容、作用以及注意事项等。但是，总体来看，在我国教育实践中档案袋评价方法使用的规范程度、应用范围和实际效果，还不尽理想，因此，在素养评价改革中，有必要深入研究这种评价方法的理论与操作。

（二）档案袋评价的内涵

档案袋评价在实践中有多种不同的称谓，比如"成长记录袋评价""作品集评价""代表作选辑""卷宗评价"等，其中最常用的说法是"档案袋评价"和"成长记录袋评价"。尽管二十多年来，档案袋评价被广泛地应用到教学与评价中，但是迄今为止，尚没有一个统一的定义。正如对档案袋评价有深入研究的美国教育家比尔·约翰逊所说的，如果让五个教师分别给档案袋评价下定义，会得到五个不同的答案，而且没有一个是错的。① 这是由于档案袋评价具有鲜明的个性化特点，它通常与特定情境、特定目的和特定对象联系在一起。

美国国家教育委员会指出："档案袋是学习的记录，主要包括学生的作品，以及学生对这些作品的反省。这些材料由学生与工作组成员一起来收集，集中反映学生向预期目标进步的过程。"

克鲁斯认为档案袋就是一个人作品的系统收集物。这个工具通过电子版的、口头的、实物等形式反映并表明了儿童的理解能力和智力，这个册子可以帮助儿童反思学习过程，对自己的学习负责，把每一个儿童看成一个独立的沿着自己的道路前进的学习者。

美国西北评价联合会（Northwest Evaluation Association）对档案袋评价的阐述为："档案袋是学生作业的一种有目的的搜集，这些作品要能够展示学生在一个或多个领域中付出的努力、取得的进步或成就。收集过程必须包括学生在内容选择、挑选准则的确定等方面的积极参与。档案袋中还要包括判断价值高低的准则和学生自我反思的证据。"②

美国课程评价专家比尔·约翰逊在《学生质量评定手册》(2001 年)中这样定义，"档案袋评价是以学生为中心、民主化教育思想为理论依据，对学生学业成绩和进步状况予以展示和评定的评价方式。"

普通高中英语课程标准指出，"成长档案袋是展示学生动态学习过程的重要形式，集中体现学生在学习过程中所做的努力、取得的进步和获得的学习成果。成长档案袋通常以文件夹的形式收藏学生具有代表性的学习成果（作业、作品）和反思报告等，为便于储存、提取和管理，可鼓励学生利用信息化技术建立电子档案袋。通过建立成长档案袋，督促学生经常检查作业完成的情况，自主选出满意作品，反思学习方法和

---

① ［美］比尔·约翰逊：《学生表现评定手册——场地设计和前景指南》，李雁冰译，华东师范大学出版社 2001 年版，第 38 页。
② 雷彦兴、刘桂霄：《档案袋评定的电子化构架及开发策略》，《电子教化研究》2006年第 10 期。

学习成效，培养学习的自主性和自信心，体现学生参与评价的主体过程。成长档案袋也为学校、教师、家长提供了学生动态的学习过程和进步记录。"[①]

综上所述，本研究认为档案袋评价是以促进学生素养发展为目标，这个素养可以是某一学科核心素养，也可以是综合素养，有意识地收集和记录学生的相关作品、学生自我反思、教师和同伴评价等相关材料，了解学生某一时期素养发展的过程和轨迹，并对学生素养发展的状况和水平进行质性分析的评价方法。档案袋评价是一种质性评价方法，档案袋是评价的工具和载体，但它不是简单意义上的一个资料收集筐，而是一种在促进学生发展的评价目的指导下的学习和评价行为。

（三）档案袋评价的特点

档案袋评价法与传统标准化测验相比，具有如下几个特点。

1.档案袋评价具有明确的目的性、计划性和组织性

档案袋评价与一般的档案袋或简单的文件夹不同，它不是根据学生的喜好随意地、杂乱地堆砌一些资料形成一个袋子。在评价意义上的每个档案袋都必须具有明确的评价目的，没有明确使用目的的档案袋不是真正教育意义上的档案袋评价。在评价实施之初，就需要围绕一定的教学要求，预先设定本次档案袋评价的目的，确定收集哪些内容资料，设定资料的评价标准，然后师生有计划地按照一定的步骤收集、整理、反思、修改作品，一步步地达到最终目标。因此，虽然档案袋评价具有开放性和自主性，但并不是随意、无组织的行为，师生要依据一定的目的，对学习过程与结果进行规划，制定短期目标、阶段目标和长期目标，同时对不同时期档案袋的内容、评价标准、操作步骤进行精心思考与系统设计，然后有计划地实施。

---

① 《普通高中英语课程标准（2017年版2020年修订）》，人民教育出版社2020年版，第88页。

案例：中央公园东方中学的毕业档案袋评价

美国纽约市的中央公园东方中学（Central Park East Secondary School，CPESS）采用毕业档案袋评价的方式，确定学生是否达到毕业要求。① 该校的档案袋评价体系包含了计划、自传、社区服务、道德和社会、艺术、媒介、实践、地理、语言、科学与技术、数学、文学、历史、身体素质等 14 个领域，并对每一个领域要完成的档案袋任务、内容和形式提出了具体要求。学校强调要通过这些明确的任务描述，让学生从入学的第一天起，就非常清晰地知道自己在整个学段要达到的目标，明确要在哪些领域获得哪些发展，在学习过程中需要付诸哪些具体行动，通过论文、社会服务、项目完成、测验成绩等证据的持续积累，表现自己的进步过程。在毕业时，学生需要完成 14 个档案袋，并提交给学校学生毕业委员会进行评价和答辩。学校强调他们的主要目的不在于给学生一个等级评定，而是要让学生明确学习和评价的目标，然后在整个学习期间有计划、有组织地完成学习体系的要求。该校的档案袋评价具有明确的目的性、结构性和系统性（见表 5—7）。

表 5—7 CPESS 毕业档案袋任务

领域	任务要求
毕业后的计划	说明获得文凭的目的，短期、长期乃至终生发展计划。
自传	书面、口头或其他形式（比如照片、录音带等）的资料，反映学生的家族史、信念和价值观等。
学校/社区服务	一份正规简历，说明过去从事过的工作和实践经历，要有相关证据表明自己所获得的成就和从中学到了什么。
道德和社会	运用多种形式（如社论、戏剧或者辩论），展示自己运用多重观点，对社会和道德问题进行多种解释的能力。
优良的艺术和审美能力	多种艺术形式的表现或展示（如，舞蹈、雕刻或音乐），以表达对审美领域的理解。
大众传媒	说明自己如何理解不同形式的传媒对公众及其观点的影响。

---

① 李雁冰：《课程评价论》，上海教育出版社 2002 年版，第 223 页。

领域	任务要求
实践技能	提供一个或多个领域（如科技、身体技能、公民的权利和义务等）学生技能形成和发展的证据。
地理学	在教师自编测验上的表现以及学生自行设计的项目表现（如描绘一幅地图）。
第二语言或双语	展示在其他语言方面的听、说、读、写的能力。
科学与技术	在提供考试和项目作业等传统证据的同时，表明科学方法的使用情况，以及对科学在现代社会中作用的理解。
数学	包括在教师自编测验上的表现、展示概念理解和运用的项目、作业等。
文学	提交每个学期阅读的目录，以说明阅读文献的广度；提交对文学作品、作家或任务的评论，表明你的文学思考和写作、交流思想的能力。
历史	包括在州或学校、教师的测验表现，以及有关历史学科的项目展示，表现对历史的理解。
身体素质	有参与运动队或者个体运动及其表现的证明。

2. 档案袋评价形式具有多样性

一般而言，标准化测验的内容与形式十分单一，考查方式无非是填空题、选择题、简答题、论述题等几种有限的题型。而档案袋评价则不同，它在呈现形式上表现出难以想象的多样性和丰富性。资料的来源是多样的，包括学生、教师、同学、家长或其他社会成员的陈述、观察和评语；资料的内容和形式是多样的，可以是传统的作业、测验及成绩报告，也可以是某个作品、论文、研究报告、操作、演示、轶事记录、感悟、设计、总结、模型、信件、小发明、照片、证书等；其载体是多样的，可以是文本、图片、图表等纸媒形式，也可以是某段演讲、表演或辩论的录像，或音频、视频等数字媒介形式；其评价范围也是多元而广泛的，除了对学生的智育、学习效能、策略和方法进行评价，还涉及情感、态度、价值观、行为表现、自我反思能力的评价。

案例:《普通高中英语课程标准（2017 年版 2020 年修订）》成长记录袋的内容与要求

《普通高中英语课程标准（2017 年版 2020 年修订）》详细列举了成长记录袋可以包括的内容。

表5—8 《普通高中英语课程标准（2017 年版 2020 年修订）》成长记录袋的内容与要求①

成长记录袋可包括以下内容:
- 学生学业的初始档案材料,如个人情况简介以及入学考试成绩等;
- 学习行为记录,如课上参与朗读、朗诵和角色扮演等情况;
- 书面作业样本,通常为学生最为满意的作品;
- 教师对学生学习情况的课堂观察评语;
- 家长对学生课下学习和课外实践活动的评语;
- 平时测验记录、阶段性测试成绩等;
- 与英语学习有关的视图作品集锦,如绘画、宣传画、图表或连环画等;
- 写作作品集锦,如日记、随笔、信件、报告、调查、小论文、故事等;
- 多媒体制作与展示,如图片文字展示、网页设计、微电影等;
- 学生的自我评价与反思;
- 其他同学的评价和评语;
- 教师对学生整体表现的综合评定。

　　学生的成长记录袋主要收集和记录学生的学习过程和进步情况,目的是使学生通过档案袋中各项活动的记录,看到自己的成绩和进步,获得成就感,提高自信心,同时还能认识到自身的不足。成长记录袋的建立有利于学生之间的交流评价、比较鉴别,实现个性化发展。因此,教师要在对学生的综合评定中,重点关注学生在英语学科核心素养发展过程中的进步情况、努力程度、反思能力和最终发展水平,引导学生既要重视档案袋的内容完善,也要重视档案袋的形式设计,更要充分利用好档案袋的多元评价效果。

　　通过上述阐释,英语新课标结合英语学习的特点,列举了丰富多样的档案袋可以记录的内容和方式,比如,考试成绩、书面作业、朗

---

① 《普通高中英语课程标准（2017 年版 2020 年修订）》,人民教育出版社 2020 年版,第 88—89 页。

诵、角色扮演、实践活动、绘画、图标、连环画、日记、随笔、信件、报告、调查、论文、故事、网页设计、微电影，以及自我反思、同学、老师和家长的评价等，并指明通过档案袋记录要达到促进学生自我反思、实现个性化发展、提升学科核心素养的目的。

3.档案袋评价体现过程性和真实性

传统的标准化测验属于结论性评价，档案袋评价则不同，它是过程性评价，是在一段时间内对学生作品的收集和评价，生动真实地记录了学生学习发展的过程和轨迹。

档案袋是一个真实的世界，这里有成功的喜悦，也有遭受的挫折，甚至失败的教训和感悟；有面对一个学习任务，初期的不知所措和误解，过程中的所思所想，经历的迷途，从哪里找到突破口，以什么样的方式加以修正与改进，过程中付出的努力，在何处获得进步和发展，等等。档案袋评价超越了一个抽象的分数，可能 A 学生与 B 学生都是 85 分，但是这个分数背后的独特经历，每个人的收获和体会是不同的，关键过程的真实记录和描绘都在这个珍贵的袋子里，它体现了"教育即生长"的过程。比如，某项议题研究或实践活动，不仅记录论文、报告、小组打分等最终成果，也可以把学生选题时的考虑、调查中遇到的困难、过程中的重大突破、思路调整的反思、访谈了哪个印象深刻的对象、活动中的良好言行、随感笔记等有价值、有意义的过程记录下来。比如，作文档案袋，它可以完整地呈现整个写作的过程包括学生最初的构思、提纲、草稿、修改稿、完成稿、老师评价、同学评价、再次修改稿，以及整个过程中学生的收获和体会。因此，档案袋不仅真实地记录了学生的学习成果，而且将学生的发展作为一个连续的过程呈现出来，既保证了评价的真实性，也体现了评价的过程性和发展性，在过程中寻找和总结发展点。

案例：北京市第一六一中学政治学科月考分析与反思

下面是北京市第一六一中学政治学科的档案袋内容之一——月考总结与反思，对象为高三学生。针对十二月的月考，老师设置了 3 个题目，三道题之间具有紧密的逻辑关系，引导学生从对一道具体试题的反思，上升到对本次考试的反思，再到面对终结性评价高考的思考。

第1题，从一道典型试题的答题逻辑，引导学生进行反思。为了给学生更为明确的指导，老师给出一个参考示例，并提出了具体要求。让学生在考试之后，通过一道典型例题，提升分析问题的逻辑推理能力。前面我们阐述过，真实情境的论述题也属于真实性评价，对于这类问题的思考，可以提高学生解决问题的能力。其中，还有一点教师的教学设计值得注意，"可以先概括出你的答案的小逻辑，再用红笔修改"，意味着引导学生反思自己的作答，用红笔进行修改和完善。

　　第 2 题是对本次考试的得失反思。引导学生认识自己取得了哪些进步，有哪些值得肯定的地方，还存在哪些不足。有的学生肯定了自己能够从试题情境出发，设身处地思考问题，而不再死记硬背地套用书上的知识点；有的学生肯定自己找到了一些更为灵活的学习方法；还有的学生增强了学习的动力，看到了能够"学好的希望"……同学们也看到自己存在知识漏洞、审题不清、作答思路不够开阔等方面的问题。正像学生自己说的，"既不妄自菲薄，又坚定信心"。

第 3 题是对高考的理解。这是在更大、更长远的角度来检视目前的学习和今后的规划。我们欣喜地看到学生重视高考，但是又能透过高考看到自身长远发展的目标与方向。学生看到高考虽然是选拔性考试，但是在甄别功能之外，"考查的不仅是知识，而是情商、素养、品德和价值观""大到经世致用，家国情怀"。

（四）档案袋评价的类型与使用

在教学实践中，成果型、过程型和评价型三种最为常见。成果型档案袋（product portfolio）主要是展现学生的学习成果，把优秀作品、自己最满意的、最喜爱的或者典型的作品装入档案袋中，也包括对作品产生和选择理由的陈述、说明。过程型档案袋（process portfolio）是将学生不断努力、探索、反思、完善、进步的经历和过程展现出来，收集的材料可以包括学生不同时期的作品，有最优秀的，也有初始状态的、不成熟的、甚至不成功的作品，让评价者了解学生学习进步的轨迹。这种档案袋除了作品之外，还可以包括教师的行为观察记录表、学生学习的过程的感悟和阶段性反思等。评价型档案袋（Evaluation Portfolio）建立学生的作品集的目的主要在于评定学生的成绩与水平，因此通常具有统一规范的评价标准。上述档案袋可以根据学习中不同的评价目的和学习主题灵活使用。

案例：艺术素养成果型档案袋的评价内容

表5—9　我最骄傲的艺术作品档案

类别	作品	展示
书法	最优秀的钢笔字作业	
	春联1幅	
绘画	风景画1幅	
	素描1幅	
	色彩1幅	
手工	中国结	
	串珠	
	插花	
摄影	风景	
	人像	
	动物	

案例：评价型档案袋在招生中的运用

一些学校招生时会要求学生回答一些问题，来评价学生的素养及水平，其中绝大多数问题都是学生成长档案袋中的必备内容。

• 将一篇自己最满意的习作拍照上传，要求这篇习作是教师批改过的，上面附有教师的评语。（最满意的一篇习作是写作理想型档案袋中的必备内容）

• 在过去的一年中，你最喜欢读的一本书是什么？为什么你喜欢它？（曾经阅读的最喜欢的一本书并阐述你的理由，这是文学阅读理想型档案袋的内容）

• 描述一项你最为自豪的学术或课外成就，或一项你所面临的挑战。如果你选择了一个成就，需要描述你是如何完成这个成就的？如果你选择了一个挑战，说明你从中学到了什么，是如何克服困难的？（"成就"属于理想型档案袋评价的内容，"挑战"以及克服困难的过程和从中收获的感悟属于过程型档案袋的内容）

• 如果在某件事情上你可以做得更好，它是什么？为什么？（此问题属于过程型档案袋中学生反思的内容）

通过上述案例，可以看出档案袋评价法使用的普遍性，并且作为一种可信的评价方法广泛地应用于学生成长和招生录取中。评价型档案袋通常是将各种档案袋类型，综合运用于升学或者阶段性等级评定中，要求有更为统一的评价标准和尺度。比如一篇"代表我文学最高水平的习作""我在什么时候做得最好？""我最有意义的成就是""描述一项你最为自豪的学术或课外成就，并描述你是如何完成的这个成就的"，这些是把理想型档案袋的基本内容用于评价，这些问题的回答不仅反映了学生的技能水平，而且体现了他们对于作品内涵的理解，以及寄托在其中的情感和态度。评价型档案袋，不仅指向最终的成果，有时也包含着过程型评价，比如，"如果在某件事情上你可以做得更好，它是什么？为什么？"引导学生对自己成长过程中的不足进行反思。再如，"描述一个对你的生活或思维方式上造成改变的事件或活动的影响"和"分享一段你的社会活动的经历"，这些问题给学生很大的空间，因人而异，结合每个人的经历可以是成果的分享，也可以是过程中的教训和反思。

第二节　多元主体协商评价

多元主体协商评价是第四代评价理论提出的评价方法。第四代评价理论是 20 世纪 80 年代由美国评价专家古巴和林肯在反思和批评传统评价理论的基础上提出的。该理论对传统评价中管理者自上而下地单向控制评价过程和结论，而其他利益相关者被排斥在评价系统之外丧失参与权和表达权的"管理主义倾向"进行批判，主张"价值多元化"，认为评价应该是所有参与评价活动的人所共同建构的过程和结果，是所有评价的利益相关人或团体基于对评价对象的认识，通过不断的协商、对话和交流，协调彼此的教育价值观，从而达成一致看法的过程。

第四代评价以斯太克"回应式聚焦方式（responsive mode of focusing）"的思想为基础，斯太克认为评价的意义在于服务好评价对象，因此，评价首先应该聚焦服务对象关注的问题、兴趣和焦点。第四代评价以"回应"评价活动中利益相关者的需求作为评价的出发点，尊重每一个主体参与评价权利，而且特别突出了过去被忽略的学生的评价地位，指出必须承认学生作为评价主体的身份，要在评价体系中聆听他们的声音。其次，这些主体以"协商"的方式达成共同的"心理建构"。评价是一个民主协商、主体参与的过程，在协商过程中，多元主体是平等的，在平等、自由、开放的环境中，通过对话达成共识。

第四代评价鲜明地提出了价值问题，关注价值差异的问题。评价本身是一个价值判断，涉及诸多利益相关者复杂的诉求，这些利益相关者关注的视角不同，立场不同，其作出的价值判断也存在差异。因此，第四代评价一改评价领域长期以来秉持客观主义立场和科学主义的研究方式，主张采用质性的价值判断的方法进行评价，其评价理论所体现的教育民主、学习共同体、协商治理、交往理性等现代教育理念，以及对于多元文化时代背景的回应，使其很快在世界评价领域产生了巨大的反响，成为理论与实践研究的热点。

一、多元主体协商评价的内涵

多元主体协商评价的内涵包括两个方面，一个是多元主体，一个是协商评价。

（一）评级主体由一元走向多元

所谓评价主体，是指参与教育评价活动，按照一定的标准对评价对象作出价值判断的个人或团体。评价主体深刻影响着评价的方向与进程，是教育评价取得成功的重要条件。

"由谁评价"的问题，在一元价值观主导的时代，并不是一个问题，但是在价值多元化的时代，已成为教育领域不能回避的核心问题。随着教育民主化的进程，在弘扬主体性的新一轮素养课程改革的国际潮流中，越来越多的利益相关者加入评价主体之中，评价主体的多元化成为顺应时代发展的必然趋势。

回顾评价主体的发展，其经历了由一元向多元、由外部向内外全方位扩展的过程。在20世纪30年代泰勒的"目标导向评价模式"中，评价是教育专家的事情，评价目标由专家制定，评价组织、实施、结果的使用也由专家施行，学生作为评价对象接受评价。之后相继出现的"决策导向评价模式（Decision-Oriented Evaluation Model）""全貌评价模式（Countenance Evaluation System）"等，也都是由教育行政部门和专家控制评价，学校内部人员是外部行政部门和专家意志的实施者。单一评价主体的状况盛行了近40年。

一直到20世纪70年代末，人们开始认识到权威专家的"一元认识"很难反映学生的真实情况，针对性也不强，而且统一测验虽然可以简单判定学生的水平，但是对于促进学生发展的指导作用十分有限，于是，开始打破单一评价主体的模式，萌发出多元主体共同参与评价的理念。1978年，美国评价专家派特（M. Q. Patton）在《使用定向评价》一书中，指出为了更好地满足评价结果使用的需要，应该把评价信息的使用者纳入评价中来，第一次冲破了历史上评价主体只能由专家担任的传统，开启了主体多元化的革命。[①]20世纪80年代，美国评价学者柏若克（A.S.Bryk）提出了"相关人员为本的评价（Stakeholder-Based Evaluation）"，进一步将评价主体的范围扩大到评价的"相关人员"。20世纪90年代，加拿大评价学者柯森斯和俄利（J. B. Cousins & L. M. Earl）提出了"参与评价模式（Participatory Evaluation Model）"，这一模式拓展了主体参与评价的范围，参与者可以直接进入评价过程的

---

① Michael Quinn Patton, Utilization-focused Evaluation (2nd Ed.), Newbury. CA: Stage, 1986, p.36.

每一个环节，包括评价目标的制定、评价实施与结果解释。1994年斯坦福大学教授费特曼发表的《使能评价》（Empowerment Evaluation）一文，从多元主体参与评价的效能角度，指出全体参与有助于提高学生独立发现问题与解决问题的能力，突出了评价的教育功能。[①] 艾伦·韦伯（Ellen Weber）在《有效的学生评价》一书中，强调了多元评价主体之间的合作关系，提出"通过合作性评价改进评价活动"的观点，指出学生本人、同伴、教师、父母以及社区都是评价的"伙伴和同盟"，要通过他们之间的评价合作来更好地促进学生的发展。[②]

素养评价强调真实问题解决能力的培养，要求学生更加广泛地参与到社会实际生活中，学校的文化功能也逐渐加强，不仅是传递书本知识，而且要鼓励学生深入政治、经济、社会、文化等真实领域中。在这种图景下，教育的边界逐渐扩大，评价涉及的主体更加广泛而多样，形成一个多元化主体并存、关联和互动的系统。

在实践中，由政府教育部门、学生、教师、学校管理人员、家长与社会等多元主体参与学校评价，已成为世界各国教育的普遍做法。比如，一些学校引入了学生的自我评价。在开学初，教师把设计好的自我评价表发给每个学生，由学生根据自己平时作业、练习和课堂表现情况填写。到学期结束时，将学生自我评价与教师评价、校长评语一起写入综合报告，使每个学生都能够更加全面地认识自己。在我国基础教育课程改革中，积极倡导建立多元主体共同参与的评价制度。《基础教育课程改革纲要（试行）》指出："建立以教师自评为主，校长、教师、学生、家长共同参与的评价制度，使教师从多渠道获取信息，不断提高教学水平。"《教育部关于积极推进中小学评价与制度改革的通知》中强调，"重视学生、教师和学校在评价过程中的作用，使评价成为教育行政部门、学校、教师、学生和家长共同参与的交互活动。"2021年3月

---

① 蔡敏：《论教育评价的主体多元化》，《教育研究与实验》2003年第1期。.

② ［美］E.韦伯：《国家基础教育课程改革》，"促进教师发展与学生成长的评价研究"项目组译，《有效的学生评价》，中国轻工业出版社2003年版，第3—24页。

教育部等六部门印发《义务教育质量评价指南》的通知，特别强调评价方式要"注重自我评价与外部评价相结合。在引导学生、学校和县级党委政府积极开展常态化自我评价和即时改进的同时，构建主体多元、统整优化、责任明晰、组织高效的外部评价工作体系。"新一轮课程改革也十分注重评价主体多元化，比如《普通高中语文课程标准（2017 年版 2020 年修订)》指出："倡导评价主体的多元化。鼓励学生、家长、教师、管理人员等参与课程评价。语文教师应利用不同主体的多角度反馈，帮助学生更好地认识语文学习与个人发展的关系，学会自我监控和管理。学校应创造条件引导学生参与多种评价活动，建构学习与评价的共同体学会持续反思、终身学习。"

（二）协商共识的评价路径

多元主体协商评价不仅在于评价主体数量上的扩展，更加深刻的是它揭示了多元主体以何种方式结合在一起进行评价，这就是"协商"。

"协商"的英文为"negotiate"，意思是"做生意（to do business）"，与他人进行工作或利益的互动以求双方达成一致，共同获益。在《现代汉语词典》中，"协商"被解释为"共同商量以便取得一致意见"。[1]"协商"被广泛地用于日常生活中朋友、夫妻、同事之间分歧的解决，以及经济、政治等领域的沟通和谈判。在当代民主社会，"协商"是达成共识的一种重要机制和必不可少的行为过程，也是一种处理问题的"协作"观念与态度。詹姆斯·博曼把公共协商界定为："交换理性的对话性过程，目的是解决那些只有通过人际间的协作与合作才能解决的问题情形。"[1]他认为，"协商"与其说是一种对话或辩论形式，不如说是一种共同的合作性活动。因此，"协商"可以被理解为是通过对话、交流、谈判与合作，解决冲突和分歧，达成共识的过程。

协商评价，是评价的相关人员在一起，倾听对方的见解，分享各自的经验，自由交换意见，让不同的观点平等地相遇，让不同的表达自

---

① 中国社会科学院语言研究所词典编辑室编:《现代汉语词典》，商务印书馆 1978 年版，第 1275 页。

由地交汇。这些来自多层次、多角度、多方面、多元化的主张、态度、意见和观念，高低相合、分层交合，由此评价变得更加丰富多彩、更加切合学生的思想实际和生活实际，更加客观真实。协商对话不是消除差异，排除异己，而是为了更好地理解和珍视差异。在不同思想的交流碰撞和相互应答中，获得新的视域，吸纳不同的力量，突破各自的局限，努力达成和创造共识。协商使得多元不是分散、孤立的"多"，而是在"一"中的"多"，是一个共同体中的"多"。因为协商不是争吵、辩论，目的不是为了把对方打败，让自己获胜，而是基于共同的目的"促进儿童的发展"，紧密合作，各尽所能，互助互学，达成友善的理解，形成一种具有高度内聚力的评价共同体。为着共同的愿望，每个主体都认识到各自的独立特性和不可替代的作用，都意识到自己的评价行为对他人可能造成的影响，都明白忽视任何一方会严重影响学生评价的整体质量和效能。因此，要畅通学校与政府、社区之间、师生之间、学生与同伴之间、家长与孩子之间多方面的信息交流渠道，使评价成为多元评价主体共同参与的民主对话式的交互活动，发挥评价的整体功能，努力产生高质量的适当的评价。

还需要进一步指出，评价中的协商是价值协商，协商的前提在于承认并接受多元价值存在的现实，以及不同利益主体之间存在的价值差异和价值分歧。在评价实践中，我们能够清楚地看到政府、学校、家长和学生有着共同的价值追求，但是也存在利益分歧与差异，需要利益关系人基于公共理性，通过讨论、审议、对话和交流等，进行价值表达与价值辨析，理解彼此的价值观，尽可能实现以价值认同为基础的评价共识。

学生参与设计自己的评价，承担学习义务，他们就真正成为学习的主人，评价也就成为一个积极主动的过程。学生在主动参与、探究、批判、反思的过程中，成为决策者、计划者、同伴的协作者、教师的合作伙伴。评价过程中的协商会带来不同心灵的融合以及不同想法的沟通，从而使教师和学生的意图和最终目标达成一致，而协议的焦点在于如何实现学生学习的最佳效果。因此，通过协商形成的评价成为一幅共同展现、共同创设的作品，这幅作品由于他们的共同参与和创造，而变得更加适当与美好。

二、协商评价的范式转化

多元主体协商评价作为第四代评价，是一种评价范式的转换，与前三代评价相比，具有如下三个基本特点。

（一）超越二元对立，从控制走向解放

美国后现代课程专家多尔认为，受启蒙运动的影响，"控制"作为一种外在力量，根深蒂固地嵌入现代思想之中，同时也成为"课程中的幽灵（the ghost in the curriculum）"。[①] 传统课程评价体现出一种深刻的控制倾向，这是一种自上而下的控制性课程评价模式。在泰勒的目标取向模式中，由管理者提供的统一的预定目标，这个预定目标是评价的唯一标准，评价就是检测这个预定目标的达成程度。为落实评价的任务，学校、教师忠实而有效地传递课程内容，并对学生进行有效的训练，用常模参照的统一测验结果对学生进行横向比较，作出客观科学的评价。因此，教育形成了一个自上而下的控制链条，从管理者到学校、教师、学生，从评价内容到评价方式、评价结果、评价解释都处于这个链条之中。评价由外部力量规定和控制着，这是一个由科学家或专家安排好秩序的世界，师生必须接受，而不是由他们自己创造。于是，评价成为束缚教师创造性和宰制学生主体性的枷锁，抑制了师生对学习和评价的批判意识和建构能力，削弱了人的创造力。

评价者与被评价者是评价体系的一对基本矛盾。在传统评价中，评价者和评价对象是主体和客体二元对立的关系：评价者按照一套预定的知识和行为标准对评价对象进行评价，"主宰"评价的全过程；被评价者作为评价客体，完全处于被动的地位，不管是否认同都要无条件接受评价者给予的宣判，听从评价主体的加工和改造。在这样的评价中，

---

① W. E. Doll, Curriculum and Concepts of Control, in W. F. Pinar (eds.) , Curriculum Toward New Identities, New York: Garland, 1998, pp.259-323.

评价者与被评价者处于不平等的地位，被评价者失去了参与评价的权利，无法表达自己的需要和感受。师生之间本应围绕评价活动激情迸发的创造活动被异化为一种支配性、控制性的"对象化"活动。

多元主体协商评价超越主客二元对立的控制模式，建构了一种主体间性的评价方法。这种评价方法关注多元价值，认为无论教师还是学生，都是值得尊重的平等主体。教师作为课程与教学情境的"内部人员"，在评价中具有主体性，而不是被动的、供"外部人员"评价的对象。学生更是评价意义建构过程中不可或缺的主体，他们的兴趣、能力和经验是评价的出发点和促进评价发展的动力。评价活动中的教师与学生也不是对立的双方，而是相互依赖、相互促进的统一体。

这种主体间性的评价方法在本质上受"人本主义"思想的影响，蕴含着解放理性的旨趣。它反对外部控制，以人的自由与解放作为追求的目标。它尊重各方的主体性，给他们赋权，特别是那些没有影响力的人。比如过去被忽视的学生和老师群体，鼓励他们积极投入到评价活动中，使课程和评价由管理者、专家等外部强制力量控制走向教师和学生自主地表达观点、深入地自我反思、大胆地批判探索，使他们成为评价动态生成的实践操作主体。主体间性的评价坚信每个主体都潜藏着巨大的能量，并力图把他们的创造潜能挖掘出来，使评价成为创造力不断被唤醒与激发的过程。于是，评价成为一种积极的、能动的、自主的"主体性"彰显的创造性行动，成为一场焕发出勃勃生机、展现生命活力的旅程，充满着理智的探险和精神的愉悦。通过评价，教师实现对教育价值与理想的追求，学生获得自身的解放与发展。显然，主体间性的评价体现了课程评价的民主精神。

（二）超越固化模式，形成动态的过程性评价

前三代评价趋于简单、固定和封闭，学校按照预设的评价目标，通过统一的测验判定是否达到预期结果，教师和学生按照要求进入课程和评价的固定"跑道"，根据规定的时间计划、内容要求，按时到达期望的终点。正如斯拉特瑞（P. Slatery）指出的："泰勒的问题已经法典化了，成了目的与目标，成了教学计划，成了范围和顺序的指南，成了

评价学习的标准。"① 固化的运作模式把复杂的教育过程作了简单化的处理，使评价成为一种模板化的规定和程式，预先设定了课程和评价的方方面面。这种评价是固定的不是对话的，是封闭的不是开放的，是普适性的不是情境化的，是预设性的不是生成性的。

协商评价把评价视为一种多元主体之间复杂的对话、交流、体验、思考和探究的过程，而不再是一个结论性的分数，一个简单的判定，或是一条既定路线上按部就班的执行。作为相关人员持续的贯穿学习全过程的商讨行为，评价成为一个动词、一种行动，成为一个敞开的、动态的、丰富的、激荡着各种思想和反思的过程。超越简单的无弹性的课程计划、单一的评价目标、按部就班的实施、标准化的考试，协商评价更多地体现了课程 curriculum 的词源"跑道"的过程性意味，揭示了评价活动的动态本质。

协商评价认为，课程和评价不应是按照"科学"和"技术"方法建立起来的"规程"或"牢笼"，而是在具体的教学情境中，多元主体相互作用、生成建构的过程。协商评价使课程和评价不再是置于教育情境之外的固定的、静态的知识传递，或居高临下客观冷静的宣判打分，而是在教育情境和生活情境中由师生共同创生的一系列"事件"和"过程"，是师生开放的、动态的、生成性的生命对话。如杜威所描绘的，"课堂应该而且能够成为分析和转变已有经验的场所，师生在其中通过平等的、真实的合作，探讨各种计划、方案、结果、假设，分享交流合作探究的成果"。② 这样的评价不仅仅是预设的"结果"，更是协商的"过程"，是不同评价主体在对话过程中视域融合、建构意义、达成共识的过程。在过程中，各个因子、各种事件之间内在联系、综合统一、持续互动。

（三）超越技术理性，倡导交往理性

目标评价模式在本质上是技术理性的旨趣，其以行为主义心理和

---

① 汪霞：《课程研究：现代与后现代》，上海科技教育出版社 2003 年版，第 31 页。
② ［美］杜威：《自由与文化》，傅统先译，商务印书馆 1964 年版，第 132 页。

工业科学管理为理论基础，把评价视为一个客观性、技术化、科学化的工程。在科学主义的思维范式下，认为要确保做出科学客观的教育决定，就必须由具有专门技术知识的专家来决定。学校要达到既定的教育目的和学习结果，就要注重技术的规范性、手段的精确性、行为的标准性，遵循严格、规范、标准的工业模式。这种评价取向推进了评价的科学化进程，但是在保持"科学性"的同时，也忽略了人的行为的主体性和创造性，因而越来越远离教育的目的。人的精神、自由、情感、审美、创造性、想象力被排斥在科学技术之外，人被异化为技术理性的工具和手段。技术模型取代了教育的人文关怀，人的教育沦为"工学模式"。正如罗蒂所指出的："对科学、'唯科学论'、'自然主义'、自我客观化……这种情况令人惊恐，因为它消除了世上还有新事物的可能，消除了诗意的而非仅是思考人类生活的可能。"[1] 传统评价理论"把方方面面都考虑周全了，唯独忽视了人本身。"[2]

交往理性是对技术理性的批判与超越。交往理性突破了主客对立的交往模式，建立起多元主体之间对话、商谈的新型交往关系，即通过主体之间的交流、对话、沟通而获得互相理解，达成共识，力求形成一个没有控制、没有强制、彼此平等、相互尊重的交往共同体。在主客二分模式中，主体性是单一的主体性，它排斥了其他主体的存在，自我之外的一切物和一切人都是"为我"的手段和工具。交往关系以交互主体取代了中心主体，它肯定了多元教育主体的共在，这超越了极端的、狭隘的主体性，把他人视作与"我"一样的主体。不仅看到自我之"在"，也尊重他人之"在"，不仅重视自我的价值选择，也尊重他人自由选择的权利，双方均被视为目的，在交往中既诉说自我意见，也倾听对方的理解。这使评价不再是单向的主客体之间的"输出—输入"，而是多元主体之间进行对话与交流。通过交往，主体与主体之间互相理解，由

---

① ［美］理查德·罗蒂：《哲学和自然之镜》，李幼蒸译，生活·读书·新知三联书店1987年版，第337页。

② 张华：《课程与教学论》，上海教育出版社2000年版，第392页。

单数的"我"走向复数的"我们"，进而内化整合为交往共同体。因而，交往理性是一种开放理性和包容理性，各个主体之间彼此敞开，交换意见，最终达成共识。这种共识既不是一元主体的孤注一掷，也不是少数服从多数规则下的服从，而是在相互理解商讨的基础上，达成的"共意"。

在协商评价中，从主体性转向主体间性范式，使评价标准不是依靠某一主体的权威而得以服从，也不能通过强制的方式使他人接受，评价是磋商的产物，是所有参与评价活动的主体，特别是评价者与评价对象交互作用、共同建构的产物，是利益相关者相互理解、互为主体的交流。这一过程是意义共享的过程，共享即"参与彼此，分享彼此"，师生、同伴、专家通过对话向他人真实地呈现自己的观点与理解，多元主体在分享集体心智的过程中互帮互助，获得共同的成长、相互的理解和支持，消解了不同主体的孤立化、分散性，实现了主体与主体之间的和谐发展。这一过程是不同主体从不同视角各抒己见、相互批判、反思质疑的过程，商谈中会有分歧、争执和不确定的阶段，但是交往理性不是争吵和固执己见，而是"应用协商、说服、交涉、交流、理智协作的方法"①。这样，经过了具有不同的知识背景和生活经验的不同主体的严密检验，从确定性到不确定性，再到更高层次上的确定性和一致性的过程，就抑制了单一主体决策的片面性，容纳了多元价值主体的合理观念，进而使交往理性作为一种"复合理性"具有兼顾个体、文化、社会的多维内涵。

三、协商评价的实践策略

(一) 建立民主、平等、开放的协商环境

在协商评价中民主、平等、开放的环境主要表现在四个方面：一是参与对话的各方主体权利平等，都享有参与言说、自由表达、自主评价的权利。二是参与对话的各方主体都具有平等的义务，彼此尊重、耐心

---

① ［美］杜威：《自由与文化》，傅统先译，商务印书馆1964年版，第132页。

倾听，并具有关爱、宽容、信任、真诚的态度和心境。三是在真理面前人人平等。尊重对话各方的观点，不仅仅是对人的权利的尊重，也是一种追求真理的应有的态度。如哈贝马斯所言，真理存在于人们的交往之中，在商谈的框架中被奠定基础，被检验或被扬弃，在意见的交换中，补充完善，得以澄清。四是为了保证上述平等的实现，要在实践中建立起一套维护平等对话的规则制度。比如平等参与的具体机制，倾听、表达的具体礼仪等。

协商评价营造的民主开放的环境有些像桑巴舞学校的隐喻，各方主体可以灵活、自由地加入，只要有一身服装，即便没有任何的设备，也可以和大家一起狂欢，环境对所有相关人员都友好地开放，提供给他们围绕共同目标的实现深度互动的机会，实现了多种层次和形式的参与：核心的与边缘的、在场的和虚拟的、意见一致的与观点分歧的、不同年龄的、不同身份的。每一个成员从不同角度和不同领域加入评价的合作、争论和建设中，在这样的评价环境中，每一个评价主体既是一个独特的被尊重的个体，在共同体中重塑自己的身份与职能定位，通过协商促使自己成为一个更加成熟的理性参与者，同时也为促进共同目标的实现而贡献自己的激情活力，在共同信念的基础上形成一个和谐、有序、理性的共同体。

（二）建构对话与理解的协商机制

协商评价借助哲学解释学的研究成果，是一种质性评价方法。协商是一个话语交流的过程和形式。对话是在多元评价主体之间建立了"我——你"的关系。布伯指出，在教育中存在两种不同的对待自我与他者关系的态度或方式，一个是"我——它"，另一个是"我——你"。"它"是用来指"物"的，当"我——它"的关系用于评价对话时，双方是不平等的，我是决定者、主宰者、占有者，它是被我支配、被占有的对象和工具。"我——你"则是一种民主平等、彼此尊重、自由交流的关系。"我"与"你"之间精神的相遇和敞开就是"对话"，它实现了主体"之间"自由的"穿越"和平等的"连接"。巴赫金曾经强调："单一的声音，什么也结束不了，什么也解决不了。两个声音才是生命的最低条件，生存的最低条件。"① 两个声音才是生命存在的前提，人总是处于社会关系之中，"我"因为"你"的介入，因为与"你"的心灵沟通才得以获得各自生命的真实存在。哲学家西美尔（Georg Simmel）说："当一个人通过注视把他人引入自身时，他也在展现自己。""这种注视无疑成就了人类关系域中最完满的互惠关系。"② 多元评价主体在激情碰撞中，思想得到充盈和丰富，所有人在其中获得成长。

评价共识的达成需要理解。共识是一种主体之间相互理解的结果。哈贝马斯指出："达到理解是一个可相互认可的有效性的前设基础上导致认同的过程"③。不同主体彼此尊重的对话，不是为了消除差异，排除异己，实现同质化（homogeneity）和共同性（sameness），而是为了更好地相互理解。通过参与者平等的分享和理性的互动，评价活动超越最初各自视域的成见，形成了一个你中有我、我中有你的全新视域。这种视域融合中取得的共识，是向着更高的普遍性提升，这样建立起的普遍规范才具有更高的共通的智慧。

（三）探索多元主体的评价策略

协商评价中涉及的相关人员主要有教师、学生、同伴、家长、校外专家，以及其他与学校教育有关联的社会成员和组织等。要明确不同的评价主体，基于自身的身份，在评价中所要承担的任务和职责，明确协商过程中各自的参与策略。

1. 教师评价

在多元主体协商评价中，教师是国家课程与学生之间的连接者、实施者、组织者、决策者和创新者。教师需要有效地组织评价的相关人员，通过对话、协商共同作出有关学习和评价的决定。具体来讲，教师要在已有经验以及国家统一的大纲、课本的基础上，对通过学习让学生

---

① ［俄］巴赫金：《陀思妥耶夫斯基诗学问题》，刘虎译，生活·读书·新知三联书店1992年版，第334页。
② 李家成：《论师生交往的个体生命价值》，《集美大学学报》2002年第1期。.
③ 潘自勉：《在价值与规范之间》，《哲学研究》2005年第1期。

学会什么，增进哪些素养，选择的学习内容，开展哪些具体的学习活动，借助哪些资源，采用的评价标准与形式等形成清晰的认识，然后与评价的相关人员，特别是学生就这些问题进行协商讨论。

教师作为专业人员，需要提高自己的评价素养，进行自我反思。综合国内外的相关量表，下面列出了一份教师对于评价活动的反思清单。

表5—10 教师反思问题清单

> ·评价目标的确定是否充分考虑了学生的需要、目的和意愿，而不是教师的偏好或预先设定？
> ·学习和评价计划是否促成学生制订自己的详细的计划？这些计划是否经过小组、师生的协商变得更加合理、可行？
> ·学习内容和活动是否通过学生的充分讨论，并获得理解，而不是教师支配学生做什么？
> ·什么时候采用个别学习或集中学习的形式，是否经由师生共同协商决定？
> ·是否将学生、学校、家长和社会的可利用的学习资源都挖掘和贡献出来？
> ·是否鼓励学生采用他们喜欢的方式完成他们的探索（朗读、摘要、表演、交谈等）？
> ·学生需要帮助时，是否及时出现，并通过有效的方式，利用自己的专业、求助专家或小组讨论提出建议，帮助解决？
> ·过程中是否促进了学生独立和合作地解决问题的能力？这一阶段学习结束后，学生是否还会继续学习？
> ·课堂内外的相关人员是否充分而有效地进入学习和评价活动（图书管理员、学校、家长、专家、社会人士等）？是否给予了相关人员足够的时间与机会就评价的各方面问题进行协商？协商过程中出现了哪些不愉快？如何建立和谐的交往关系？是否在协商过程中，形成互教互学、共享发现的氛围？
> ·是否给予了学生真实、恰当的反馈？教师的反馈是否能够帮助学生制定下一步的目标，对学生今后的学习具有一定的指导意义？
> 方式：
> ·写一份自我反思。
> ·与信任的同事或同行、专家进行交流。

2.学生评价

协商评价确立了学生作为评价主体的地位。在新的评价体系中学生不再是被甄别、被打分的对象，而是评价活动中积极主动的参与者和建构者。学生既是评价的对象，也是评价的主体。这种地位的变化，是评价的一场革命。因为在以往的评价模式中，学生处于被忽视或被藐视的状态，他们更多地被当作被评价的对象，评价者很少倾听和了解他们的意愿、感受和需求，更不用说成为评价的主体。富兰（Michael Fullan）曾说："当成人考虑到学生时，他们把学生当作变革的潜在受益者，而很少将学生视为变革过程与学校组织的参与者。"[①] 在传统评价中，评价被视为政府和学科评价专家的事，教师和学生被排除在决策者外，被锁定于"接受者"的角色，评价作为外在目的和预先给定的计划出现，统治和操纵着被评价者。虽然泰勒也强调学生的兴趣和主动投入，进行学生意愿的调查，但是他关注学生兴趣的目的是为了让学生积极参与到专家制订好的评价框架中，兴趣与个性只具有工具性价值而不是目的，评价目标是为了使学生达到社会所要求的标准。因此，泰勒的目标模式使学生"既从属于又镶嵌于目标之中"[②]。目标作为毋庸置疑的论题，处于居高临下、不可撼动、不可更改的神圣地位，学生处于被动服从外在规定的地位，于是，人们形容泰勒的目标模式很像包裹苦药的糖衣，学生并没有真正成为评价的有机组成部分，主体的思维、想象和创造处于被压制的状态。在这种情况下，评价凌驾于学生之上，游离于个体生命之外，无法"获得内在体验，达致个性解放与发展"[③]。所以，"在泰勒那里，更多的只能看到学习内容和活动的安排，而看不到学生在课程过程中的丰富的、生动活泼的转变历程"。[④]

在泰勒以后，不少课程专家也犯了同样的错误。如派纳指出的，"课程领域已忘记了个体的存在，仅仅专注于设计、序列、实施、评价

---

① M. Fullan, The New Meaning of Educational Change (3rd.ed.) , New York:Teachers College Press, 2001, p.151.

② [美] 小威廉姆·E. 多尔:《后现代课程观》，王红宇译，教育科学出版社 2000 年版，第 180 页。.

③ John D. McNeil, Curriculum:Comprehensive Introduction (4ed) , Glenview, Illinois: Scott, 1990, p.6.

④ 李宝庆:《协商课程研究》，西南大学博士学位论文，2006 年，第 88 页。

以及预先的材料，忽略了这些材料的个体的经验"①。比如，布鲁姆的行为主义评价模式，行为目标要求尽量具体化、清晰化，以便学生实施，但是其机械性、固定性、控制性十分明显。布鲁纳的结构主义课程理论也是如此。布鲁纳认为，课程应该以学科的基本概念和基本结构为中心，学科的基本概念和基本结构是由学科专家确定的一套话语系统，任何的教和学都必须遵循这一话语系统，学生的发现和探究仅限于更好地认识和理解这一话语体系。

协商评价则是承认学生作为课程和评价的重要主体的地位，在评价中尊重学生个体和集体的意愿，赋予他们发言权，激起他们参与课程和评价的设计与规划的热情，与教师一起安排学习计划，共同协商确定评价方案；对评价活动、内容提出修改或完善的建议；主动寻找和扩展学习资源；可以用自己的方式记录和评价成长与收获，开展自主或合作的学习；参与到评价标准和量规的制定中，对照评价标准，自我反省、自我监控，并与教师、同伴、家长、专家在共同协商中发现和认识自己的进步与不足，逐步形成对自我的客观认知，提供自我改进和超越的机会，进行自我激励。

这样评价就不再外在于学生，学生真正成为评价的主人，生机勃勃地投入评价的开发、创造和体验过程中，在参与、探究、批判、反思、协商的过程中，评价与学生的生活世界和生命经验融合在一起，他们对评价过程和评价目标有清晰的把握，掌握了有效的评价方式，增强了自我意识，批判性思维和反思能力得到发展，成为学习和评价的承担者和建构者。他们不再是评价体系中唯唯诺诺、畏首畏尾的客体，而是把评价变为迎接热情四射的挑战，感受学习评价的乐趣，焕发生命活力的过程，在这个过程中学生成为一个独立的、负责任的学习者和自我教育者，发展了人的主体性和批判精神。

在这里，我们要看到反思不等于考核。反思是一种自己控制自己

---

① William F. Pinar, et al. (eds.). Understanding Curriculum, New York: Peter Lang Publishing Inc, 1993, p.519.

学习和评价的理性力量。自主的学习者较少地依赖外部的考核来评价自己。相反，他们总是作为自觉的主动的反思者，不断地在反思中修正自己的判断和方法，做出新的突破和创造。

案例：我的课堂我做主（北京八中教师：黄亚庆）

主校区只有小黄老师一个人在教初中政治课，在一年内要求九岁到十岁的小朋友们学完初中三年的内容，并负责他们在十一二岁时顺利进入高中政治课的学习。怎么给他们上课真的是一件开始头疼，后面越来越舒心的工作，因为这真的是一帮各方面都超常的儿童。我们一起探讨什么时间上、上哪些内容、怎么上，我把需要完成的教学任务和他们分享，他们竟然完整的给了我一套学期教学安排，新学期我们将一起完成教学。

我的课堂我做主——政治学科学期工作会议顺利召开

2018 年 2 月 27 日星期二下午，少儿 24A 班和 B 班所有"政治老师们"顺利召开了"学期教学计划制定会议"。

在备课组长小黄老师（耶！自己给自己升职啦！）的辅助下，备课组明确了一年级上学期的主要教学目标为"入学适应"和"习惯培养"，这学期侧重"青春期教育""人际交往训练""法律"和"初高中政治课衔接"。在这些目标下，66 位老师分两个分会场，选取了不同的教学内容，制定了适合自己的教学方案。上学期未完成的学习习惯培养需要两周完成，教师们决定将这部分内容安排在第一、二周，青春期教育包含生理、心理和交往三个主题，预计完成时长为三周，小老师们提供消息——生物课一开学也会讲授这部分内容，于是我们可以安排在生物课讲完之后的第三周至第六周，之后四月的后两周接着讲人际交往。确定六月讲授初高中的衔接知识，法律在五月份讲，六一儿童节前还可以去法院穿法袍、敲法槌，和法官们座谈。期末考核由每位教师提供试卷，由备课组长挑选组合成最终考核试卷，老师们可以相互了解、试做和修改试卷。课程由小黄老师主讲，涉及其他小老师寒假阅读相关主题将交由有兴趣的老师组队分享。

　　初高中衔接部分内容结合教师寒假期间阅读书目《写给孩子们的哲学启蒙书》，确定与高中经济、政治和哲学模块的相关主题，每班由小教师自由选择主题，主要包括：

　　经济相关：金钱与时间、工作与金钱。

　　政治相关：民主与专制、头儿与普通人、权利与义务、战争与和平。

　　哲学相关：生与死、知与不知、信仰与传说、可能与不可能、对与错。

　　采取小组负责制，组长由小组成员推举产生，备课组长小黄老师提醒各位小老师要选取能够跟自己合作的同事一起完成，当头儿有更多的权利可以挑选组员，也要承担更多责任——直接跟小黄老师对接工作。不想参加课堂教学任务的小老师负责本学期学科展板绘制，主题初步定为"我身边的法律"。

　　课堂规则上，每次扰乱课堂秩序的同学被点名一次扣一次分，直接计入期末总成绩。超过十分的同学将被剥夺参观法院的机会，每班有超过五名同学被扣分超过十分，全班将失去参观法院的机会，就不能穿法袍、敲法槌和法官们聊天了哦。当然，可以选择背诵《弟子规》全文回血加十分，按背诵比例回血加分（背诵一半回血五分，以此类推）。

图5—2　课堂参与的快乐

这是一次顺利的大会！一次成功的大会！每位老师都参与了本学期教学计划的制定，并将一起撸起袖子加油干！

写在课后的话

没有想到学生们在期末调查里反馈的"最爱的课堂活动"，不是看影片、做游戏、听老师讲，而是"我当小老师"。为了调动孩子们对课堂的积极性，想到跟他们一起制订教学计划，虽然事先我已经有了自己的想法，但是当我把大概内容告诉孩子们之后，他们出乎意料地抓住教学内容的先后逻辑顺序和生物老师的教学相结合，做出了比我预想的更合理的安排。

在这个案例中，我们看到老师把学生的创造与课程内容有机结合在一起，由于学生的加入，使得整个课堂成为老师的"加油站"，学生们情绪高昂，老师开心快乐，课堂里充满了师生间、学生间的激情互动与碰撞，这样的课堂使老师和学生们心生向往。

3. 同伴评价

同伴评价也是重要的方面，包括组内评价、组间评价、个体对个体的评价、个体对群体的评价、群体对群体的评价等。这一评价的关键是要帮助学生在小组中进行有效的合作学习。在竞争与合作中，同伴评价可以相互提醒、彼此激励、经验互补，发挥学习共同体的作用。同辈群体在年龄、兴趣爱好、思维方式和思想观念上都有很大的相似性，更能够彼此了解、感同身受、相互启发，作出的评价也更丰富、贴切，具有较强的指导性。

表 5—11　小组内合作学习自评表

班级：_____　　　　　　　组别：第 _____ 小组

小组课题（活动）名称		
活动起止时间		
组长姓名		组员姓名
组长的组织工作	等级评价 ABCDE	描述性评价
小组的合作情况	等级评价 ABCDE	描述性评价

续表

小组合作学习中遇到什么困难，如何克服：
本组做得较好的地方是什么：
小组活动中谁的表现最突出，其突出的表现是什么：
小组活动中存在哪些不足，有待改进的地方是什么：
对于以后的学习有什么启发：

注：实行等级评分法。分为 ABCDE 五个等级，A 优秀、B 良好、C 满意、D 合格、E 不合格。

4. 家长评价

家庭作为孩子重要的生活环境，要发挥家长在学生评价中的促进作用。家长是孩子的第一任老师，也是孩子学习和模仿的重要对象，孩子的认知、价值观、行为方式在很大程度上受到家长的影响。

加强家庭教育，动员家长参与学生评价，已成为世界各国教育行政部门的共识。在美国，家长参与是学校评价改革的重要内容，并被列为国家教育目标之一来要求。几乎每个学校的官网上都会给"家长社区"留下专门的空间，通过账户设置，提供必要权限，让家长了解相关信息，参与学生的学习与评价。学校管理人员、任课教师、指导教师都会定期与家长进行邮件或面对面的协商。因为班级规模小，学校和家庭之间的协商可以经常性、一对一地发生。由于重视"家长社区"的群体建设，依靠庞大的家长委员会、家长志愿者，学校很好地发挥了家长群体作为整体在评价中的作用。英国自 1988 年颁布教育改革法案之后，由政府机构出面大力推动家长参与学校教育。开展了"全国家庭学习日"，推动家庭学习共同体的建设；实行中小学校与家庭签订协议书的教育政策；鼓励学校与父母建立伙伴关系，促进家校合作；推动父母参与的个案与范例的研究与宣传。① 日本在"学习指导要领"中强调"国语科的评价，需国语科的教师、父兄和学生共同参与"②，认为从父兄和地方人士处了解他们对语文能力的观察、理解和见解是十分有益的途径。

在国内，现在很多学校都十分重视家校在评价中的协商合作。对学生进行入学教育的同时，也对家长进行教育，让家长了解学校的宗旨使命、文化传统、课程设置、评价方案、各项规章制度等。很多学校每学期都会有多次家长开放日，家长可以拿着邀请信，参观学校的任何地方，与老师、领导进行交谈，进入课堂与学生一起听课……可以对学生、教师和学校的方方面面提出意见和建议。

案例：一位家长对学校组织的农村调查活动的评价

作为家长真心忍不住要和大家分享！当孩子们团结合作完成了学校的实践活动作业，那一刻我真的体会到这项作业的重要意义！

六个孩子在没有父母帮助的情况下，联系了村委会干部，独立采访了农村的务农者、家庭妇女、小卖店店主、放羊人……农村人的热情和朴实让孩子们感动！中年的放羊人和孩子们唠了许久，嘱咐孩子们一定要好好学习，虽然放羊并不丢人，但如果当初努力学习也许现在的日子会更好一些……孩子们回来后，又将录像回放、剪辑了一遍，叽叽喳喳地说着农村的巨大变化！

对此次活动，我有几点感受：第一，小组成员彼此团结合作，孩子们有采访的、录像的、发放问卷的、做后期的，分工合理，井井有条。第二，锻炼了独立的能力，整个活动家长们全程没有参与，从联系到访谈，到报告的撰写，都是孩子们自己完成。第三，与人沟通的能力得到了提高。孩子们成功说服了几个不愿意接受采访的村民，还顺利进入村民家中直接观察物质生活情况，询问家庭收入和支出的

---

① 郑国民、杨炳辉：《英国政府推动家庭教育的做法及启示》，《家教指南》2001 年第19 期。

② 高峡：《日本的教育评价管窥》，《课程·教材·教法》2001 年第 7 期。

具体情况。第四，孩子们生活在城市，对农村没有直观的感受，对于农民的生活状态不了解，这次活动让孩子们了解了农村的现状以及与城市的差异，体会到务农劳动的辛苦。第五，亲近自然，放松了心情。采访之余，孩子们领略了农村的自然风景，在田地里开心地撒欢儿。

当初一些家长，包括我自己在内，对此次活动的真正意图并不明了，当孩子真正参与其中，并深有感触时，我们感叹：有些东西真是书本上面学不来的！去了的家长在群里交流了想法和照片，家长们感慨良多。谢谢学校和老师布置了这个有意义的学习任务，孩子们很棒，很有收获！

5. 社会评价

社会评价是相关社会人员或团体对学生表现做出的评价。比如，《普通高中数学课程标准（2017年版2020年修订）》指出："除了教师和学生之外，还可以邀请家长、有关方面的专家，对研究报告或者小论文做出评价。"素养属于高级认知和心理层次，专业性很强，有时需要专家进行评价。同时，发展素养需要学生们去政府部门、企事业单位、博物馆、社区、居委会等地广泛参与社会实践，去发现问题，观察社会现象，探究问题的解决办法。学习变得没有边界，会有更多的社会评价主体参与进来。

今日的学习环境，正如联合国教科文组织指出的："每一个学校体系或校外体系都是个人和集体在其中取得发展环境的一个组成部分……学习（教育）只是一个更大的社会体系的一部分。只有在这样的背景中我们才能满意地理解和探讨许多学习（教育）问题。这些学习（教育）问题不能单靠教育体系的策略去求得解决。我们还需要具有涉及社会相互作用的各个部门的广泛的、综合的策略……在这个共同体的日常生活中，即在经济与行政结构中，在大众媒体中，在工作与家庭生活中，有着丰富的学习（教育）财富……必须把学习（教育）看成是超越中小学与大学范围的一种事业，学习（教育）是超出它的组成机构的。在任何情况下，我们都不应把策略局限在一个单独的媒介、一种机构的形式或一种所谓系统结构的范围以内。"①

目前，北京市教委正在积极推进"社会大课堂"活动，让中学生走进企业、法院、博物馆。比如，首都博物馆与学校合作，专门开发了一套青少年博物馆课程，并开发了相应的学习评价手册。区县法院必须设有专门部门承担青少法治教育工作，协助指导青少年开展模拟法庭活动。北京市综合实践平台每年都要公开招标，选择能够提供高质量教育资源的协作单位，为中学生开办各种类型的学习课程。比如传统手工艺品风筝、毛猴的制作，中科院实验研究基地的专家指导学生做实验，或共同从事某个项目的研究，或一起解决一个真实的问题。学生在与专家合作的探究过程中，通过交流和观察，领悟专家的思维过程，体验专家的做事方法。在北京市的中考成绩中，这些社会实践课程占到 10% 的比例，而评价分数是由协作单位、专家与学校共同根据学生的参与表现做出的。

学生走进自己生活的社区，用自己的眼睛发现社区存在的问题，开展调查研究，提出社区发展建议。某居委会主任对一位学生作出评价，居委会主任写道，"该同学居住在我社区，能够关心关注老年人生活质量，值得表扬。社区的走访慰问制度健全，由志愿者定期探访"。

第三节　信息化评价方法

21 世纪是信息技术飞速发展的时代，这为评价学生的学习成果提供了新的契机，也提出了新的挑战。

一、信息化：教育评价的新动力
信息技术的进步，计算机、互联网与教育评价深度融合，引发了

---

① 联合国教科文组织国际教育发展委员会：《学会生存——教育世界的今天和明天》，华东师范大学比较教育研究所译，教育科学出版社 1996 年版，第 215—216 页。

评价形式的变化，使我们能够更加便捷、全面、高效地获取与挖掘方方面面的数据，同时还可以借助信息媒介和手段，创设各种虚拟情境，为模拟真实情境的素养考查提供了新的条件。

在信息化时代，海量、开放、实时的数据已经成为教育评价的重要资源和基本要素，深入挖掘、分析数据背后的评价意义，寻找规律，可以帮助诊断学习问题，为后续教学提供建议。云课堂、云管理系统、云作业、云评价，使信息和数据成为新的教育评价动力。

信息化增强了评价的便捷性、丰富性与互动性。信息技术可以通过文字、视频、音频、图片等存储

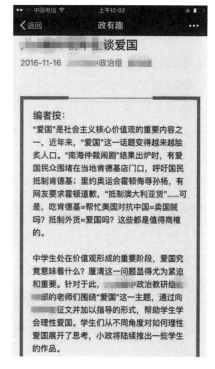

图5—3 校园公众号"谈爱国"评选

方式，将学生多样化的作品记录下来，通过在信息平台进行公开展示，还可以进行互动性评价。人大附中政治教研组创设了"政有趣"公众号，进行爱国主义征文与评价活动。教师将有代表性的学生文章以及教师对该文的评价，以专栏的形式发布在网络上。同时其他学生可以在下面互动留言，发表自己的见解，进行评价，这很好地发挥了网络传播社会主义核心价值观的功能。人大附中的校园"时事脱口秀评选活动"也是一个很好的例子，它利用了网络视频的存储功能，由参赛学生将自己对某个社会问题的研究进行展示，全校师生可以观看和学习，并利用网络投票功能，按照表达主题、知识水平、语言表达和展示形式四个方面，评选自己喜爱的时事演讲。

二、信息化评价手段的作用

信息化提高了评价的科学性。信息化使评价从粗略的主观判断走向客观科学的统计分析，大大提高了教育评价的精准化水平。学生进入校园网浏览学习资源，不明白的内容重点观看和停留思考，已经掌握的内容快速阅读，提高作业完成的效率和正确率、在线与老师同学进行问题的互动……这些过去无法洞察的教育细节都被翔实地记录下来，教师能够准确了解学生的兴趣点、遇到的问题和困难，从而使教学内容更加优化、教学安排更加符合学生的需要。比如，教师通过校园平台，设置课前学习问题，然后根据学生回答的情况，确定课堂教学的重点等。

信息化实现了评价的个性化。教师可以利用信息平台课后对自己的学生进行即时评价。便捷的打分系统，使老师们能够随时记录每个学生的课堂表现，发言、讨论、参与的具体情况，体现了个性化的特点。与每个学生相连的数据端口采集和上传信息，使每个人的状态和情况都被动态追踪和详细记录，建立起每个人的个性化学习档案，形成个性化的学科素养发展报告。云作业会记录下学生已经掌握的内容，发现薄弱环节和问题。大数据使教师有可能了解每一个学生，对每一个学生做出有针对性的评价，并根据其问题和不同需求推送学习资料，量身订制个性化的学习指导，进行个性化的诊断分析。

信息化增进了评价内容的全面性。学生登录系统，可以查阅自己的各项评价数据。而且在各类分数和排名之外，互联网还能够完整地把课堂上学生感兴趣的问题，发言的频次和回答品质，合作中扮演的角色所起的作用，课下学习时间、每一次作业、单元测验、期中期末考试等碎片化的数据勾连整合，形成过程性、阶段性、终结性、表现性、纸笔性等多层面、多维度、多样态的评价。

信息化有助于发挥评价的诊断功能。基于大数据的作业和阅卷系统能够分析分数背后的很多丰富的东西。比如，同样是数学80分的学生，有的可能是数学运算能力有所欠缺，有的是数学建模素养不够，有的是学科内容缺乏系统性，有的是数学直观想象力不足……基于学生个性化的信息数据形成的诊断报告，能够帮助老师和学生透过考试成绩的数字，准确找到问题所在，有效促进学生发展。

　　信息化可以实现多元主体的共同评价。图5—4是北京市中小学综合素质评价平台，目前我国各省市的教育行政部门均建立了相关的评价平台，记录学生的电子信息。从主页面可以看到，有学生、班主任、任课教师、教育/管理、家长等不同入口，多元评价主体可以从自己的端口进入系统，分别填写。教师要对学生每个学期的表现填写评语，学生可以收集个人自我作品的展示与阶段成果记录，并进行自评，每个学生还可以对其他同学在学习、品德等方面进行评价，从而使评价信息更加多角度，更加丰富全面。

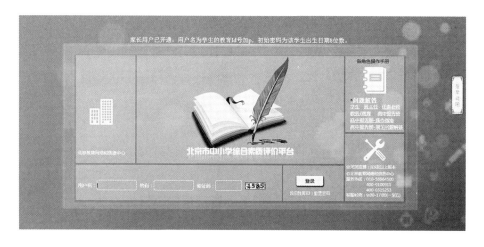

图5—4　北京市中小学综合素质评价平台

　　信息化还可以提高学校的评价和决策能力。通过校园信息系统，学校对教学和学生的感知能力大大增强。在课程起始、中期和结束时，让选课的同学登录校园网的评价系统，对教师、教学内容、教学方法、组织安排等进行评价，及时发现学校课程教学和管理中存在的问题；根据学生的选课意向，增设或删减某些课程；根据学生课堂参与和作业考试成绩，调整内容安排与难度；根据学生选课的人数和评价，帮助教师制订下一步改进的计划。根据网络数据揭示的问题，为学校管理和师生教学提供服务和支撑环境。

各地教育部门可以利用信息化评价，提高管理效率，提前预测风险。比如实行新高考选考之后，各地考试机构均建立了针对新情况、适应新变化的信息平台。新高考制度下，学生的选择性增强，每一学科的选择意向、考生群体的学习水平、实测数据分析、各科成绩平行等，都需要强大的信息技术支撑。很多省份在新高考改革的第一年，利用信息平台，组织全省考生进行了选科预报，以提早做出准备。

利用信息技术提高评价的创新能力。素养评价强调面对真实的生活情境运用所学知识解决问题能力的考查。利用信息技术，可以构建各种仿真的虚拟情境，突破学校环境和设备的限制。PISA2015首次开展的协作式问题解决能力测评，是基于计算机环境，采用人机交互的模式进行的大规模素养评估。通过计算机，设计角色，扮演协作同伴，创设个人参与到团队中分享理解、施展才能，协同解决问题的各种情境，设计可控性结构要素的建模，记录考生在计算机环境中与模拟队员进行对话和行为的操作，生成数据进行分析，从而评价学生合作解决问题的素养。

第六章　考试命题

本章主要研究如何对传统的纸笔测验进行改革，拓展其功能，使其能够实现对核心素养的考查。具体探讨怎么保证题目考查的是素养而不是单纯的知识？如何在命题中做到新课程标准中提出的"恰当选择学科任务""情境设置要结构化"？根据素养评价的特点，考试中应该有相当数量的开放性试题，在评价中如何保证这类试题的信度与效度？如何制定开放性主观题的评价量规，以明确这类试题的考查维度和学生应答水平？这些问题是传统评价没有遇到的新问题，在此试图提出一些新的命题原则与建议，并结合具体案例加以说明。

第一节　明确测试目标

一、有的放矢，考查素养

素养考试的目的与传统测验不同，传统测验旨在考查知识与能力，素养考试以学科核心素养作为考查对象，考查学生能否综合运用相关学科内容，分析和解决实际问题的能力。知识和能力是可以明示的，能够把握和测查的，而素养作为人的综合品质，除了知识，还包含有情感态度、价值观念、行为方式等方面，具有一定抽象性和综合性。

以思想政治学科为例，思想政治学科的四个核心素养是政治认同、科学精神、法治意识和公共参与，政治知识、科学知识、法律知识、参与规则等可以通过试题加以"实在"的考查，但是"认同""精神""意识""参与"如何通过纸笔的形式考出来呢？历史学科的"家国情怀"，英语学科的"文化意识"、物理学科的"科学态度与责任"、化学学科的"科学探究与创新意识"等也是同样的情况。如安德森在"有待解决的问题"中指出的，认知领域的广泛发展，它与科学内容之间的紧密关系，以及在完成教学方面教师所承受的压力，经常导致对认知的强调，但是情感、情绪、行为等方面则以无目的、无计划的方式进行处理。①无论是世界观、人生观和价值观在内的动力系统，认同、精神、意识、公共参与等主观性的心理状态、精神状态，以及实际行为表现，还是学科观念、思维模式和探究方法的深层次、综合性的学科能力和品质，这些都是传统测量理论认为纸笔考试难以考查的领域，因而也是实践中不曾深入探讨过的问题。

新课标和新高考对实现素养考查进行了积极的探索。比如英语学科学业水平考试和英语高考的命题对于语音、词汇、语法、语用、语篇和文化知识的考查，不是单纯地考查这些方面的知识或者对知识的记忆情况，而是渗透在具体社会情境中的英语理解和表达能力的考查之中，重点在于考查学生的文化意识、思维品质和学习能力。比如，"在阅读理解部分，可以适当选择涉及文化背景和文化差异、情感态度和价值观的语篇，试题的设计可以引导学生对其中的文化差异进行理解和判断，对语篇反映的情感态度和价值观进行分析和阐释；写作试题可以引导学生对现象、观点、情感态度进行比较和分析，并在此基础上发表或表明自己的观点、态度和价值判断以考查学生的思维能力"②。

二、典型试题分析

2021 年全国和各省市高考、学业水平等级性考试以习近平新时代中国特色社会主义思想为指导，落实立德树人根本任务，体现新时代评

---

① ［美］洛林·W. 安德森：《布卢姆教育目标分类学修订版——分类学视野下的学与教及其测评》，蒋小平等译，外语教学与研究出版社 2009 年版，第 236 页。

② 《普通高中英语课程标准（2017 年版 2020 年修订）》，人民教育出版社 2020 年版，第 94 页。

价改革的要求，突出"建党百年"等重大主题，坚持价值引领、精神塑造、素养评价的统一，引导学生增强"四个自信"，坚定理想信念。

[典型试题]（2021年高考文科综合能力测试全国甲卷第40题）

阅读材料，完成下列要求。

"生态兴则文明兴，生态衰则文明衰。"

我国在推进社会主义现代化建设取得历史性成就的同时，推进生态环境治理，兴修水利、治理大江大河、植树造林、防沙治沙、开展群众性爱国卫生运动、建设资源节约型和环境友好型社会，取得了显著成效。但经济长期快速发展也积累下诸多生态环境问题，制约着经济社会发展。

党的十八大以来，以习近平同志为核心的党中央创造性地运用马克思主义关于人与自然关系的思想，着眼于不断满足人民日益增长的优美生态环境需要，直面全球性生态环境问题，深刻总结新中国成立以来环境保护和生态建设经验，将中华文明"天人合一""顺天时，量地利"等生态文化加以创造性转化、创新发展，提出了坚持人与自然和谐共生、绿水青山就是金山银山、共谋全球生态文明建设等一系列新理念新思想新战略形成了习近平生态文明思想。习近平生态文明思想为破解经济发展与生态环境保护相协调的时代难题、实现人与自然和谐共生的现代化提供了新路径，引领我国生态环境保护事业发生了历史性、转折性、全局性变化，生态文明理念日益深入人心，生态文明顶层设计和制度体系建设加快推进，生态环境质量持续改善。我国成为生态文明建设的典范为推动全球绿色发展贡献了中国智慧和中国方案。

（1）结合材料，运用认识论的知识说明习近平生态文明思想形成的实践基础。

（2）习近平生态文明思想彰显了文化自信的力量。结合材料，运用文化生活知识对此加以分析。

（3）学校团委发起"建设美丽中国青年在行动"志愿活动，请你为该行动拟定两条倡议。

［参考答案］

（1）实践是认识的基础，是认识的来源和发展动力，是检验真理的标准和认识的目的。习近平生态文明思想立足于中国特色社会主义实践，在总结生态文明建设经验、研究破解生态文明建设实践难题中形成发展；习近平生态文明思想引领新时代生态文明建设取得显著成效，证实了这一思想的真理性和实践价值。

（2）文化自信是一个国家、一个民族发展中更基本、更深沉、更持久的力量。习近平生态文明思想坚守马克思主义立场，顺应世界文明发展潮流，汲取了中国传统生态智慧，揭示了人与自然和谐共生、经济发展与环境保护相互协调的客观规律，弘扬了中华民族精神，为建设美丽中国提供了科学指导，为国际生态环境保护贡献了中国智慧。

（3）走进企业社区，宣传生态文明理念；举办"创建绿色校园，共青团员社区行动"演讲比赛；倡导低碳生活，节约每张纸、每度电、每滴水。

试题以习近平生态文明思想为主题，涉及这一思想形成的基础、马克思主义理论的来源、中华优秀传统文化的智慧，以及这一思想对生态文明建设的价值等多个角度，创设了相对复杂的情境，考查学生学科知识的结构化程度和关键能力的水平。三问循序渐进、层层深入地展开。第（1）问要求学生运用认识论的知识说明习近平生态文明思想形成的实践基础，本问在于以透彻的学理分析、用真理的强大力量引导学生认识这一思想的科学性和真理性。第（2）问由理论的正确性自然升华为一种文化自信。习近平生态文明思想创造性运用了马克思主义观点，汲取了中国传统文化的智慧，正确揭示了客观规律，为建设美丽中国和国际生态环境保护做出了贡献。第（3）问回到中学生自身，在深入认识习近平生态文明思想的科学性的基础上，从知行合一的角度，引导学生为"建设美丽中国"做出实际行动，培养有担当的青少年，考查了学生"公共参与"的学科核心素养。试题引导考生深入分析复杂情境，把握复杂问题的本质，综合运用论证与阐释、探究与建构等学科能力解决实际问题，积极投入到新时代国家建设的实践中。

下面以两道北京高考政治试题为例，从纸笔测试的角度揭示如何实现对学科核心素养考查的目标。

[典型试题]（2015年北京高考文科综合能力测试第39题）

"一方水土，一方文化，这里是北京"。北京拥有丰富的文化资源，行走在这片古老而又充满活力的土地上，亲近文化遗产，探访名人故居，走入创新基地……我们会获得丰富的文化体验。

某校开展"漫游北京"文化实践活动，围绕"灿烂文明""红色记忆""魅力创新"三大主题向同学们征集活动意向。请完成下表。

> 文化实践活动
>
> **主题:**（从"灿烂文明""红色记忆""魅力创新"中任选其一）
>
> **地点:**
>
> （地点应与主题相符，可从以下地点中选择其一，也可另选其他）
>
> **备选地点:** 国家博物馆、元大都城垣遗址公园、长城、京西古道、焦庄户地道战遗址、鲁迅故居、中国科学技术馆、青龙桥人字铁路、798艺术区。
>
> **推荐词:**（结合个人体验和文化方面的知识，阐述推荐地点的文化价值，100字左右）

[参考答案]

所选地点与主题相符，能将个人生活中的文化体验与学科知识有机结合，认识到中华文化的价值，树立文化自觉和文化自信，情景理交融。

可以从中华历史文化遗产是我国历史文化成就的标志；爱国主义是中华民族精神的核心，要弘扬与传承中华民族精神；文化创新不断推动社会实践的发展，促进文化的繁荣等角度分析。

等级	等级描述
水平3	能够将个人生活中的文化体验与学科知识有机结合，准确运用《文化生活》知识说明所选地点的文化价值，情景理交融。

续表

等级	等级描述
水平 2	能在一定程度上结合个人文化体验，较为准确地运用《文化生活》知识说明所选地点的文化价值，但不够具体充分。
水平 1	应答与试题无关；重复试题内容；没有应答。

本题主要考查学生公共参与和政治认同的素养。试题没有直接考查《文化生活》模块的知识，而是通过"漫游北京"文化实践活动的设计，鼓励学生走入社会生活，通过实践体验文化对人和社会发展的促进作用。试题通过亲近文化遗产，探访名人故居，体验"灿烂文明"、唤醒"红色记忆"、感受"创新基地"，引导学生把生活中原汁原味、有血有肉的亲身经历与鲜活跃动的心灵感悟召唤出来，从中理解中华文化的悠久历史，了解经济社会的发展，增强文化自觉和文化自信，生发出勇于担当的使命感。

公共参与是一种"探求的过程"，在与环境互动的实践过程中，学生思考家庭、社区、社会、世界各领域的问题，这些内容中包含着丰富的社会性和交往性，于是价值、体验、理性、合作、公民、共同体、公共精神等，都自然沁入整个考查中。试题推荐词的撰写要求考生结合个人生活中的文化体验和学科知识，阐释推荐地点的文化价值，要求情景理交融。作答时，学生将游走体验与理性思考相结合，推荐词的撰写积聚了丰富的爱国情感、高昂的民族精神和改革创新的热情，同时超越了个体的心理境界，进入他人、进入社会，进入传统、进入历史，进入一种通达的精神境界，自然流淌出一段段动人心魄的文字："元大都城垣遗址公园的'蓟门烟树''大都盛典'展现了一个朝代的风貌，抚摸着历史的残垣，感受历史的兴衰，看着现代人在其中休憩娱乐和新建的奥运景观，能够跨越时间与空间，在历史与现实的城市变迁中，体悟北京的古老文明、和谐人文与现代时尚……""京西古道作为古代商业贸易、民间往来、军事戍边的重要通道已有数千年的历史，这条悠远的古道既是商业运输之旅，更是文化交流传播之道，散落的遗迹见证了各民族文化的交流、宗教神庙的祭祀朝拜、文化的融合与繁荣，成为京西古道文明的重要标志，行走其中让人体味到古诗中古道西风瘦马的意境……"文化实践中的体验和感悟，促成了试题对知识、情感、价值观综合的考查。

[典型试题]（2018 年北京高考文科综合能力测试第 37 题）

"历史有什么用呢？"面对孩子的疑问，法国史学家马克·布洛克撰写了一部史学专著来回答这一问题。

结合中国近现代史的内容，谈谈历史对你有什么用？

要求：从"能力或方法""价值观"两个方面进行阐述；观点正确，史论结合，论证充分，逻辑清晰。

"历史有什么用？"试题借助法国著名史学家马克·布洛克在《历史学家的技艺》中的开场白，引导学生切入学科的本质，思考历史学习的价值。《普通高中历史学科课程标准（2017 年版 2020 年修订）》指出，"历史学是在一定历史观指导下叙述和阐释人类历史进程及其规律的学科。探寻历史真相，总结历史经验，认识历史规律，顺应历史发展趋势，是历史学的重要社会功能。历史学是人类文化的重要组成部分，在传承人类文明的共同遗产、提高公民文化素质等方面起着不可替代的重要作用。"从社会角度而言，透过历史发展历程，"通古今之变"能够洞察社会发展规律，对个人而言，以史为鉴，可以诠释人性，使人明智。试题引导学生对历史学习的价值进行反思，是对"元认知"的考查。学生需要对历史学科的价值、对自身的历史学习进行反思和评判，从自我反思中探寻学科之于个体、学习和社会的意义，懂得历史之"用"，这一思考直接指向学科核心素养本质层面的考查。

第二节　创设问题情境

一、巧妙设置，贴近生活

素养表现为学生面对真实的问题情境，分析问题和解决问题的关键能力。作为一种真实性评价，试题需要以现实生活中的真实的、富有意义的问题情境为载体，才能表现学生的素养发展水平。"试题情境的创设应紧密联系学生生活和社会生活，体现科学、技术、社会和环境发展的现实，注重真实情境的针对性、启发性、过程性和科学性，形成与测试任务融为一体、丰富而生动的测试载体。"① 通过真实的问题情境，考查学生观察生活现象，思考生活问题，准确把握问题本质，将所学知识面向问题进行迁移与整合，并有效地运用到问题解决中的能力。

当然，情境要源于真实的生活，并不意味着直接照搬"原原本本"的生活，要根据测试目的与要求进行适当的加工与处理，对源于真实生活的情境进行有针对性的建构，保留关键性的信息与特征，剔除无关紧要的细枝末节，创设必要的不良结构的冲突，建构充分、合理的评价情境。

命题时要贯彻"宽"的思想，考查学生多年的生活积累，考查用所学知识解释生活现象，解决生活问题，把学生从课堂、家庭和社会实践中所学考出来。

二、典型试题分析

[典型试题]（2018 年北京高考语文第 17 题第④小题）

17.④你所在的中学举办隆重的校庆典礼，邀请了很多校友、家长参加。你作为学生代表向来宾致欢迎辞，其中要引用两句古代诗文。请填写恰当的句子。

金秋十月，天高云淡。今天大家齐聚一堂，真可谓"＿＿＿＿＿，＿＿＿＿＿"。请允许我代表全体在校同学，对各位嘉宾的到来表示热烈的欢迎！

---

① 《普通高中化学课程标准（2017 年版 2020 年修订）》，人民教育出版社 2020 年版，第 78 页。

[答案示例]　群贤毕至，少长咸集（千里逢迎，高朋满座）

第 17 题中第④题，创设"校庆致辞"情境，要求考生在校庆欢迎辞中填入恰当的古诗文。题目从考生生活出发，设置真实的生活情境，使"默写"不再是诗句的机械记忆，而是在生活中活学活用，增强了考查的实用性和趣味性。开放的答案是对考生多年诗歌学习积累的综合性、创造性应用。

[典型试题]（2018 年北京中考物理第 19、22 题）

19. 下图展示了我国古代劳动人民的智慧成果，对其中所涉及的物理知识，下列说法中正确的是：

司南　　　　　　戥子　　　　　　篆刻　　　　　　编钟

A. 司南利用地磁场对磁体有力的作用来指示南北

B. 戥子利用杠杆平衡来称量质量

C. 篆刻刀的刀口做得很锋利，是为了减小压强

D. 正在发声的编钟一定在振动

22. 图示为冬奥会的一些运动项目，关于这些项目中的情景，下列说法中正确的是：

跳台滑雪　　　　短道速滑　　　　冰壶　　　　　　冰球

A. 跳台滑雪运动员在空中下落的过程中，重力势能不变

B. 短道速滑运动员在转弯滑行的过程中，运动状态不变

C. 冰壶运动员掷出去的冰壶能继续向前运动，是由于冰壶具有惯性

D. 冰球运动员用球杆推着冰球使其水平滑动的过程中，冰球所受重力没有做功

［答案］19.ABD　22.CD

物理试题设计时，选择跟初中物理概念、规律和实验探究密切相关的、能激发学生兴趣的日常生活、生产及社会大课堂中的素材，作为试题的背景材料。例如第19题引导学生分析司南、篆刻、编钟等我国古代劳动人民创造的智慧成果所涉及的物理知识。第22题以将要于2022年举办的北京冬奥会为背景材料，通过对部分运动项目的分析，考查对力学基本概念的理解和运用，引导学生关注冰上运动，关注国家发展，关注社会热点。

［典型试题］（2016年北京中考化学第30题）

〔科普阅读理解〕

30. 阅读下面科普短文（原文作者：渊琳、孙小凡等，原文有删改）。

方便面是很受欢迎的速食品，关于它的传闻有很多。

某方便面的营养成分	
项目	每100 g
能量	2013 kJ
蛋白质	9.9 g
脂肪	24.4 g
碳水化合物	55.4 g
钠	2054 mg

传闻1：方便面含盐超标

我们知道，常人每天摄入食盐量不宜超过6 g，长期过多摄入可能引发高血压、胃溃疡等疾病。经检测，每包方便面平均含食盐约3 g。

传闻2：方便面的面饼五分之一以上都是油

专家建议常人每天摄入油量不宜超过25 g，长期高油脂摄入会导致高脂血症等疾病。研究人员将90 g油炸型方便面面饼研碎，在加热条件下，用乙醚（$C_2H_5OC_2H_5$）作溶剂浸泡、提取、分离，得到的油约20 g。

传闻3：吃方便面胃里会形成一层蜡膜

有传闻称碗装方便面的面碗内有一层蜡，会随食物进入人体产生

危害。事实上，面碗内的耐热防水材料是聚苯乙烯，不是蜡。泡面时，聚苯乙烯的释放量远低于每天每千克体重 0.04 mg 的安全摄入量。

传闻 4：吃一包方便面要解毒 32 天

人们担心面饼中的食品添加剂 BHT（油脂抗氧化剂）危害健康。BHT 每天的最大可摄入量为每千克体重 0.3 mg。我国相关标准规定，食品中每千克油脂中 BHT 的添加量不超过 0.2 g。因此，就算每天吃 5 包方便面，摄入的 BHT 也不会超标。

传闻 5：面饼不会变质

事实上，面饼中的油会发生酸败而变质，产生"哈喇味"。过氧化物是酸败过程中的一种中间产物，会加快面饼的变质。下图是不同条件下，某品牌方便面中过氧化值（与过氧化物含量成正比）的测定结果。

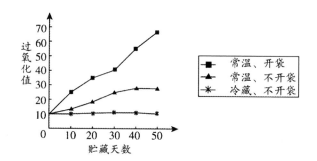

用不同品牌的方便面进行测定，变化规律类似。

看完上面关于传闻的解读，相信你对如何健康食用方便面已有心得。

依据文章内容回答下列问题。

（1）常人每天摄入食盐量不宜超过_____g。

（2）测定面饼中油含量的操作包括_____（填序号，下同）。

A．将面饼研碎　　　B．用乙醚浸泡　　　C．加热

（3）判断传闻 3 的真假并说明理由：_____。

（4）方便面不开袋时，影响其过氧化值的因素有_____。

（5）下列关于方便面的说法正确的是_____。

A．不能添加食品添加剂　　　B．食用时，调料包应酌量添加

新时代中国学生核心素养评价研究

C．包装袋破损会缩短保质期　D．食用时，尽量搭配蔬菜

[答案]

（1）6

（2）ABC

（3）假的，因为面碗内的耐热防水材料是聚苯乙烯，不是蜡

（4）温度、时间

（5）BCD

本题充分体现了化学核心知识与生产、生活实际的联系，培养学生的科学精神。

（1）以"方便面的传闻"为主线选取素材，贴近考生生活，切合日常生活中人们关心的热点话题，充分体现了化学与生活的密切关系。此外，文中通过较为翔实的数据和实验研究结果，解读了关于方便面的5个传闻，了解了如何合理食用方便面，增长了生活经验，对提高考生的科学素养起到了积极的促进作用。

（2）试题材料段落结构清晰、通俗易懂、图文并茂，有利于考生理解材料内容。文中将实验数据以图的形式呈现，阐释了过氧化值与温度、时间、开袋与否等条件间的关系，体现了"变量控制"这一科学研究的核心思想，凸显了学科本质。

关于试题选项的具体分析如下：

（1）通过阅读文中信息"常人每天摄入食盐量不宜超过6 g"，即可回答该问题。

（2）根据传闻2中的信息"研究人员将90 g油炸型方便面面饼研碎，在加热条件下，用乙醚（化学式C2H5OC2H5）作溶剂浸泡、提取、分离，得到的油约20 g"可知，测定面饼中油含量的操作包括"将面饼研碎""用乙醚浸泡"和"加热"。

（3）根据传闻3中的信息"事实上，面碗内的耐热防水材料是聚苯乙烯，不是蜡"可知，传闻3是假的。

（4）通过对比数据图中"常温、不开袋"与"冷藏、不开袋"两条曲线可知，影响过氧化值的因素之一是温度；随着贮藏天数的延长，

250

"常温、不开袋"曲线对应的过氧化值有明显变化，说明影响过氧化值的另一因素是时间。

（5）根据文中对传闻 4 的解读，方便面中可以适量添加油脂抗氧化剂 BHT，以增强油脂的抗氧化能力、延缓方便面变质；根据文中解读传闻 1、2 时有关食盐和油脂的数据可知，食用方便面时，调料包应酌量添加；根据数据图中"常温、开袋"曲线可知，包装袋破损会缩短保质期；依据文中"营养成分表"可知，方便面中缺乏的营养素是维生素，食用时尽量搭配蔬菜。故正确答案为 BCD。

第三节　设计典型任务

一、恰当选择，多样综合

纸笔考试是典型性测试，即通过少量典型试题的作答来表征学生学科核心素养发展的总体水平。因此测试题目必须要选择恰当的任务、创新任务类型、明确任务内容、注意任务难度。

（一）任务要多样、综合、开放。从全卷来看，各种任务类型要合理覆盖与分布，角度多样，全面地评价学生完成各种学科任务的行为表现与水平；视野要开阔，留给学生思考的空间，赋予学生展现创造性的机会；减少针对某一个知识点或者能力点的试题，任务要能体现素养的综合性和整体性。

（二）大胆创新任务类型。与传统的知识考试不同，基于核心素养的考试可以结合不同的问题情境和学科内容，不断创新和丰富任务类型，比如解释问题、评价观点、分析说明、提出解决方案、价值澄清分析、撰写启示感悟等。

（三）注意任务的难度要适当。符合评价对象的认知水平，并保持适当的难度和良好的区分度。

比如语文学科在课程标准的典型任务描述中，指出阅读与鉴赏、表达与交流和梳理与探究是语文测试的三个典型任务，也可以命制整合三种任务类型的综合性题目。①

典型任务	考查指向
阅读与鉴赏	侧重考查整体感知、信息提取、理解阐释、推断探究、赏析评价等内容。
表达与交流	侧重考查叙述表现、陈述阐释、解释分析、介绍说明、应对交流等内容。
梳理与探究	侧重考查积累整合、筛选提炼、归整分类、解决问题、发现创新等内容。

二、典型试题分析

[典型试题]（2016 年高考文科综合能力测试全国卷第 12 题）

西晋著名文学家左思的《三都赋》创作完成后，都城洛阳的人们都认为写得好，争相传抄，一下子使纸帛的价格贵了好几倍，这就是成语"洛阳纸贵"的由来。若用 S、D 分别表示供给和需求曲线，下列图示正确反映"洛阳纸贵"的是：

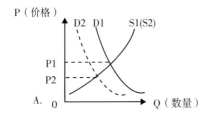

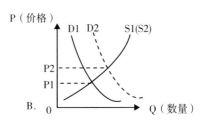

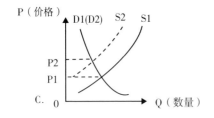

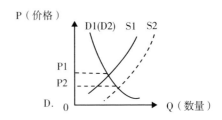

---

① 《普通高中语文课程标准（2017 年版 2020 年修订）》，人民教育出版社 2020 年版，第 48 页。

［答案］B

政治学科的基本的任务类别主要有描述与分类、解释与论证、预测与选择、辨析与评价等。试题考查任务类型是"解释现象或问题"。解释是将信息从一种形式转变为另一种表示形式，比如可以将文字转变为数字，将数字、图形、清单、表格、索引等转变为文字等。本题描述了一个历史上的真实故事，要求学生利用所学习的学科知识，将"洛阳纸贵"的故事，转化为供给和需求曲线的经济学图示。

第四节　制定评价量规

一、有共同标准，无标准答案

开放性主观题可以较好地展现学生的智慧，鼓励他们发挥和创造，所以素养测试中，应该有相当数量的开放性试题。但是这类试题因其开放性、灵活性和应答的多样性，需要制定科学的评价量规，才能保证题目的信度与效度，同时，增强这类试题在阅卷实践中的可操作性和可理解性，避免理解上的模糊与偏差。

制定这种试题的评分标准，要兼顾共同性与差异性。共同性体现为有共同的基本立场、观点和价值观，有共同的评价尺度。在共同评价尺度的框架中体现差异性，即实行"差别式评价"。这种"差别式评价"不意味着废除"共同标准"，而是两者并举，是有共同标准，但无绝对性标准答案的评价。例如，采用不同视角，运用不同素材，采取不同思路，表达不同见解，提出不同的问题解决方案等。对于开放性试题，要鼓励学生独立思考，运用所学知识分析问题，尝试运用多种方法、多种论证，而不是被标准答案所框定，被统一的确定性的答案所束缚。通过这种有差异的解题过程与思维过程，划分评价等级，判断学生在特定情境中学科任务完成的不同质量，推断其学科核心素养的发展水平。

因而，要根据学科核心素养水平的基本原则，针对不同类型的学科任务制定试题评分标准，建立评价不同学科任务完成质量的具体评价量表，以提高评价的科学性、公正性和可操作性。

二、典型试题分析

下面以一道开放性主观题为例，展示评价量表的基本形式，以及如何对学生的作答区分不同的层次。

[典型试题] [2015 年北京市高考政治试题第 38 题第（1）问]

【试题】

38. "众"最初的字形是人们在太阳下共同劳作。在互联网时代，人们的共同劳作有了更多的可能。

材料一：某生物学教授将研究课题开发成一款用氨基酸组装蛋白的游戏，向全球的游戏玩家开放，一个困扰了研究者 15 年之久的蛋白结构，仅仅 10 天后就被破解；各领域的专业人士和业余爱好者在百科全书式网站参与贡献内容、修订词条，共同创造和分享海量的知识；百万名网友参与"让爱回家"行动，筹得 230 个红包和 50 多张回乡机票，帮助近 300 个家庭羊年春节团圆……

（1）在互联网时代，"我们通过连接把自己变成了一种新的更强大的物种"。你是否赞同这一观点？并用所学的哲学原理说明理由。

材料二：借助"众"的力量，互联网时代的商业模式不断创新。北京某校高中生发明了一种可以快速查找物品、有效利用空间的新型智能储物柜，在国际"创客"大赛中获得了大奖。同学们就如何利用互联网将这一科技成果转变成产品，推向市场，提出了如下建议：

• 在社交网络平台上发布这一科技成果信息，寻找 1000 位联合投资者，为智能储物柜的生产筹集资金。

• 建立论坛，收集来自热心网友和专业人士关于智能储物柜外观设计的个性化方案，并由论坛用户"评头论足"，将点"赞"最多的 5 个设计方案作为备选方案。

• 接受网络预订，根据网络预订单的数量决定哪种设计方案投入批量生产。

（2）运用《经济生活》相关知识，分析同学们建议的合理性，并提出一条补充建议。

材料三：互联网时代，"众"的力量在社会公共领域发挥着日益重要的作用。互联网给公民参与提供了广阔的平台，也给政府治理模式的创新带来了新的机遇。公民通过社交网络为交管部门提供道路拥堵信息；民间环保组织依据政府公开的环境数据绘制"污染地图"，帮助政府监管污染企业；市政府通过门户网站向市民征集建议；城管部门请商户和市民通过网络平台为执法人员的工作打分……公民与政府在越来越多的社会公共领域中形成合力。

首都之窗人民建议征集网页

（3）结合材料，运用《政治生活》相关知识，以"互联网时代的公民与政府"为题，写一篇短评。

要求：观点明确，逻辑清晰，论述合理，200字左右。

【参考答案】

（1）赞同。互联网为个人主动性和创造性的发挥提供了开放的平台，改变了人们参与实践活动的内容、形式、规模和水平。人们在个人与社会的互动中发展、完善自我，推动了社会的进步，量的积累产生了"众"的巨大力量，使我们变得更强大。（互联网将众多的个人联系在一

起，协同合作，分散的部分有序聚集为整体，促进了整体功能的优化等角度，亦可得分）

不赞同。过多地沉迷于互联网的虚拟世界，会减少人与人面对面的交流，削弱人们在现实生活中的联系。互联网上信息复杂，观点多元，有时不易达成共识。（言之成理，酌情给分）

（2）合理性分析。拓宽融资渠道，降低融资成本；缩短设计周期，降低设计成本，洞察消费者需求，提高消费者的参与度和满意度；根据消费者需求科学规划产量，降低市场风险；优化资源配置，提高经济效益。

建议示例：邀请用户通过微信、微博等方式分享自己的消费体验，将用户的反馈作为产品改进的重要依据。

（3）示例。互联网为公民与政府的联系和沟通搭建了全新的平台，开启了社会治理的"众智"模式。互联网激发了公民的热情，公民可以充分行使权利，维护权益，自由表达诉求，广泛参与公共政策的制定、执行、监督，在社会治理中发挥越来越大的作用。政府借助互联网可以更加便捷地与公民沟通，了解民意、集中民智，优化公共政策，创新社会治理，转变传统的管理模式，建设服务型政府。实现政府和公民的良性互动，公民应依法、有序、积极参与政治生活，政府应努力提高透明度，主动回应公民诉求，完善与民众的沟通和协作机制，凝聚公民与政府的合力。

等级	等级描述
第一等级	观点明确，能准确运用《政治生活》知识阐述观点，论述合理全面，有一定深度，逻辑清晰。
第二等级	观点比较明确，能在一定程度上运用《政治生活》知识阐述观点，论述基本合理，逻辑性较强，但不够全面。
第三等级	观点不够明确，能简单地运用《政治生活》知识阐述观点，语义不完整、不连贯，堆砌不相关知识。
第四等级	应答与试题无关；重复试题内容；没有应答。

试题以互联网时代的"万众创新"为话题，反映社会发展的前沿问题，多角度、多层次地考查考生的学科素养。试题的总题干从"众"字最初的字形说到互联网时代人与人之间的合作，素材选取了人们共同破解科研难题、分享知识和智慧、推动网络公益、创新经济模式、参与社会治理等多个互联网图景，展现了一幅丰富的时代画卷，要求考生运用学科基本知识、基本理论和基本方法去认识当代社会生活。

从设问来看，问题情境综合考查考生在解决复杂的现实问题过程中表现出来的学科素养。三个设问依次以对互联网时代"众"的力量的哲学思考——"众"的力量在经济生活中的运用——"众"的力量在政治生活领域的运用展开。在"万众创新"的互联网时代，深入思考"众"的力量，以"众筹""众包"促经济领域的新模式，以"众智"促政府的管理创新，既有哲学层面的审视反思，又观照社会生活层面的经济政治现实，结构清晰，逻辑顺畅。

从答案设置来看，既关注学科思维的精确性，又凸显开放性和创新性。要求考生能针对情境和问题自主选择相关知识、有逻辑地分析和阐述，有利于纠正课堂教学中死背知识，以及缺乏针对性套用模板的做法。答案设置提供了广阔的空间，鼓励考生独立思考、自主选择、充分表达。

第（1）题对于"技术之父"凯文·凯利关于互联网对人的影响的著名论断，学生可以回答"赞同"，也可以回答"不赞同"，参考答案中给出了两种不同结论和分析路径的示例。学生可以运用哲学联系的观点、个人与社会的关系、量变质变原理等，分析互联网为个人主动性、创造性发挥提供了开放的平台，将个人与社会连接在一起，在二者的双向互动中，既发展了自我，也将无数分散的我聚集为整体，产生"众"的巨大力量。同样学生也可以运用联系的观点和个人与社会的关系，分析沉溺于网络的虚拟世界，会减少人们的现实联系，网络上"众说纷纭""众声喧哗"也可能扰乱思想，不易达成共识，从而削弱人的力量。两种不同的结论，只要言之成理，均可得分。

第（2）题要求对"利用互联网将发明产品推向市场的三条建议"

进行合理性分析。对一个计划、一个方案的合理性分析，既可以分析其中蕴含的合理性，也可以指出其中不合理的地方。有的学生认为"建议"是不合适的，因为这项发明的关键在于设计思想，通过互联网众筹，会泄露商业秘密，应该在互联网上寻找具有相关生产能力的企业委托加工，也是可以的。这两道题的重点都不在于得出何种结论，而在于考查学生分析问题、解决问题的思路、逻辑和方法。提出一条补充建议，给了学生运用企业经营的相关知识解决实际问题的空间。

第（3）题要求以"互联网时代的公民与政府"为题撰写一篇短评。考生既可以顺承所给的材料，进一步阐释，也可以围绕主题另立观点，加以论述；可以选择理性分析的方式，也可以通过现实中的事例，事理结合；可以抓住一点深入挖掘，也可以全面地分析论证。参考答案采用等级评分，摆脱了单一模式和唯一答案，充分体现了"有共同的评价标准、但无标准答案"的思想。人文学科的考试不仅要问"正确答案"是什么，也要在一定程度上使学生"把我怎样认识事物、我怎样思考、为什么我这么想"表达出来。①

---

① 石芳：《北京卷高考内容改革探析——兼析 2015 年北京政治高考试题》，《思想政治课教学》2015 年第 9 期。

结 束 语

在中国这样的考试古国、考试大国，考试评价具有特殊重要的地位和意义。考试评价是错综复杂的教育问题的焦点，是政府关切和媒体关注的大事，是百姓关心的重要民生。

本书力求回应时代挑战，建构一套具有科学性、民族性、创新性的新时代中国学生素养评价体系。随着社会的发展，党和国家对于人才培养提出了新要求新任务。在新形势下，教育要承担为党育人、为国育才的使命，教育评价必须坚持以习近平新时代中国特色社会主义思想为指导，贯彻党的教育方针，确保坚持正确政治方向。本书紧扣时代发展的脉搏，力求廓清教育评价工作的时代背景、重大意义、总体要求、基本内涵和基本原则，阐明其理论依据和实践路向。通过建构反映时代发展欲求、体现时代发展特征的具有中国特色的中国学生核心素养评价体系，为推进教育现代化，实现中华民族百年复兴中国梦提供人力支撑。

本书坚持育人为本的教育理念，倡导发挥评价的育人功能。本书在马克思全面发展的人、社会关系总和的人、实践的人的基本观点的指引下，遵循学生成长规律和教育规律，通过阐明教学评一体化的评价、发展性评价、生成性评价等评价理念，确立科学的育人目标，树立正确的教育质量观、发展观和人才观，落实立德树人根本任务。强调通过教育评价，引导学生牢固树立"四个意识"，坚定"四个自信"，关注学生理想信念、爱国主义、品德修养、知识见识、奋斗精神、综合素质等方面的评价，弘扬中华优秀传统文化、革命文化和社会主义先进文化，培育和践行社会主义核心价值观，引导学生树立正确的世界观、人生观和价值观，切实提高学生综合素养，促进学生全面健康成长，努力培养德智体美劳全面发展的社会主义建设者和接班人。

本书坚持问题导向，力求做到破立并举。针对当前时代发展、百姓关切，以及教育评价关键领域存在的突出问题，力求扭转考试评价存在的不科学、不合理的地方，希望对一些新老问题的解决取得实质性突破。研究中融入了学习理论、认知心理学、行为心理学、建构主义、情境学习、人本主义等方面发展的新成果，拓展评价内容，探索对学生德智体美劳进行全面综合评价，改进评价方法，强化过程性评价和发展性评价，改革中考高考等结果评价，探索学生、家长、教师以及社区等多元主体参与评价的有效方式，研究客观记录和评价学生品行日常表现和突出表现的方法，特别是践行社会主义核心价值观的情况，努力提高考试评价体系的科学性、专业性、客观性，注重评价改革的系统性、整体性、协同性。

本书坚持以评促建，力求通过评价提高命题质量，促进教育高质量发展。本书梳理了基于核心素养的中考高考命题原则，强调减少机械记忆的试题，聚焦学生创新意识和分析问题解决问题能力的考查，研究了探究性、开放性、综合性、跨学科试题的命制方法。结合典型试题，具体分析了如何创设问题情境、提高试题任务的设计水平，以及厘定开放性试题的评分方法。有效发挥评价的引导、诊断、改进、激励功能，通过理论分析和个案研究，引导学校落实德智体美劳全面培养的教育体系，引导教师探索项目式教学、基于情境和问题导向、深度学习、互动参与的教育教学模式，引导学生自主、合作、探究性学习，发挥考试对推动教育教学改革、促进素质教育发展的作用。

参考文献

1.《马克思恩格斯全集》第 3 卷，人民出版社 2002 年版。

2.《马克思恩格斯全集》第 40 卷，人民出版社 1982 年版。

3.《马克思恩格斯全集》第 42 卷，人民出版社 1979 年版。

4.《马克思恩格斯选集》第 1—4 卷，人民出版社 2012 年版。

5.《马克思恩格斯文集》第 1—10 卷，人民出版社 2009 年版。

6.《习近平谈治国理政》第一卷，外文出版社 2018 年版。

7.《习近平谈治国理政》第二卷，外文出版社 2017 年版。

8.《习近平谈治国理政》第三卷，外文出版社 2020 年版。

9. 习近平：《决胜全面建成小康社会夺取新时代中国特色社会主义伟大胜利》，人民出版社 2017 年版。

10.《十八大以来重要文献选编》（上），中央文献出版社 2014 年版。

11.《习近平新时代中国特色社会主义思想学习纲要》，学习出版社、人民出版社 2019 年版。

12.《普通高中思想政治课程标准（2017 年版 2020 年修订）》，人民教育出版社 2020 年版。

13. 任钟印：《教育名著通览》，湖北教育出版社 1994 年版。

14. 林崇德主编：《21 世纪学生发展核心素养研究》，北京师范大学出版社 2016 年版。

15. 蔡清田：《课程发展与设计的关键 DNA：核心素养》，五南图书出版股份有限公司 2012 年版。

16. 陈玉琨：《教育评价学》，人民教育出版社 1999 年版。

17. 张祥明编著：《教育评价的理论与实践》，福建教育出版社 2000

年版。

18. 王汉澜：《教育评价学》，河南大学出版社 1995 年版。

19. 金一鸣：《教育原理》，安徽教育出版社 1995 年版。

20. 瞿葆奎主编：《教育评价（文集）》，人民教育出版社 1988 年版。

21. 袁振国：《教育原理》，华东师范大学出版社 2001 年版。

22. 崔允漷、周文胜、周文叶：《基于标准的课程纲要与教案》，华东师范大学出版社 2013 年版。

23. 杨向东、崔允漷：《课堂评价：促进学生的学习和发展》，华东师范大学出版社 2012 年版。

24. 思想政治课程标准研制组：《思想政治课程标准（实验）解读》，人民教育出版社 2005 年版。

25. 赵中立、许良英编译：《纪念爱因斯坦译文集》，上海科学技术出版社 1979 年版。

26. 冯建军：《生命与教育》，教育科学出版社 2004 年版。

27. 高海清主编：《马克思主义哲学基础》下册，人民出版社 1987 年版。

28. 郭湛：《主体性哲学——人的存在及其意义》，中国人民大学出版社 2011 年版。

29. 张华：《课程与教学论》，上海教育出版社 2000 年版。

30. 李雁冰：《课程评价论》，上海教育出版社 2002 年版。

31. 施良方：《课程理论》，教育科学出版社 1996 年版。

32. 黄郑杰：《课程设计》，东华大学出版社 1991 年版。

33. 李文阁：《回归现实生活世界》，中国社会科学出版社 2002 年版。

34. 韩震：《生成的存在——关于人和社会的哲学思考》，北京师范大学出版社 1996 年版。

35. 方向红：《生成与解构——德里达早期现象学批判疏论》，南京大学出版社 2006 年版。

36. 张华等：《课程流派研究》，山东教育出版社 2003 年版。

37. 陈宣理:《知识教育论——基于多学科视域的知识观与知识教育理论研究》,人民出版社 2011 年版。

38. 金生鈜:《理解与教育》,教育科学出版社 1997 年版。

39. 汪霞:《课程研究：现代与后现代》,上海科技教育出版社 2003 年版。

40. 联合国教科文组织国际教育发展委员会:《学会生存——教育世界的今天和明天》,华东师范大学比较教育研究所译,教育科学出版社 1996 年版。

41. 核心素养研究课题组,《中国学生发展核心素养》,《中国教育学刊》2016 年第 10 期。

42. 师曼等:《21 世纪核心素养的框架及其要素研究》,《华东师范大学学报（教育科学版）》2016 年第 8 期。

43. 杨向东:《核心素养与我国基础教育课程改革的深化》,《上海课程教学研究》2016 年第 2 期。

44. 张娜:《联合国教科文组织的核心素养研究及其启示》,《教育导刊》2015 年第 7 期。

45. 张华:《论核心素养的内涵》,《全球教育展望》2016 年第 4 期。

46. 褚宏启:《核心素养的概念与本质》,《华东师范大学学报（教育科学版）》2016 年第 1 期。

47. 李艺、钟柏昌:《谈"核心素养"》,《教育研究》2015 年第 9 期。

48. 钟启泉:《基于核心素养的课程发展：挑战与课题》,《全球教育展望》2016 年第 1 期。

49. 辛涛:《全球视域下学生核心素养模型的建构》,《人民教育》2015 年第 9 期。

50. 彭寿清:《日本基础教育课程改革及特点》,《当代教育科学》2004 年第 18 期。

51. 姜钢:《坚持以立德树人为核心深化高考考试内容改革》,《中国高等教育》第 13、14 期。

52. 杨向东:《核心素养与我国基础教育课程改革的深化》,《上海课程教学研究》2016 年第 2 期。

53. 蔡清田：《课程改革中素养（competence）与知能（literacy）之差异》，《教育研究月刊》2011 年第 3 期。

54. 乐毅：《简论制定国家质量标准的意义、问题与方法》，《中国教育政策评论》2011 年第 1 期。

55. 裴娣娜：《现代教学论生成发展之思——怀特海过程哲学方法论启示》，《教育学报》2005 年第 3 期。

56. 陈友芳、朱明光：《核心素养本位的思想政治学科学业质量评价的策略与指标》，《中国考试》2016 年第 10 期。

57. 习姜宇、辛涛、刘霞等：《基于核心素养的教育改革实践途径与策略》，《中国教育学刊》2016 年第 6 期。

58. 柳夕浪：《从"素质"到"核心素养"——关于"培养什么样的人"的进一步追问》，《教育科学研究》2014 年第 3 期。

59. 周序：《核心素养：从知识的放逐到知识的回归》，《课程·教材·教法》2017 年第 2 期。

60. 鲁洁：《一个值得反思的教育信条：塑造知识人》，《教育研究》2004 年第 6 期。

61. 蔡敏：《论教育评价的主体多元化》，《教育研究与实验》2003 年第 1 期。

62. 李家成：《论师生交往的个体生命价值》，《集美大学学报》2002 年第 1 期。

63. 潘自勉：《在价值与规范之间》，《哲学研究》2005 年第 1 期。

64. 郑国民、杨炳辉：《英国政府推动家庭教育的做法及启示》，《家教指南》2001 年第 19 期。

65. 高峡：《日本的教育评价管窥》，《课程·教材·教法》2001 年第 7 期。

66. 滕珺：《21 世纪核心素养：国际认知及本土反思》，《教师教育学报》2016 年第 2 期。

67. 李文阁：《生成性思维：现代哲学的思维方式》，《中国社会科学》

2000 年第 6 期。

68. ［美］菲利普·库姆斯:《世界教育危机》,赵宝恒、李环译,人民教育出版社 2010 年版。

69. ［德］沃夫冈·布雷钦卡:《教育目的、教育手段和教育成功:教育科学体系引论》,彭正梅译,华东师范大学出版社 2008 年版。

70. ［美］格朗兰德:《教学测量与评价》,郑军等译,河北教育出版社 1997 年版。

71. ［美］布鲁姆:《教育评价》,邱渊、王钢等译,华东师范大学出版社 1987 年版。

72. ［日］田中耕治:《教育评价》,高峡等译,北京师范大学出版社 2011 年版。

73. ［日］牧口常三郎:《价值哲学》,马俊峰、江畅译,中国人民大学出版社 1989 年版。

74. ［英］布赖恩·李德雷:《科学是魔法吗》,李斌、张卜天译,广西师范大学出版社 2007 年版。

75. ［德］卡尔·曼海姆:《意识形态与乌托邦》,艾严译,华夏出版社 2001 年版。

76. ［法］涂尔干:《教育及其性质与作用》,见张人杰主编:《国外教育社会学基本文选》,华东师范大学出版社 1989 年版。

77. ［奥］阿尔弗雷德·阿德勒:《生命对你意味着什么》,周朗译,国际文化出版公司 2007 年版。

78. 联合国教科文组织国际教育发展委员会编著:《学会生存》,教育科学出版社 1999 年版。

79. ［美］斯塔弗尔比姆:《方案评价的 CIPP 模式》,陈玉琨等译,见瞿葆奎主编:《教育学文集·教育评价》,人民教育出版社 1989 年版。

80. ［德］米夏埃尔·兰德曼:《哲学人类学》,张乐天译,上海译文出版社 1988 年版。

81. ［德］马克斯·舍勒:《人在宇宙中的地位》,陈泽环、沈国庆译,贵州人民出版社 1989 年版。

82.〔法〕埃德加·莫兰:《复杂思想:自觉的科学》,陈一壮译,北京大学出版社 2001 年版。

83.〔比〕伊利亚·普利高津:《确定性的终结——时间、混沌与新自然法则》,湛敏译,上海科技教育出版社 1998 年版。

84.〔美〕小威廉姆·E.多尔:《后现代课程观》,王红宇译,教育科学出版社 2000 年版。

85.〔德〕O.F.博尔诺夫:《教育人类学》,华东师范大学出版社 1999 年版。

86.〔比〕伊·普利高津、〔法〕伊·斯唐热:《从混沌到有序——人与自然的新对话》,曾大宏、沈小峰译,上海译文出版社 2005 年版。

87.〔法〕大卫·吕埃勒:《机遇与混沌》,刘式达等译,上海科技教育出版社 2005 年版。

88.〔法〕埃德加·莫兰:《复杂思想:自觉的科学》,陈一壮译,北京大学出版社 2001 年版。

89.〔比〕易克萨维耶·罗日叶:《学校与评估:为了评估学生能力的情境》,汪凌、周振平译,华东师范大学出版社 2011 年版。

90.〔美〕洛林·W.安德森:《布卢姆教育目标分类学修订版——分类学视野下的学与教及其测评》,蒋小平等译,外语教学与研究出版社 2009 年版。

91.〔美〕罗伯特·J.马扎诺、约翰·S.肯德尔:《教育目标的新分类学》,高凌飚等译,教育科学出版社 2012 年版。

92.〔美〕约翰·杜威:《学校与社会·明日之学校》,赵祥麟等译,人民教育出版社 2005 年版。

93.〔奥〕卡尔·波普尔:《通过知识获得解放》,范景中、李木正译,中国美术学院出版社 1998 年版。

94.〔英〕迈克尔·波兰尼:《个人知识——迈向后批判哲学》,许泽民译,贵州人民出版社 2000 年版。

95.〔德〕雅斯贝尔斯:《什么是教育》,邹进译,生活·读书·新知三联书店 1991 年版。

96.〔美〕罗斯诺:《后现代主义与社会科学》,张国清译,上海译文出版社 1998 年版。

97.〔美〕吉尔伯特·萨克斯、詹姆斯·W. 牛顿:《教育和心理的测验与评价原理(第四版)》,王昌海等译,江苏教育出版社 2002 年版。

98.〔美〕朱蒂斯·阿尔诗、杰伊·麦克蒂格:《课堂教学评分规则》,促进教师发展与学生成长的评价研究项目组译,中国轻工业出版社 2005 年版。

99.〔美〕么加利·鲍里奇、马丁·通巴里:《中小学教育评价》,国家基础教育课程改革"促进教师发展与学生成长的评价研究"项目组译,中国轻工业出版社 2004 年版。

100.〔美〕詹姆斯·波帕姆:《教师课堂教学评价指南》,王本陆等译,重庆大学出版社 2010 年版。

101.〔美〕比尔·约翰逊:《学生表现评定手册——场地设计和前景指南》,李雁冰译,华东师范大学出版社 2001 年版。

102.〔美〕E. 韦伯:《国家基础教育课程改革》,"促进教师发展与学生成长的评价研究"项目组译,《有效的学生评价》,中国轻工业出版社 2003 年版。

103.〔美〕杜威:《自由与文化》,傅统先译,商务印书馆 1964 年版。

104.〔美〕理查德·罗蒂:《哲学和自然之镜》,李幼蒸译,生活·读书·新知三联书店 1987 年版。

105.〔俄〕巴赫金:《陀思妥耶夫斯基诗学问题》,刘虎译,生活·读书·新知三联书店 1992 年版。

106.〔美〕小威廉姆·E. 多尔:《后现代课程观》,王红宇译,教育科学出版社 2000 年版。

107.UNESCO, Towards Universal Learning:What Every Child Should Learn, Paris: UNESCO, 2013.

108.United Nations Educational, Scientific and Cultural Organization(UNESCO)Institute for Education, Nurturing the Treasure: Vision and

Strategy 2002-2007, Hamburg, Germany: Author, 2003.

109.Ellen Weber, Student Assessment That Works: A Practical Approach, Boston: Allen and Bacon, 2002.

110.John D. McNeil, Curriculum: A Comprehensive Introduction（Fifth Education）, New York: Harper Collin, 1996.

111.Benjamin S. Bloom, Taxonomy of Educational Objectives: Handbook I: Cognitive domain, New York: David McKay, 1956.

112.L. S. Hannah, J. U. Michaelis, A Comprehensive Framework for Instructional Objectives: A Guide to Systematic Planning and Evaluation, MA: Addison-Wesley, 1977.

113.Michael Polanyi, The Study of Man, University of Chicago Press, 1958.

114.Helen E. Longino，Science as Social Knowledge: Value and Objectivity in Scientific Inquiry, Princeton: Princeton University Press, 1990.

115.U.S.Congress, Office of Technology Assessment，Testing in American Schools:Asking the Right Questions Washington, DC:U. S.Government Printing Office, 1992.

116.Michael Quinn Patton, Utilization-focused Evaluation（2nd ed.）, Newbury. CA: Stage, 1986.

117.M. Fullan, The New Meaning of Educational Change（3rd.ed.）, New York:Teachers College Press, 2001.

118.William F. Pinar, Understanding Curriculum, New York: Peter Lang Publishing Inc, 1993.

后 记

中国是考试的发源地，是世界上历史最长的考试古国，也是世界上考生最多的考试大国。时至今日，中考、高考依旧牵动社会最敏感的神经，涉及千家万户的切身利益，关涉国家人才选拔的标尺。

作为社会和教育各种矛盾的焦点，考试评价也成为撬动教育改革的重要杠杆。近年来，评价改革如火如荼。2014 年 9 月 4 日，国务院发布《关于深化考试招生制度改革的实施意见》（下文简称国务院《实施意见》），提出探索基于统一高考和高中学业水平考试成绩、参考综合素质评价的多元录取机制，即"两依据、一参考"的考试录取机制。《实施意见》提出：改革考试科目设置，增强高考与高中学习的关联度，考生总成绩由统一高考的语文、数学、外语 3 个科目成绩和高中学业水平考试 3 个科目成绩组成；保持统一高考的语文、数学、外语科目不变、分值不变，不分文理科，外语科目提供两次考试机会；计入总成绩的高中学业水平考试科目，由考生根据报考高校要求和自身特长，在思想政治、历史、地理、物理、化学、生物等科目中自主选择。2014 年 12 月，教育部全面启动对 2004 年开始施行的普通高中课程标准（实验稿）的修订工作。为建立核心素养与课程的内在联系，充分挖掘各学科课程对于落实立德树人根本任务，对于学生成长和终身发展的独特贡献，各学科基于学科本质凝练了本学科的核心素养。2017 年底，教育部发布了新课程方案和课程标准，明确将核心素养作为本轮改革的核心。因此，建立基于核心素养的新高考命题框架成为目前亟待研究的重点问题，直接关系到高校招生的选拔性，基础教育的导向性以及高考自身的科学性，是考试命题工作无法回避的关键问题。

我亲历着考试评价改革的过程，也成为助推这场改革的积极性行动者。通过考试评价，我们一边积极落实党和国家的教育方针和教育决策，一边努力促进学生发展和推动教师提高教育教学质量。紧紧围绕"为谁培养人、培养什么人、怎样培养人"的根本问题，落实立德树人根本任务，为培养德智体美劳全面发展的社会主义建设者和接班人做出贡献。深入总结我国教育改革的宝贵经验，充分借鉴国际上的优秀成果，聚焦我国当前基础教育的实际问题，推进评价改革向纵深发展。

在书稿撰写的两年多的时间里，阅读和写作成了我生活的全部，桌边堆积着高高的书籍和打印的论文，上面勾勾画画，记录着当时的思考和心绪，每晚都熬到深夜里最后一盏孤灯，每个周末都是在办公室里度过……终于在这春花烂漫的时节，万物复苏，一派生机，带着对教育事业的热爱，付梓之际内心是那样的快乐。

感谢我的导师韩震老师，他之于我就像明灯，不仅驱散无知的黑暗，更是照耀我一生的精神力量。感谢我的爸爸妈妈，你们是那么爱我，我也那么爱你们，这永恒的亲情跨越生死、超越时空。感谢那些爱我的人，谢谢你们对我的关心、陪伴与鼓励，让我能够踏实而充满动力地写作。

谨以此书献给我热爱的事业。向那些为着考试命题工作忍耐寂寞、拒绝浮躁、殚精竭虑、无私奉献的教育工作者致敬！

需要指出，本研究仅仅是素养评价的探索之作，其中必定有很多粗陋和不妥之处，恳请各位专家和同行批评指正。

石 芳

2021 年于北京师范大学

责任编辑：吴广庆

封面设计：徐　晖

图书在版编目（CIP）数据

新时代中国学生核心素养评价研究／石芳　著 . —北京：人民出版社，
　2021.11

ISBN 978－7－01－023780－0

I. ①新…　II. ①石…　III. ①素质教育－教育评估－研究－中国
　IV. ① G622.47

中国版本图书馆 CIP 数据核字（2021）第 190175 号

新时代中国学生核心素养评价研究

XINSHIDAI ZHONGGUO XUESHENG HEXIN SUYANG PINGJIA YANJIU

石　芳　著

人民出版社 出版发行

（100706　北京市东城区隆福寺街 99 号）

中煤（北京）印务有限公司印刷　新华书店经销

2021 年 11 月第 1 版　2021 年 11 月北京第 1 次印刷
开本：710 毫米 ×1000 毫米 1/16　印张：17.25
字数：250 千字

ISBN 978－7－01－023780－0　定价：69.00 元

邮购地址 100706　北京市东城区隆福寺街 99 号
人民东方图书销售中心　电话（010）65250042　65289539